国土资源经济研究
★★蓝皮书★★

面向生态文明的资源管理转型
——国土资源经济形势分析与展望 2014

中国国土资源经济研究院
国土资源部资源环境承载力评价重点实验室 编著

地质出版社
·北 京·

图书在版编目（CIP）数据

面向生态文明的资源管理转型：国土资源经济形势分析与展望. 2014 / 中国国土资源经济研究院，国土资源部资源环境承载力评价重点实验室编著. —北京：地质出版社，2014.4

ISBN 978-7-116-08768-2

Ⅰ. ①面…　Ⅱ. ①中… ②国…　Ⅲ. ①国土资源－资源经济－经济分析－中国－2014 ②国土资源－资源经济－经济预测－中国－2014　Ⅳ. ① F129.9

中国版本图书馆 CIP 数据核字（2014）第 068201 号

Mianxiang Shengtai Wenming de Ziyuan Guanli Zhuanxing: Guotu Ziyuan Jingji Xingshi Fenxi yu Zhanwang

责任编辑：赵　芳
责任校对：李　玫
出版发行：地质出版社
社址邮编：北京海淀区学院路 31 号，100083
咨询电话：(010) 82324508 (邮购部)；(010) 82329125 (编辑部)
网　　址：http://www.gph.com.cn
电子邮箱：zbs@gph.com.cn
传　　真：(010) 82310759
印　　刷：北京地大天成印务有限公司
开　　本：787mm×1092mm　1/16
印　　张：14.75
字　　数：320千字
版　　次：2014年4月北京第1版
印　　次：2014年4月北京第1次印刷
定　　价：98.00元
书　　号：ISBN 978-7-116-08768-2

面向生态文明的资源管理转型
——国土资源经济形势分析与展望2014

站在全面深化改革新起点 推进国土资源事业科学发展

——2013年国土资源工作盘点与2014年形势分析展望

（代前言）

2013年，全球经济形势总体趋于改善，呈现缓慢复苏和低速增长态势，美国、日本、欧盟等经济体的经济形势趋于好转，新兴经济体和发展中国家经济增速放缓。面对严峻复杂的国内外形势，党中央、国务院科学决策、沉着应对，在未对经济进行大规模直接干预的情况下，使经济增长主要指标保持在合理区间和预期目标之内，实现了宏观经济继续稳中向好。四个季度我国GDP增长率分别为7.7%、7.6%、7.7%和7.7%，全年实现增长7.7%。受经济结构调整、发展方式转变和社会转型等因素影响，全年宏观经济下行压力较大，形势错综复杂。

复杂多变的国内外经济形势，深刻影响国土资源市场和供需管理格局。2013年，我国城镇化快速推进，导致对土地资源的需求刚性上升，土地需求量持续增长，经济发展对土地财政的依赖度仍然较高，土地金融风险累积压力增大。土地供应总量持续增加，土地市场升温迅速，商服用地、保障性住房用地供应持续增加，但基础设施等其他用地量或将出现2008年以来的首次下降。土地违法形势趋于好转，耕地保护面临数量、质量双重压力，形势依然比较严峻。煤炭、油气、铁矿石和有色金属等主要矿产品产量增速趋缓，大宗矿产品价格整体下跌，矿业公司市值大幅缩水。矿产品生产与进口规模继续扩张，但矿业投资增速放缓；矿产资源市场形势复杂，矿产市场监测指数呈现先抑后扬“V”形走势，整体延续近年来逐渐下行的格局。全球勘查活动指数走低，可以认为2013年是勘查周期的一个拐点。全球矿产勘查投入在持续四年增长后于2013年大幅下跌，初级勘查公司的投资比例严重下滑。MEG报告显示，2013年全球固体矿产勘查预算预计较2012年下降30%。受矿产品价格下降的传导及省级地勘基金规模缩水等因素影响，我国地质勘查投入出现十余年来的首次下降。专家乐观估计，全球勘查活动在经过短暂调整之后，有望在2015年回暖。

2013年是贯彻落实党的十八大精神的开局之年，国土资源部党组认真贯彻落实党中央和国务院的各项决策部署，深入开展以为民、务实、清廉为主要内容的群众路线教育实践活动；以教育实践活动为平台和抓手，将国土资源具体业务与教育实践活动相结合；以“转变职能改进作风、维护权益执政为民”为重点任务，坚持“一张好的蓝图绘到底”，依法履职、转变职能；突出保护资源、保障发展、维护权益三大主题，加强战略谋划、统筹部署、合理安排，宏观调控、市场监管、资源保护、地质找矿、维护权益等各项重点工作稳步推进，国土资源工作取得积极成效。

——加强国土资源工作统筹谋划和战略布局。通过深入学习贯彻党的十八大及十八届三中全会等会议精神，进一步明确了国土资源改革的总体方向和重点领域。部署推进了土地管理制度改革和自然资源管理制度改革研究，“大资源”管理思路进一步明晰，改革总体思路框架初步形成。牵头启动开展不动产统一登记工作，正式发布第二次全国土地调查成果，为推动后续全面深化改革奠定良好技术基础。完成了中央财经领导小组办公室委托的重大战略研究课题，部署研究国土资源节约集约顶层设计，强力推进全国国土规划纲要编制上报，启动国土资源“十二五”等规划评估工作，参与完成《全国资源型城市可持续发展规划》。继续推进国土资源综合改革试点、国土资源节约集约模范县（市）创建等工作。深化落实部省合作协议，构建共同责任机制取得新进展。加快推进转变职能、简政放权，不断提高国土资源监管服务能力和水平。依法行政、廉政防控、党建工作、科技创新、绩效考核、专项资金管理、信息化建设等各方面工作取得新的成效。

——加快深化土地管理制度改革，提升土地调控和监管能力。坚持保发展、保红线、惠民生，组织实施了《保发展保红线工程2013年行动方案》。坚持严格耕地保护，加快基本农田数据库建设。继续强化土地宏观调控，维护市场秩序，严把供地闸门。加大保障性住房建设供地力度，全年实现应保尽保。加强建设用地监管，重拳打击重点项目违法用地。坚持节约优先，全面促进土地节约集约利用。土地整治重大工程和示范省建设效果良好，推进低效用地再开发试点和节地示范省建设。积极推进土地管理制度改革，农村土地确权登记稳步推进，探索建立城乡统一建设用地市场，促进城乡统筹发展。切实维护农民权益，提高征地补偿标准。加强土地督察工作，强化国家土地督察职能，提升督察业务能力。建立土地动态巡查制度，开展维护被征地农民权益专项督察，对48个市、县、地区开展了土地例行督察，重点对规划实施、计划执行情况开展了审核督察工作，加强了国家土地督察制度和标准建设等业务提升工作。

——持续推进找矿突破战略行动，提升地质矿产保障和支撑服务能力。2013年是地质找矿突破战略行动第一阶段目标完成年，“358”第一阶段目标超额完成，在新能源和非常规能源、老矿山外围和深部取得一系列重大找矿新突破。加强了矿产资源规划和宏观调控，继续暂停煤炭探矿权申请，实行稀土矿、钨矿、锑矿开采总量控制，严禁为产能过剩产业配置资源，积极参与化解产能过剩。矿业权市场建设稳步推进，不断强化市场配置资源作用。矿业权设置方案全面推进实施，矿产勘查开发布局趋于优化。继续实施差别化矿业权出让政策，促进矿业权有序投放。矿业权审批制度改革深入推进，煤炭矿业权审批制度改革试点完成阶段性总结评估。完成首次全国砂石土矿开采及管理现状全面调查，为进一步研究指导规范砂石土管理奠定了良好基础。基础地质工作程度不断提高，勘查领域向深陆、深海、深空方向发展。加强地勘行业服务与管理，地勘事业健康、有序、可持续发展。扎实推进矿产资源节约与综合利用、储量管理基础、执法监察与和谐矿区建设。第四轮全国矿产资源保障程度论证工作全面启动，矿产资源综合利用示范基地建设中期评估成果显著。地质环境管理机构队伍和地质环境信息化建设水平不断提高，地质遗迹保护和矿山地质环境保护与恢复治理力度进一步加大，地质灾害防治体系进一步完善，地质灾害管理和技术支撑进一步加强，在生态文明建设中的作用日益显现。

2014年是全面落实党的十八届三中全会精神的开局之年，也是完成“十二五”目标、谋划“十三五”规划的重要一年。中央明确2014年经济工作的核心是坚持稳中求进、改革创新，总基调是统筹稳增长、调结构、促改革，巩固稳中向好的发展趋势，继续实施积极的财政政策和稳健的货币政策。贯彻落实党的十八届三中全会关于全面深化改革的决定及推进新型城镇化和生态文明建设等新任务、新要求，对国土资源管理工作提出了更高要求和新的挑战。2014年国土资源管理工作要立足全局、找准定位，围绕全面深化改革这一主线，突出落实群众路线教育实践活动成果转化和整改措施，积极参与加快生态文明制度建设，着力完善国土资源管理制度，探索土地管理制度和自然资源管理制度改革，加快推进行政审批制度改革，努力构建市场起决定作用的资源配置机制，依法履行职责，尽职尽责保护资源、节约集约利用国土资源、尽力尽力维护群众权益，统筹部署推进国土资源管理各项工作。

一是要以全面深化改革为主线，着力完善国土资源管理制度。结合学习贯彻党的十八届三中全会和各项中央工作会议精神，以全面深化改革为主线，按照明确方向、守住底线、试点先行、稳步推进的改革原则，围绕重点领域和关键环节持续推进改革，着力破解国土资源利用和保护中的突出问题，全面推进资源有偿使用制度改革，落实国土空间用途管制制度，为构建生态文明制度体系、建立健全有利于保障和促进科学发展的新型自然资源管理制度体系，提供实践探索经验和政策制度储备。

二是开展自然资源管理制度改革和土地管理改革探索。加快落实以土地为核心的自然资源不动产统一确权登记制度，推进组建不动产统一登记局，全面完成土地、房屋、草原、林地、海域等不动产登记的职能整合，探索构建自然资源资产管理体制。探索构建自然资源综合监管支撑系统，探索对各类自然生态空间实行统一的用途管制制度。推进土地管理制度改革探索，夯实扩大土地权能基础，探索建立农村集体经营性建设用地流转制度及其配套制度，探索构建城乡统一的建设用地市场。深入推进行政审批制度改革。

三是坚持依法行政、履行好国土资源管理三项职责。尽职尽责保护资源，严格耕地保护，坚守耕地数量和质量双红线。加强资源空间管护，逐步建立资源环境承载力动态监测和预警机制。强化自然资源资产管理。节约集约利用国土资源，做好国土资源节约集约利用顶层设计。严控增量，盘活存量，划定永久基本农田和生产、生活、生态空间，严控城市发展边界；大力推进矿产资源节约与综合利用，提高资源利用效率。尽心尽力维护群众权益，加快推进征地制度改革，逐步建立和完善资源收益分配共享机制，加快构建地质灾害防治新机制。

四是建议从八个方面全面谋划2014年的国土资源工作布局。突出改革主题，加强顶层设计，积极研究探索适应生态文明建设的新型自然资源管理制度。提升国土空间用途管制作用，统筹国土资源保护和开发利用。推进城乡统一建设用地市场建设，促进城乡统筹发展。持续推进地质找矿突破战略行动，稳步提升资源保障能力。加强国土资源节约集约利用，提高综合利用效率。加快政府职能转变，提高国土资源管理效能。改革资源收益分配机制，促进资源收益共享。推进国土资源基础能力建设，提高国土资源管理业务支撑能力。

作 者

2013年12月

目录

Contents

站在全面深化改革新起点　推进国土资源事业科学发展（代前言）

上篇　2013年国土资源工作盘点

一、坚持"一张蓝图绘到底"，全面加强国土资源战略统筹规划 ……3

【盘点1】深入学习贯彻党的十八届三中全会及中央各项工作会议精神，全面深化国土资源管理改革 ……3

【盘点2】按照中央部署，扎实深入开展党的群众路线教育实践活动 ……5

【盘点3】落实生态文明建设要求，全国国土规划纲要上报国务院 ……6

【盘点4】自然资源管理制度改革总体思路框架初步形成 ……6

【盘点5】奖励首批、创建第二批国土资源节约集约模范县（市）……7

【盘点6】国土资源综合改革试点取得实质性突破 ……8

【盘点7】国务院明确不动产统一登记由国土资源部牵头 …… 11

【盘点8】贯彻落实《矿产资源规划编制实施办法》，开展规划中期评估 …… 12

【盘点9】中央财经办委托的重大战略研究课题圆满完成 …… 13

【盘点10】进一步推进部省合作，着力构建共同责任机制 …… 14

【盘点11】国务院印发《全国资源型城市可持续发展规划（2013—2020年）》…15

二、深化土地管理改革，推进节约集约用地，实现保护耕地、保障发展、维护权益相协调 …… 17

【盘点1】第二次全国土地调查成果发布 …… 17

【盘点2】加强房地产用地调控，积极化解产能过剩 …… 19

【盘点3】土地整治重大工程和示范省建设综合效益凸显 …… 21

【盘点4】维护农民权益，严防违规征地，提高征地补偿标准 …… 22

【盘点5】推进低效用地再开发试点和节地示范省建设 …… 23

【盘点6】加强土地节约集约利用与节地技术推广 …… 24

【盘点7】全国范围内建立土地动态巡查制度 …… 26
【盘点8】加强小城镇土地差别化管理政策调研 …… 27
【盘点9】转变职能、简政放权，下放部分建设项目用地预审权限 …… 27
【盘点10】推进土地确权工作，探索建立城乡统一建设用地市场 …… 28
【盘点11】研究深化土地管理制度改革总体思路框架 …… 28
【盘点12】各地积极探索土地管理改革 …… 29

三、创新督察方式，注重规范提升，逐步打造国家土地督察升级版 …… 31

【盘点1】推进“双保工程”，严守耕地保护红线，促进城乡统筹发展 …… 31
【盘点2】开展专项督察，维护被征地农民合法权益 …… 33
【盘点3】开展审核督察，突出规划实施和计划执行情况检查 …… 36
【盘点4】开展例行督察，对全国48个地区进行“土地体检” …… 38
【盘点5】强化约谈问责，提高国家土地督察制度权威 …… 39
【盘点6】加快建章立制，推进土地督察制度建设 …… 40
【盘点7】加强调查研究，推动土地管理制度改革 …… 40

四、改革审批方式，优化矿权布局，矿产资源配置和宏观调控能力不断增强 …… 42

【盘点1】矿业权设置方案制度全面推进实施，矿产资源勘查开发布局持续优化 …… 42
【盘点2】继续实施差别化矿业权出让政策，矿业权市场建设稳步推进 …… 43
【盘点3】矿业权审批制度改革深入推进，简政放权力度加大 …… 44
【盘点4】矿产资源储量管理取得一系列重要进展 …… 44
【盘点5】第四轮全国矿产资源保障程度论证工作全面启动 …… 45
【盘点6】矿产资源监督管理进一步规范，监管效率和水平显著提高 …… 46
【盘点7】矿产资源节约与综合利用工作有序推进 …… 46
【盘点8】和谐矿区建设有序推进 …… 48
【盘点9】动力煤和铁矿石期货相继上市，提升我国在动力煤市场的定价能力和铁矿石国际定价话语权 …… 49
【盘点10】稀土开发监管区域联动机制不断深化，磷矿资源开发联创齐争阶段性成效明显 …… 50

【盘点11】全国首次砂石土开采及管理现状全面调查工作顺利完成 …………… 50
【盘点12】全球矿业盛会陆续召开，为扩大矿业对外交流与合作搭建平台 …… 51

五、强化基础地质调查，突出资源保障和地质环境公共服务，圆满完成找矿突破战略行动第一阶段目标 …………………………………………… 54
【盘点1】地质找矿取得重大进展，资源保障能力提升 ……………………… 54
【盘点2】找矿突破战略行动完成阶段目标，积极部署新一轮找矿工作 ……… 55
【盘点3】不断促进勘查要素市场合理配置 ………………………………… 57
【盘点4】统筹推进地质调查工作，逐步向深陆深海深空发展 ……………… 58
【盘点5】加强地勘行业管理与服务 ……………………………………… 61
【盘点6】提升地质环境管理能力，促进生态文明建设 ……………………… 64
【盘点7】保护矿山生态环境，稳步推进矿山地质环境治理恢复 …………… 64
【盘点8】完善地质灾害防治体系，不断提高地质灾害防治能力 …………… 66
【盘点9】加强地质遗迹和矿业遗迹保护，进一步完善古生物化石保护工作 … 69
【盘点10】推动地热资源开发利用，促进节能减排产业发展 ……………… 70
【盘点11】深入推进地质科技和地勘文化建设 …………………………… 71

六、突出依法行政、夯实基础保障，国土资源业务支撑能力显著提升 ……… 73
【盘点1】依法行政，运用法治思维持续推进国土资源管理改革 …………… 73
【盘点2】立、改、废、评，加快推进国土资源法律法规建设 ……………… 74
【盘点3】与时俱进，全面提高党建工作科学化水平 ……………………… 75
【盘点4】惩防并举，打造国土资源系统廉政防控机制 …………………… 76
【盘点5】量化考核，扎实推进国土资源绩效管理试点 …………………… 77
【盘点6】强本固基，夯实国土资源科技创新平台 ………………………… 77
【盘点7】尊贤树人，加快国土资源人才队伍建设 ………………………… 79
【盘点8】集成共享，提升地质资料服务水平 ……………………………… 80
【盘点9】信息支撑，加强国土资源数字化建设 …………………………… 82
【盘点10】规范管理，推动专项资金管理制度改革 ………………………… 83
【盘点11】宣传引领，发布国土资源系列公报、报告 ……………………… 83

中篇 国土资源经济形势分析

一、宏观经济形势 …… 87
【1 国际形势】全球经济温和低速增长，存在下行风险 …… 87
【2 经济增长】我国经济稳步增长，实现稳中向好 …… 89
【3 固定资产投资】投资增长将保持平稳态势，并略有下降 …… 90
【4 金融政策】金融改革步伐明显加快 …… 91
【5 居民消费】居民消费价格指数与2012年持平，低于预期目标 …… 92
【6 外贸环境】进出口总体呈现低位企稳态势 …… 93

二、国土资源改革形势 …… 95
【1 改革前瞻】改革将在相当长一段时期内成为我国发展的关键词 …… 95
【2 媒体评论】国家领导层在复杂背景下全方位推动经济社会改革 …… 96
【3 改革思路】明确方向、守住底线、试点先行、稳步推进 …… 98
【4 改革重点】土地管理制度改革、自然资源管理制度和体制改革、行政审批制度改革 …… 99

三、土地经济形势 …… 102
【1 总体形势】土地管理与调控难度加大 …… 102
【2 土地供应】土地供应量持续增加，基础设施等其他用地自2008年以来首次下降 …… 103
【3 土地利用效率】通过扩大土地供应推动经济发展的模式仍未根本改变，新增土地单位面积产出持续减少 …… 106
【4 土地市场】土地出让均价创新高，土地市场升温迅速 …… 107
【5 土地财政】土地金融风险日趋增大，土地财政高温不下，地方政府性债务对土地出让收入的依赖程度较高 …… 108
【6 耕地保护】耕地数量与质量的保护形势仍十分严峻 …… 110
【7 土地违法】土地违法局面呈好转趋势，审核力度加大导致违法面积年底激增 …… 110
【8 房地产市场】房价涨势年末有所放缓，楼市因地方政府收紧调控而趋于平稳 …… 111

四、矿产资源经济形势…………………………………………115
【1矿产资源市场监测指数】全年呈现先抑后扬走势，整体延续近年来逐渐下行的格局…………115
【2矿产品供需】我国煤炭、油气、铁矿石和有色金属等主要矿产品产量持续增长，但增速有所减缓…………116
【3矿产品贸易】主要大宗矿产品进口继续增长，但氧化铝进口大幅减少……118
【4矿产品价格】大宗矿产品价格整体上处于下跌状态…………121
【5矿业投资】采矿业固定资产投资增长平稳，但投资增速低于全国固定资产投资增速…………126
【6矿业股市】国际国内资本市场矿业板块表现欠佳，涉矿股票市值明显缩水…127
【7资源税费】资源税稳步提升，探矿权出让价款大幅上升，但采矿权出让价款明显下滑…………128
五、地质勘查经济形势…………………………………………131
【1地勘投入】固体矿产勘查投入大幅下降…………131
【2勘查指数】勘查活动指数低位下行…………137
【3勘查市场】勘查许可证存量逐渐趋稳，新立探矿权“量价齐升”…………143
【4地勘经济】地勘经济高增长势头难延续…………144

下篇 展望与建议

【1】积极研究探索适应生态文明建设要求的新型自然资源管理制度…………149
【2】提升国土空间用途管制作用，统筹国土资源保护和开发利用…………150
【3】推进城乡统一建设用地市场建设，促进城乡统筹发展…………150
【4】持续推进实现地质找矿新突破，提高资源保障能力…………151
【5】加强国土资源节约集约利用，提高综合利用效率…………152
【6】加快政府职能转变，提高国土资源宏观管理效能…………153
【7】改革资源收益分配机制，促进资源收益共享…………154
【8】推进国土资源基础能力建设，提高国土资源管理支撑能力…………154

专题篇 国土资源经济与管理专题研究

专题一 十八届三中全会后国土资源管理前瞻 …… 159
构建自然资源现代监管体系 …… 159
行政审批改革要做好“加减法” …… 162
国土空间开发须考虑资源环境承载力 …… 163
创新矿产资源规划管理 …… 165
以节约利用统筹矿产资源管理 …… 166
对建立城乡统一建设用地市场的思考 …… 168
构建土地资源参与宏观调控的政策工具体系 …… 170
专题二 2013年度国土资源管理重大改革评述 …… 172
一、2013年国土资源地方探索改革试点进展情况 …… 172
二、党的十八届三中全会对国土资源管理改革提出了更高的要求 …… 176
三、推进国土资源管理制度改革的建议 …… 178
专题三 2013年度国土资源热点调查分析 …… 180
一、年度社会经济热点 …… 180
二、2013年国土资源领域热点事件调查 …… 182
三、国土资源热点问题分析 …… 183
四、对国土资源热点事件调查的思考建议 …… 187
专题四 2013年国土资源经济与管理研究进展综述 …… 190
一、土地经济与土地管理 …… 190
二、矿产资源经济与矿政管理 …… 195
三、地勘经济与地勘工作管理 …… 206
四、国土资源综合管理 …… 211
主要参考文献 …… 215
后 记 …… 221

上篇

2013年国土资源工作盘点

一、坚持“一张蓝图绘到底”，全面加强国土资源战略统筹规划

2013年，国土资源管理注重统筹部署、合理安排，各项重点工作稳步推进，取得实效。通过深入学习党的十八届三中全会精神，理出国土资源管理改革的方向和重点领域，吹响深化国土资源管理改革的号角，把学习贯彻中央各项工作会议精神融入提高国土资源保障能力的行动之中。扎实推进党的群众路线教育实践活动，着力形成作风建设长效机制，以制度机制固化作风建设成果，确保经得起实践检验。统筹部署国土资源重点工作，突出“保护资源、保障发展、维护权益”三大主题。落实生态文明建设要求，强力推进全国国土规划纲要上报。确立“大资源”管理思路，基本形成自然资源管理制度改革总体框架。以“6·25”全国土地日宣传活动为契机，奖励首批、创建第二批模范县（市），广泛开展国土资源节约集约模范县（市）创建工作，部署研究国土资源节约集约顶层设计。落实中央精神，牵头启动不动产统一登记工作。圆满完成中央财经领导小组办公室交付的战略研究课题；先后与贵州、江西、河北等省人民政府签署合作协议。

【盘点1】 深入学习贯彻党的十八届三中全会及中央各项工作会议精神，全面深化国土资源管理改革

党的十八届三中全会审议通过的《中共中央关于全面深化改革若干重大问题的决定》（以下简称《决定》）提出了全面深化改革的指导思想、总体思路、目标任务。2014年是全面贯彻落实党的十八届三中全会精神、全面深化改革的第一年，改革任务重大而艰巨。为深入贯彻落实党的十八届三中全会精神，中共中央于2013年12月先后密集召开了中央经济工作会议、中央城镇化工作会议和中央农村工作会议。

党的十八届三中全会对国土资源管理提出三个改革方向

◆ 保护资源：

- 实行资源有偿使用制度；
- 健全自然资源资产产权制度和用途管制制度；
- 紧紧围绕建设美丽中国深化生态文明体制改革，加快建立生态文明制度，

健全国土空间开发、生态环境保护的体制机制。

◆ **保障发展：**

- 处理好政府和市场的关系；
- 使市场在资源配置中起决定性作用和更好地发挥政府作用；
- 推进资源节约利用。

◆ **保障权益：**

- 保障农民公平分享土地增值收益；
- 建立公共资源出让收益合理共享机制；
- 建设服务型政府。

中央经济工作会议明确了2014年“保持宏观政策连续性和稳定性”的经济工作方向和“实现经济发展质量和效益得到提高，又不会带来后遗症的速度”的经济目标，强调了2014年经济工作的核心和6大任务。

中央城镇化工作会议强调了推进城镇化9个方面的重大意义，明确了推进城镇化的12条要求，提出了6大主要任务；强调推进新型城镇化的关键是解决好人的问题，目前主要任务是解决已经转移到城镇就业的农业转移人口落户问题。

中央农村工作会议充分强调了“三农”的重要地位，指出“中国要强，农业必须强；中国要美，农村必须美；中国要富，农民必须富”，“农业基础稳固，农村和谐稳定，农民安居乐业，整个大局就有保障，各项工作都会比较主动”。

2014年中央经济工作核心和6大任务

◆ **经济工作核心：**坚持稳中求进的工作总基调，保持宏观经济政策连续性和稳定性，着力激发市场活力，加快转方式、调结构，加强基本公共服务体系建设，着力改善民生，切实提高经济发展质量和效益，促进经济持续健康发展、社会和谐稳定。

◆ **6大任务：**切实保障国家粮食安全；大力调整产业结构；着力防控债务风险；积极促进区域协调发展；着力做好保障和改善民生工作；不断提高对外开放水平。

2014年城镇化工作6大主要任务

◆ **目前主要任务：**解决已经转移到城镇就业的农业转移人口落户问题。

◆ **6大主要任务：**推进农业转移人口市民化；提高城镇建设用地利用效率；建立多元可持续的资金保障机制；优化城镇化布局和形态；提高城镇建设水平；加强对城镇化的管理。

2014年农村工作7大战略部署

◆ **7大战略部署：**确保我国粮食安全；坚持和完善农村基本经营制度；保障农产品质量和食品安全；解决好“谁来种地”问题；加强农村社会管理；加快推进农业现代化；坚持党管农村工作。

土地、矿产、地质、海洋、测绘……作为经济社会发展的基础支撑，国土资源关切广大人民群众的生存发展权益。国土资源领域深化改革，面临“让发展成果更多更公平惠及全体人民”的更高要求，同样也要“顺民意、尊民愿、问民计、维民权”。

因此，国土资源管理改革要集中围绕尽心尽力保护资源、节约集约利用资源、全心全意维护权益三大方面展开，重点把握好国土资源管理改革的重中之重、着力点、至关重要环节、征地制度改革步骤、资源税改革时间和内容、生态文明制度建设进度和内容、人民群众根本利益、政府作用、农村土地权能、规划管控作用、监督环节、与相关领域改革的关系等关键词语。

【盘点2】 按照中央部署，扎实深入开展党的群众路线教育实践活动

全面开展。根据《中共中央关于在全党深入开展党的群众路线教育实践活动的意见》（中发〔2013〕4号），2013年7月，国土资源部印发了《国土资源部深入开展党的群众路线教育实践活动实施方案》，以为民、务实、清廉为主要内容的党的群众路线教育实践活动正式启动。国土资源部19个司局、9个派驻地方国家土地督察局及11个直属单位已全面启动并开展工作，主要聚焦“四风”，广开言路，深入听取意见建议，对已查找发现的具体问题立行立改，务求实效，取信于民，为开展下一阶段学习教育实践活动打下坚实基础。

“规定动作”与“自选动作”相结合。国土资源部直属单位相继启动党的群众路线教育实践活动，各单位在做好“规定动作”的同时，结合本单位实际，精心设计系列“自选动作”。8个督导组对各司局、国家土地督察机构、部直属事业单位的教育实践活动进行督导，同时成立1个综合组。通过开展活动，国土资源部党组共征得583条意见，进一步梳理聚焦“四风”方面的17个问题，并依据病症“开方下药”——对马上能改的立行立改，做到边学边改、边查边改，小有小改、大有大改。

“业务工作”与“群众路线”相结合。增强国土资源管理的服务意识，倾向民生，业务工作服务保障人民群众权益。一是重拳打击省级重点项目违法用地，公示挂牌督办违法用地案件，贵州省贵阳市金石产业园等25家企业违法占地2545.169亩[1]被查处。这些行动向社会昭示，“省级重点项目”也不能作为违法用地的挡箭牌。二是督促热点城市增加住宅用地供应。要求各地要根据实际情况稳定土地供应水平，特别是北京、上海、广州、深圳等一线热点城市，要比照前3～5年住宅用地平均供地量，持续加大住宅用地供应力度。三是通过土地例行督察发现，未报即用、违规划定基本农田等问题仍较突出。

---

[1] 1亩≈666.67平方米，1公顷=15亩。

姜大明：用制度机制固化作风建设成果

2013年10月31日上午，国土资源部召开部党组专题民主生活会情况通报会，部长、党组书记，国家土地总督察姜大明在通报情况时强调，解决“四风”问题，要立足当前，着眼长远，抓住整改落实和建章立制两个关键，着力形成作风建设的长效机制，用制度机制固化作风建设成果。

【盘点3】落实生态文明建设要求，全国国土规划纲要上报国务院

《全国国土规划纲要（2011－2030年）》成为全面落实生态文明建设要求的重要抓手。2013年是全国国土规划编制工作快速推进的一年。全国国土规划编制工作先后经历了完成全国国土规划纲要初稿、报送部长专题会议专门审议、召开专家咨询会议研讨、将党的十八大对国土资源管理特别是生态文明建设的要求纳入规划纲要再次修改、形成送审稿报送各部委汇签、最后上报国务院等待批复等系列环节。作为第一个面临“下一个人口高峰”的规划、第一个“海陆统筹”规划，《全国国土规划纲要（2011－2030年）》以水资源、环境容量、优质耕地等多方面资源环境承载能力分析为基础，着重从9大方面、48项重大专题展开研究，形成近60项研究成果；针对国土开发利用存在的问题，确定了未来20年我国国土空间开发的总体方针、基本原则和战略目标。

随着国土规划日益受到重视，地方编制国土规划的积极性也日渐高涨。2013年，区域国土规划编制工作取得可喜进展。《中原经济区国土规划（河南部分）》已编制完成并在河南省政府常务会议获得通过；重庆市国土规划编制研究工作正式启动；广西西江经济带国土规划和广西桂西资源富集区国土规划编制工作正在积极推进。

学术界为生态文明建设推波助澜。2013年，学术界也围绕贯彻落实生态文明建设的要求开展了深入研讨。其中，以“夯实生态文明之基，建设富饶美丽中国”为主题的资源环境承载力与生态文明建设学术研讨会最具代表性，其主题涉及人与自然和谐相处及生态文明建设、发展清洁能源若干问题、中国绿色矿业发展研究、矿产资源开发中的生态补偿问题、生态文明建设的制度创新与供给、资源环境承载力评价与国土空间开发等领域，对生态文明建设发挥了积极的推动作用。

【盘点4】自然资源管理制度改革总体思路框架初步形成

《中共中央关于全面深化改革若干重大问题的决定》要求健全国家自然资源资产管理体制。《决定》要求加快生态文明制度建设，健全自然资源资产产权制度，形成归属清晰、权责明确、监管有效的自然资源资产产权制度。建立空间规划体系，划定生产、

生活、生态空间开发管制界限，落实用途管制。健全能源、水、土地节约集约使用制度。健全国家自然资源资产管理体制，统一行使全民所有自然资源资产所有者职责。完善自然资源监管体制，统一行使所有国土空间用途管制职责。

国务院要求整合建立统一规范的公共资源交易平台，出台实施不动产统一登记制度。2013年3月，国务院印发《国务院机构改革和职能转变方案》，要求国家发展和改革委员会会同财政部、国土资源部、环境保护部、住房和城乡建设部、交通运输部、水利部、税务总局等有关部门推动整合建立统一规范的公共资源交易平台，于2014年6月前提出方案。要求国土资源部、住房和城乡建设部会同国务院法制办、税务总局等有关部门研究出台并实施不动产统一登记制度，于2014年6月前出台《不动产登记条例》。12月，中央机构编制委员会办公室发文明确由国土资源部牵头负责不动产登记工作。

自然资源管理制度改革总体思路框架基本形成。为贯彻落实《中共中央关于全面深化改革若干重大问题的决定》部署，国土资源部组织研究形成了《自然资源管理制度改革总体思路框架》初稿，提出了以建立综合调查评价制度、加强动态监测为基础，以健全产权制度、实施统一确权登记为前提，以推进资源有偿使用、完善要素市场体系为关键，以建立空间规划体系、强化用途管制制度为核心，以保护和节约集约利用资源、强化国土综合整治为主线，以健全完善资源资产管理体制和资源监管体制为重点，以健全法律法规体系为保障，形成符合生态文明建设要求、科学规范、系统完整的自然资源管理制度体系。

【盘点5】奖励首批、创建第二批国土资源节约集约模范县（市）

2013年，国土资源节约集约模范县（市）工作得到深化和创新。年初，经人民网、《人民日报》、《中国国土资源报》、《中国矿业报》、国土资源部门户网站公示，国土资源部决定，授予北京市东城区等28个区“国土资源节约集约模范区”荣誉称号、河北省张家口市崇礼县等48个县“国土资源节约集约模范县”荣誉称号、山西省吕梁市汾阳市等21个市“国土资源节约集约模范市”荣誉称号、内蒙古自治区包头市土默特右旗等4个旗“国土资源节约集约模范旗”荣誉称号，并对辽宁省铁岭市等10个获评模范地级市进行通报表扬。抓住“6·25”全国土地日的宣传机会，广泛开展国土资源节约集约模范县（市）创建活动，召开第二届国土资源节约集约模范县（市）表彰会，姜大明部长进一步阐述了深入推进国土资源节约集约利用的重大意义，阐明了以资源节约集约利用统领国土资源工作的主导思想，总结肯定了国土资源节约集约利用的明显成效；宣布了表彰第二届国土资源节约集约模范县（市）的公告、表扬模范市（地级）和创建活动优秀组织单位的通报，以及国土资源部关于浙江省推进节约集约用地实施亩产倍增行动计划的批复。围绕“珍惜土地资源，节约集约用地”的主题召开了专家研讨会等系列宣传研讨活动。

研究制定国土资源节约集约利用行动计划，提出国土资源节约集约利用“11841”行动计划，即1个指导思想、1个总体目标、8项重点任务和41个具体行动。

目前，正在研究加强土地节约集约利用的顶层设计，要求细化各项用地标准和考核标准、监督标准，力争在今后5～10年，进一步加大盘活存量用地的力度，重点解决好城镇低效用地和农村空闲用地的盘活，逐步降低经济社会发展对增量用地的依赖，今后对土地开发强度已超过20%，达到30%、40%的地方，在用地上要考虑以盘活存量为主，在土地规划、土地计划上要体现出来。

深入推进国土资源节约集约利用的四方面意义和三点明显成效

◆ 四点重大意义：

- 深入推进国土资源节约集约利用，是贯彻落实中央要求的重要举措。党和国家高度重视资源节约集约利用；
- 深入推进国土资源节约集约利用，是适应特殊资源国情和特定发展阶段的现实选择；
- 深入推进国土资源节约集约利用，是解决保障科学发展、保护国土资源、保护群众权益矛盾的根本途径；
- 深入推进国土资源节约集约利用，是转方式、调结构、提质量的必由之路。

◆ 三点明显成效：

- 国土资源节约集约模范县（市）创建活动彰显了引领示范作用；
- 两届创建活动评选产生202个模范县（市）和10个模范市；
- 国土资源节约集约利用，促进了经济转型升级；
- 国土资源节约集约利用，推动了国土资源管理改革创新；
- 各地在创建中形成的45种好模式和79个好机制得到推广，创建活动已经成为国土资源系统落实节约优先战略的重要平台和有力抓手。

【盘点6】国土资源综合改革试点取得实质性突破

2013年，国土资源部先后正式批复了《义乌土地管理制度改革实施方案》、《贵州省毕节市国土资源差别化政策综合改革试点方案》、《秦皇岛市用地改革试点方案》，将宅基地制度改革试点列入2013年将要开展的重点工作中。另外，深圳市政府已审议并原则通过《前海深港现代服务业合作区土地管理改革创新要点（2013－2015年）》、安徽省政府下发了《国务院农村综合改革工作小组关于开展农村综合改革示范试点工作的通知》。2013年12月26日，国土资源部第20次部长办公会研究了《国土资源部深化土地管理制度改革总体思路框架》，强调了从四方面入手，深入推进土地管理制度改革，明确重点做好四方面工作。

《义乌土地管理制度改革实施方案》提出了工作目标和8项主要任务，是义乌国际贸易综合改革试点重要内容之一，使义乌土地管理制度改革进入新的发展期。

浙江省义乌市土地管理制度改革工作目标和8项主要任务

- **工作目标：** 力争用3年左右时间，即到“十二五”期末，基本建立起适应国际贸易综合改革新形势和新要求的土地管理新机制，加快形成保障发展更加科学、保护资源更加严格、维护民生更加有力、服务社会更加优质的国土资源事业新局面，把义乌建设成为科学发展先行区、改革创新试验区、耕地保护示范区、节约集约模范区，有力推动义乌国际贸易综合改革试点，并为深化土地管理制度改革提供政策储备，为全国土地管理制度改革提供经验。
- **8项主要任务：**
  - 建立土地利用总体规划定期评估和动态调整制度，为国际商贸名城建设提供必要的发展空间；
  - 创新土地利用计划管理方式，为以现代商贸流通为主的开放型经济体系建设提供有效的用地保障；
  - 完善耕地保护机制，为国际贸易综合改革提供稳定的资源基础支撑；
  - 完善征地审批和差别化供地制度，保证国际贸易重大平台和项目高效供地；
  - 优化土地利用方式，促进国际贸易发展方式转变；
  - 拓展区域合作形式，充分发挥义乌国际贸易带动优势和辐射作用；
  - 构建城乡统一的建设用地市场，促进国际贸易改革成果惠及农村和农民；
  - 构建国土资源管理工作新格局，保障国际贸易综合改革试点顺利开展。

《贵州省毕节市国土资源差别化政策综合改革试点方案》提出试点内容涵盖土地资源、矿产资源和地质灾害防治等9方面内容，时间为2012年年底至2017年。

前海深港合作区是深圳土地管理制度改革综合试点之一。《前海深港现代服务业合作区土地管理改革创新要点（2013－2015年）》标志着前海深港合作区的开发建设、项目落地和土地出让工作将加快推进，重点提出了5大任务：探索建立差别化的土地供应新模式，创新土地资源、资产、资本一体化运作模式，高水平推进土地节约集约利用，创新土地市场调控和监管机制以及完善土地管理体制机制。

贵州省毕节市国土资源差别化政策综合改革试点主要内容

- 支持毕节试验区开展土地利用总体规划评估调整，在编制下达土地利用计划时适当予以倾斜，重大建设项目用地可采取点供方式解决；
- 在土地综合整治、矿山环境恢复治理、工矿废弃地复垦利用、地质灾害调查评价等重大项目上给予重点支持；
- 支持探索耕地占补平衡和保护补偿新机制；
- 支持毕节开展农村集体建设用地流转、低丘缓坡土地利用等试点；
- 支持毕节探索差别化产业用地政策，对城乡及工矿低效用地采取多种措施，进行二次开发利用；
- 加大对基础性、公益性项目和整装勘查的投入力度；
- 探索建立矿业权审批快速通道，探索简化市（县）颁证的建材类矿产采矿审批配号管理；
- 允许毕节根据相关规定申请煤炭探矿权；
- 支持毕节建立西南喀斯特地区地灾集中区综合治理国家级示范基地；
- 支持符合条件的矿山企业申报国家级绿色矿山试点，支持开展和谐矿区建设，探索农村集体和农民多途径入股矿产资源开发新途径。

根据《国务院农村综合改革工作小组关于开展农村综合改革示范试点工作的通知》（国农改〔2012〕12号）提出的农村综合改革试点目标，安徽省在涡阳县、临泉县、宿松县等20个县（区）开展综合改革试点，重点围绕市场主体培育、土地市场建设、集体“三资”管理、公共基础设施建设、信息和金融服务等方面开展改革试点，农村土地成为这次综合改革的“重头戏”。

安徽省农村综合改革试点目标

- 支持构建新型农业经营体系，力争到2015年，新型农业经营主体经营面积占承包耕地的50%以上，农业生产的集约化、专业化、组织化、社会化程度明显提高；
- 着力培育专业大户和家庭农场，开展示范家庭农场创建活动；
- 发展农民合作社，鼓励农民合作社以法人身份组建联合社；
- 探索发展土地股份合作社；
- 培育壮大农业产业化龙头企业；
- 强化政策扶持，将增量财政性扶持资金向新型农业经营主体倾斜；
- 建立多元统一的土地市场，深化农村土地确权登记发证工作，将集体土地所有权确定到每个具有所有权的农民集体，2015年年底前实现农村集体所有的建设用地、农用地、未利用地和农村范围内的国有土地确权登记发证全覆盖；
- 积极探索建立宅基地退出补偿激励机制；
- 建立农民通过流转方式使用其他农村集体经济组织宅基地的制度；
- 实施土地整治、城乡建设用地增减挂钩腾出的建设用地指标，可按有关规定有偿调剂使用；
- 探索建立农村集体建设用地指标储备制度，盘活农村集体建设用地；
- 制定完善土地流转交易管理办法，建立监督制约和责任追究机制。

《秦皇岛市用地改革试点方案》明确了秦皇岛市旅游产业用地改革试点的重点内容，并明确秦皇岛市旅游产业用地改革试点期限为2013－2018年，2013年年底前全面启动旅游用地综合改革试点工作，到2018年初步建立较为完善的旅游用地管理体制。

河北省秦皇岛市用地改革试点主要内容

- 探索制订旅游产业有关用地分类管理政策；
- 建立健全政府、旅游开发者、土地所有权人、土地使用权人的收益分配机制；
- 探索农村集体经济组织和农民以集体土地参与旅游项目开发的模式，让农民“不失地，不失业，不失居”；
- 探索集体经济组织和农民自主开发旅游项目，或采取入股、联营、租赁等方式参与旅游开发经营；
- 探索促进旅游产业转型升级的用地政策，研究制定旅游用地目录、转型升级指南、准入条件、退出机制等；
- 探索旅游产业发展与城镇发展、新农村建设相互促进、相互融合的新模式。

国土资源部深化土地管理制度改革的四方面入手和四项重点工作

- **四方面入手：**
  - 坚持最严格的耕地保护制度；
  - 坚持最严格的节约用地制度；
  - 维护群众权益；
  - 转变政府职能。
- **四项重点工作：**
  - 坚持最严格的耕地保护制度，通过规划管控和划定永久性基本农田，严防死守耕地红线，既保耕地数量又保耕地质量；
  - 坚持最严格的节约用地制度，通过严控增量、盘活存量、优化结构等措施予以落实；
  - 夯实权能，扩大农民财产性收入渠道，深入推进征地制度改革，维护好农民权益；
  - 转变职能，简政放权。

【盘点7】 国务院明确不动产统一登记由国土资源部牵头

2013年，明确国家不动产统一登记工作由国土资源部牵头。在3月出台的《国务院机构改革和职能转变方案》中明确提出，建立不动产统一登记制度，以更好地落实《中华人民共和国物权法》规定，保障不动产交易安全，有效保护不动产权利人的合法财产权。此后国务院办公厅发布的《关于实施〈国务院机构改革和职能转变方案〉任务分工的通知》（国办发〔2013〕22号）明确规定，2013年4月底前完成整合房屋登记、林地登记、草原登记、土地登记的职责等，由中央机构编制委员会办公室负责；2014年6月底前出台《不动产登记条例》，由国土资源部、住房和城乡建设部会同国务院法制办、税务总局等有关部门负责。党的十八届三中全会通过的《中共中央关于全面深化改革若干重大问题的决定》也提出，建立个人收入和财产信息系统，保护合法收入，调节过高收入，清理规范隐性收入，取缔非法收入。在11月20日国务院总理李克强主持召开的国务院常务会议上，决定整合不动产登记职责，将分散在多个部门的不动产登记职责整合由一个部门承担，理顺部门职责关系，减少办证环节，减轻群众负担。并明确提出，由国土资源部负责指导监督全国土地、房屋、草原、林地、海域等不动产统一登记职责，基本做到登记机构、登记簿册、登记依据和信息平台"四统一"。此次整合，国土资源部的职责还包括：会同有关部门起草不动产统一登记的法律法规草案，建立不动产统一登记制度，制定不动产权属争议的调处政策；推进不动产登记信息基础平台建设；会同林业局负责国务院确定的重点国有林区森林、林木、林地的登记发证；会同海洋局负责国务院批准项目用海、用岛的海域使用权和无居民海岛使用权的登记发证等。

【盘点8】贯彻落实《矿产资源规划编制实施办法》，开展规划中期评估

2013年，重点加强了《矿产资源规划编制实施办法》(国土资源部令第55号)的贯彻落实，推进了矿产资源专项规划编制审查和批复实施工作，启动开展了第二轮矿产资源规划中期评估和国土资源"十二五"规划中期评估工作。

大力推进《矿产资源规划编制实施办法》(国土资源部令第55号)贯彻落实。为贯彻党的十八大精神和全国国土资源工作会议要求，加快落实《矿产资源规划编制实施办法》(国土资源部令第55号)，推进矿产资源勘查开发利用综合评价研究工作，国土资源部组织召开全国矿产资源规划编制实施管理研讨会，对矿产资源规划工作提出新要求，部署了2013年工作重点。印发了《关于贯彻落实〈矿产资源规划编制实施办法〉严格规划管理的通知》(国土资厅发〔2013〕24号)，要求各地从统筹协调规划编制工作，增强各级各类规划的针对性、可操作性和强化规划编制工作基础等方面，认真落实矿产资源规划编制实施制度，主动服务找矿突破战略行动和矿产资源管理，通过建立规划实施责任分工目标考核和年度实施制度、严格规划审核制度、健全规划评估调整机制、强化规划实施监督检查等措施，严格执行矿产资源规划实施制度，确保规划实施成效。

完成一批专项规划的审查。按照《矿产资源规划编制实施办法》(国土资源部令第55号)要求，2013年进一步加大矿产资源专项规划编制实施力度。国土资源部先后对铝土矿区、金矿区、铁矿区、钼矿区等十余个重点规划区/矿区矿产资源专项规划进行了审查，促进了矿产资源专项规划的编制实施，提高了国土资源部门在资源配置上

的话语权，促进了煤铝兼探兼采、钼矿资源储备与合理开发保护，以及铁矿、金矿的深部找矿和资源整合等工作。

多个矿产勘查专项规划批复实施，助推地质找矿。按照国土资源部开展稀土等重要矿产重点规划区专项规划编制的要求，各地积极组织编制矿产资源专项规划，一批专项规划陆续经国土资源部批复实施。2013年2月，国土资源部批复《辽宁省稀土等矿产勘查专项规划（2010－2015年）》；3月，分别批复《云南省锡、钨等矿产重点规划区专项规划（2011－2015年）》、《广东省稀土钨锡锑钼萤石勘查专项规划（2011－2015年）》和《湖南省稀土等矿产勘查专项规划（2010－2015年）》；6月，批复《安徽省霍邱铁矿区铁矿资源专项规划（2011－2015年）》。多个专项规划的批复实施，优化了重要矿种的勘查布局，有力助推找矿突破战略行动。

全面开展第二轮矿产资源规划中期评估和国土资源“十二五”规划中期评估工作。2013年，结合国家发展和改革委员会关于开展“十二五”规划中期评估工作的通知，国土资源部印发了《国土资源部办公厅关于开展矿产资源规划中期评估工作的通知》（国土资厅函〔2013〕394号）和《国土资源部办公厅关于开展〈国土资源“十二五”规划纲要〉中期评估工作的通知》（国土资厅函〔2013〕313号），部署启动了第二轮矿产资源规划和《国土资源“十二五”规划纲要》中期评估工作，先后形成第二轮矿产资源规划中期评估报告和国土资源“十二五”规划纲要中期评估报告。在国土资源部第19次部长办公会上，《全国矿产资源规划（2008－2015）》中期评估报告获得审议并原则通过。评估结果表明，规划确定的5类29项指标中，70%已完成或超额完成。国土资源部部长、党组书记，国家土地总督察姜大明要求，要努力完成规划确定的各项指标，启动并认真编制“十三五”全国矿产资源规划。

第二轮矿产资源规划取得六大成效

- 重要矿产查明资源储量和开采量增幅明显，国内矿产资源的保障和供应能力有所提高；
- 矿产资源开发利用布局进一步优化，开发秩序总体向好；
- 资源合理利用和矿山环境保护得到加强；
- 绿色矿山试点逐步扩大，绿色矿业加快发展；
- 矿业国家合作实现新跨越，“引进来”和“走出去”呈现新局面；
- 矿产资源管理改革不断深化，能力和水平得到提升。

【盘点9】中央财经办委托的重大战略研究课题圆满完成

2013年，中央财经领导小组办公室把“保护耕地和保障农民合法权益”、“我国矿产资源安全战略”、“中国城镇化道路、模式和政策”、“优化开发区域城市群布局和形态”、“促进房地产健康发展的模式和长效机制” 等五大战略的课题研究工作交付国土资源部。国土资源部高度重视，部长办公会进行专门研究，成立领导小组，同时每项课题由一位或两位部领导亲自挂帅，抽调精干人员组成课题组。先后召开了多次专家研讨会、专家论证会和项目审查会，分别形成研究报告送审稿，上报中央财经领导小组办公室，高质量、圆满地完成了中央财经领导小组办公室交付的研究任务。

【盘点 10】 进一步推进部省合作，着力构建共同责任机制

部省合作工作机制取得新的进展。2013 年，国土资源部先后与贵州、江西、河北等省人民政府签署合作协议，并筹备与山西、内蒙古、陕西、甘肃、宁夏五省（自治区）人民政府签署协议，有力推进了共同责任机制的构建，对发挥政府引导和监督作用起到重要作用。

国土资源部与贵州省人民政府签署关于共同推进页岩气勘查开发合作协议。2013 年 1 月 25 日，国土资源部与贵州省人民政府在贵阳市签署了《国土资源部　贵州省人民政府关于共同推进页岩气勘查开发合作协议》，未来双方将共同推进页岩气勘查开发。

国土资源部、贵州省人民政府关于共同推进页岩气勘查开发合作协议

- **合作内容：**加强页岩气资源调查评价，合理配置页岩气矿业权，建立完善页岩气监督管理工作制度和规范。共同研究制定政策措施，开展页岩气勘查开采用地用水保障、生态环境保护试点，促进页岩气勘查开发快速、有序、健康发展。共同创建页岩气勘查开发和综合利用示范基地，开展富页岩气层段精细地质研究，研发页岩气勘查开发关键技术，形成规模产能。培养页岩气勘查、开发与管理技术人才，探索页岩气山区地面配套建设集输管网经验。
- **合作周期：**2013 — 2020 年。

国土资源部与江西省人民政府签署共建东华理工大学合作协议。2013 年 5 月 16 日，国土资源部与江西省人民政府在南昌市签署了共建东华理工大学合作协议，明确了国土资源部与江西省人民政府合作共建的目标、各自的责任和措施。

国土资源部、江西省人民政府关于共建东华理工大学合作协议的主要内容

- **国土资源部的责任和措施：**把东华理工大学的发展纳入全国国土资源事业发展规划，鼓励学校与部属单位合作，鼓励学校的“核资源与环境”国家重点实验室基地与部属单位联合攻关、共建地质矿产研究基地和博士后科研流动

站，支持中国地质博物馆与大学博物馆合作，依托东华理工大学开展对国土资源系统干部人才队伍的培训。

- **江西省人民政府的责任和措施：** 把东华理工大学的发展建设纳入全省经济和社会发展总体规划，进一步加大对学校的支持力度，指导推进学校的改革与创新，在人才培养、重点实验室建设等方面给予有力支持，鼓励学校发挥办学特色和整体优势，确保共建政策支持到位，促进东华理工大学更好更快地发展。

国土资源部与河北省人民政府签署共建石家庄经济学院合作协议。 2013年5月23日，国土资源部与河北省人民政府签署共建石家庄经济学院合作协议。此合作协议分别明确了国土资源部和河北省人民政府各自的责任和措施。

国土资源部、河北省人民政府关于共建石家庄经济学院合作协议的主要内容

- **国土资源部的责任和措施：** 将指导和支持石家庄经济学院的重点学科建设、野外实习基地和重点实验室建设，支持新校区建设；依托学院开展对国土资源系统干部人才队伍的培训。共建以河北省管理为主，国土资源部给予支持。
- **河北省人民政府的责任和措施：** 将石家庄经济学院列为河北省教育事业中长期规划重点建设学校，指导、支持学院做好更名工作，在学院人才引进、重点学科和重点实验室建设等方面继续予以大力支持，指导、支持学院做好新校区建设工作，在土地供应、校舍建设、资产置换等方面实行优先优惠。

国土资源部将与五省合作推进鄂尔多斯盆地矿产资源开发利用。 为了深入推进《鄂尔多斯盆地矿产资源勘查开采专项规划（2010－2015年）》实施，2013年国土资源部拟定了《国土资源部　晋蒙陕甘宁五省（自治区）人民政府关于共同推进规划实施　促进鄂尔多斯盆地矿产资源合理开发利用的合作协议》，将对促进山西、内蒙古、陕西、甘肃、宁夏五省（自治区）矿产资源协调勘查开发，提高资源利用效率发挥重要的引导监督作用。

【盘点11】　国务院印发《全国资源型城市可持续发展规划（2013－2020年）》

2013年，资源型城市管理抓手得到进一步完善，资源型城市研究取得突破性进展。为统筹推进全国资源型城市可持续发展，国务院于11月12日印发了《全国资源型城市可持续发展规划（2013－2020年）》。这是我国首次出台关于资源型城市可持续发

展的国家级专项规划，首次从国家层面绘就了提升资源型城市可持续发展能力的蓝图；提出了有序开发综合利用资源、构建多元化产业体系、切实保障和改善民生、加强环境治理和生态保护、加强支撑保障能力建设等5大重点任务；突出了转型发展和深化改革的基本主线、分类指导和统筹协调的战略导向、以人为本和社会公平的目标取向、立足当前和谋划长远的任务部署及积极稳妥、求真务实的政策设计等5大亮点；要求建立资源开发秩序的约束机制、价格形成机制、资源开发的补偿机制、利益分享机制、接替产业的扶持机制等5大长效机制。这“555”三五设计，为我国资源型城市可持续发展奠定了坚实基础。

二、深化土地管理改革，推进节约集约用地，实现保护耕地、保障发展、维护权益相协调

2013年，土地管理方面，一是继续强化土地宏观调控，维护土地市场秩序，严把供地闸门。二是维护民生权益，加快保障性住房用地审批，严防违规征地，保护农民合法权益。农村土地确权登记稳步推进，土地整治取得积极成效。三是坚持节约优先战略，全面推进土地节约集约利用，加强用地监督管理。推进低效用地再开发试点和节地示范省建设，强调切实提高城镇建设用地集约化程度。建立土地动态巡查制度，加强建设用地监管，重拳打击省级重点项目违法用地。四是积极推进土地管理制度改革。探索建立城乡统一建设土地市场。发布第二次全国土地调查成果，为后续全面深化改革奠定技术基础。

【盘点1】第二次全国土地调查成果发布

国务院决定，自2007年7月1日起，开展第二次全国土地调查，并以2009年12月31日为标准时点汇总调查数据。2013年12月3日，中共中央政治局召开会议，听取了第二次全国土地调查（以下简称二次调查）情况汇报。会议要求，要发挥二次调查数据平台作用，推动二次调查成果广泛应用。12月30日，国务院新闻办公室召开新闻发布会，正式发布第二次全国土地调查成果。

二次调查是新中国成立以来首次采用统一的土地利用分类国家标准，首次采用政府统一组织、地方实地调查、国家掌控质量的组织模式，首次采用覆盖全国遥感影像的调查底图，实现了图、数、实地一致，做到了全面、真实、准确。这次调查全面查清了全国土地利用现状，掌握了各类土地资源底数。同时，建成了全国土地利用基础数据库；建立了土地变更调查新机制，实现了常态化土地利用变化监测；构建了国土资源管理“一张图”和综合监管平台。

二次调查主要内容包括农村土地调查、城镇土地调查、基本农田调查和各级土地利用数据库建设四个部分。根据二次调查发布的成果，截至2009年年底，全国主要地类数据见下表：

第二次全国土地调查 2009 年主要地类数据统计表

地　　类	面积 / 万亩	比例 /%
耕地	203077	14.11
园地	22218	1.54
林地	380925	26.46
草地	430970	29.94
城镇村及工矿用地	43109	2.99
交通运输用地	11913	0.83
水域及水利设施用地	64036	4.45
其他土地	433296	19.68

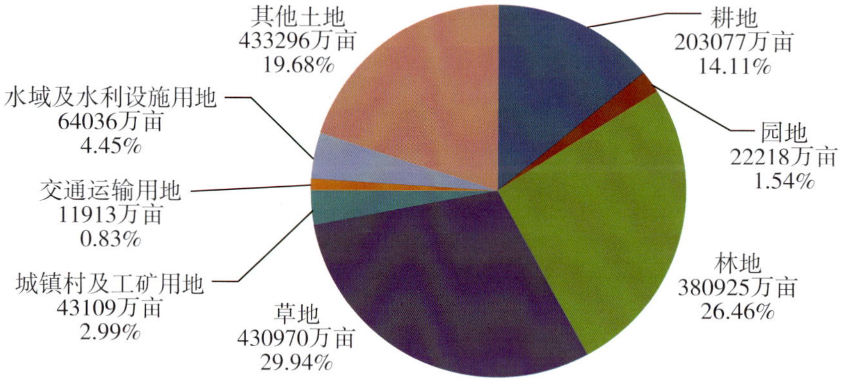

2009 年第二次全国土地调查主要地类比例图

第二次全国土地调查数据显示，2009 年全国耕地面积为 13538.5 万公顷（203077 万亩），比基于一次调查逐年变更到 2009 年的耕地数据多出 1358.7 万公顷（20380 万亩），主要是由于调查标准、技术方法的改进和农村税费政策调整等因素影响，使二次调查的数据更加全面、客观、准确。

随着土地二次调查成果发布，农村集体土地所有权登记发证工作基本完成，在城镇土地调查方面，对工业用地、基础设施用地、金融商业服务用地、房地产用地、开发园区等土地利用状况基本掌握。这将为此后各项改革奠定技术基础。

国土资源部：土地资源基本国情未改，须严格坚持节约用地

- 2013 年 12 月 30 日上午，国务院新闻办公室召开新闻发布会，对第二次全国土地调查主要数据成果作简要介绍。发布会指出，我国土地资源的基本国情没有改变，必须毫不动摇，坚持最严格的耕地保护制度和节约用地制度，必须大力推进生态文明建设。

- 二次调查数据显示，与一次调查相比，建设用地从2918.0万公顷增加到3500.0万公顷，增加了581.9万公顷。国家实施建设用地增量计划投放与鼓励存量盘活并重的调控措施，有力保障了经济社会发展的用地需求。
- 二次调查数据也反映出，建设用地增速较快，许多地方存在建设用地格局失衡、利用粗放、效率不高等问题，建设用地供需矛盾仍很突出。因此，必须坚定不移地继续实行最严格的节约用地制度，控制投放增量土地，加大盘活存量土地，优化土地利用空间布局和结构，提高土地利用效率。

【盘点2】 加强房地产用地调控，积极化解产能过剩

在2013年年初的国土资源工作会议中，将“加强和改善土地宏观调控”列为2013年度国土资源部八大重点工作的首要任务，对600万套保障性安居工程用地应保尽保，对大企业大地块监督将常态化，对供地率比较低的城市进行专项督办，包括对市场异动三类城市[1]进行监督，对出现土地供应量过低或房价上涨过快的城市进行处罚，缓解土地市场的供求关系。2013年2月22日，在北京召开全国房地产用地管理和调控工作汇报会，会议要求贯彻落实“国五条”精神，准确把握当前房地产市场调控工作面临的严峻形势和复杂形势，继续保持调控政策的连续性和稳定性，增强调控的针对性，突出差异性，主动配合相关部门做好房地产调控，确保房地产用地市场平稳。同时，为推进解决产能过剩问题，充分利用土地杠杆，加强土地利用计划管理，着力化解产能过剩问题。

国土资源部督促加强房地产用地调控。2013年9月25日，按照国务院领导批示要求，国土资源部在北京召开部分地区和城市房地产用地管理和调控座谈会，总结2013年房地产调控工作情况，部署做好第四季度调控工作。会议指出，当前，我国经济社会处于改革发展的关键时期，各地要统一思想，提高认识，确保房地产市场平稳健康运行。一是紧盯房价变动，稳定土地市场。做到均衡供地，促进供需基本平衡；部分热点城市要比照前3～5年平均供地量，持续加大住宅用地供应力度。二是多措并举，消除地价异常信号。要防止异常高价地误导市场，干扰市场预期；防止少数大企业抢地推高地价，借此消化库存；防止一些地方政府过度追求高收益，引起市场误读；要从预判开始，采取多种措施消除地价异常干扰；要把消除异常干扰作为政府调控市场的目标之一。三是区分市场异动三类城市，提高措施的针对性和有效性。

加大保障性住房建设土地供应力度。本着民生优先、特事特办的原则，国土资源

---

[1] 市场异动三类城市，指在国家统计局发布房价指数的全国70个大中型城市中，凡属新建商品住宅和二手住宅价格交易指数同比上涨或环比连续3个月上涨的城市，住宅或商服用地供应量偏离过去5年平均值，地价同比或环比上涨的城市，以及近3个月以来出现住宅或商服用地较高异常地价的城市。

部对2013年提出保障性安居工程新增建设用地申请的80个城市的用地提前介入、单独组卷，加快向国务院申报审批速度。保障性住房用地方面，随着中央保障性安居工程建设任务分解落实及棚户区改造力度加大，4月份以来住宅用地中保障性住房用地占比始终保持在20%左右。截至2013年11月底，保障性住房用地供应2.23万公顷，同比增加1.5%，中央下达的633万套保障性安居工程任务所需用地全部落实，实现了应保尽保。

各地政策强调加强保障性住房建设

- 保障性住房一直是各地住房建设强调的重点之一，政策调控中也不乏有关保障性住房的内容条款。以近期的调控政策为例，2013年四季度以来，北京市、上海市等一线城市及武汉市、厦门市等部分二线城市发布楼市调控政策，多有提及保障性住房方面的内容。
- “京七条”要求加快自住型商品住房建设，2013—2014年要完成7万套自住型商品住房用地供应。同时明确，经济适用住房、限价商品住房轮候家庭可优先购买自住型商品住房。全国工商联房地产商会创会会长聂梅生对中新网房产频道表示，保障性住房建设存在的问题是供应和需求错位，像北京提供自住型商品住房，“越来越符合于满足人民的需要，这样更好”。
- “沪七条”要求，“推动公共租赁住房建设筹措和分配供应，尽力满足保障对象租赁需求”，“参照物价、收入等因素，研究明年放宽廉租住房和共有产权保障住房准入标准，努力扩大住房保障受益面”。“穗五条”更是提到，1～10月广州筹集保障性住房18071套，提前超额完成广东省下达的目标任务（1.6万套）。另外，南昌市、西安市等地也提及“大力推进保障性安居工程建设”、“完善保障房供应体系”。

坚决叫停、严肃查处在建在售“小产权房”。2013年11月12日，国土资源部办公厅、住房和城乡建设部办公厅联合发出紧急通知，要求各省（自治区、直辖市）国土资源、住房城乡建设主管部门，全面、正确领会党的十八届三中全会关于建立城乡统一的建设用地市场等改革措施，坚持依法依规，严格执行土地利用总体规划和城乡建设规划，严格实行土地用途管制制度，严守耕地红线，坚决遏制在建、在售“小产权房”行为。

北京将出狠招清理小产权房

- 2013年年底，北京市国土资源局与住房和城乡建设委员会联合发布紧急通知，再次重申坚决遏制违法建设和销售小产权房，并明确区、县政府在清理整治过程中的“政府主责”。督促区、县政府组织有关部门采取有效措施，严厉查处所在区域的小产权房项目，并对相关违法人员严肃处理，从根本上遏制新建、续建、续售小产权房。

- 要求各区、县对已曝光的小产权房项目立即开展整改查处情况的自查，于2014年1月15日前完成，同时对辖区内在建、在售的小产权房再次开展集中梳理排查。

——2014年1月2日搜狐焦点网

严把供地闸门，化解过剩产能。为贯彻落实党中央、国务院对化解产能严重过剩矛盾的要求，国土资源部于2013年11月18日正式发出通知，要求各级国土资源主管部门切实履行部门职责，主动做好相关工作。要加快全国国土规划报批实施，以资源环境承载能力为基础，加强区域发展的空间引导，调整优化钢铁、有色金属和装备制造等重点产业布局，严格落实国家产业政策，严格实施水、土地、矿产等重要资源的配额限制，坚决遏制产能过剩项目建设，推动产业结构优化升级。

国土资源部要求严禁将计划供地指标用于高耗能、高排放和产能过剩行业等项目建设，对产能严重过剩行业项目，一律不得安排新增建设用地计划指标。严格建设项目用地预审管理，对产能严重过剩行业新增产能项目，一律不予受理用地预审申请，已受理的一律不予通过预审申请，从源头上遏制产能严重过剩行业新增使用土地。严格依法依规审查农用地转用和土地征收，对产能严重过剩行业新增产能项目，对未按国家规定核准、备案的，不得通过农用地转用和土地征收审查，不得办理供地手续。加强用地与用海管理衔接，严防通过围填海造地为产能严重过剩行业新增产能项目提供用地空间。

【盘点3】土地整治重大工程和示范省建设综合效益凸显

2013年，全国土地整治工程继续有序推进。2013年初，国土资源部发布《市（地）级土地整治规划编制规程》（TD/T 1034 – 2012）、《县级土地整治规划编制规程》（TD/T 1035 – 2012）、《土地复垦质量控制标准》（TD/T 1036 – 2012）3项推荐性行业标准，于2013年2月1日起实施；12月，国土资源部、财政部对9个在建的土地整治重大工程和10个土地整治示范省建设情况进行了评估。结果显示，重大工程和示范省建设总体进展较好，共新增耕地518万亩，建成高标准基本农田3400余万亩，在促进耕地增量提质、改善农村生产生活条件、改善生态环境、打造支农平台等多方面取得成效。据测算，项目区户均耕地面积增加0.69亩，亩均增产160多斤[1]，人均增收590多元。

---

[1] 1斤＝0.5千克。

目前在建的9个土地整治重大工程，建设规模达1980万亩，新增耕地338万亩，投入资金315亿元，已完成工程建设任务的60%；10个示范省建设规模2954万亩，新增耕地约180万亩，中央和地方投入资金达565亿元。

土地整治重大工程和示范省建设凸显四方面成效

- 促进耕地增量提质，有力地保护了耕地红线。在增加耕地数量的同时，加强了农田基础设施建设，实现了耕地的集中连片，提高了土地集约化利用水平。
- 改善农村生产生活条件，增加了农民收入。通过整体推进田、水、路、林、村综合整治，加强了农村基础设施建设和公共服务设施配套，改善了农村生产生活条件和整体环境。
- 改善生态环境，促进了生态文明建设。采取工程、生物等手段，加强农田防护能力建设，加大保水、保土、保肥"三保田"建设力度。
- 打造支农平台，发挥资金综合效益。各地以重大工程和示范省建设为平台，引导涉地涉农资金集中投入，较好地发挥了资金的集聚作用和放大效应。

【盘点4】维护农民权益，严防违规征地，提高征地补偿标准

发布《国土资源部办公厅关于严格管理防止违法违规征地的紧急通知》。为进一步加强征地管理，防止违法违规征地，杜绝暴力征地行为，保护被征地农民的合法权益，维护社会和谐稳定，2013年5月13日，发布《国土资源部办公厅关于严格管理防止违法违规征地的紧急通知》(国土资电发〔2013〕28号)。通知要求，一要强化思想认识，严防因征地引发矛盾和冲突；二要开展全面排查，坚决纠正违法违规征地行为；三要加强调查研究，完善征地政策措施；四要改进工作方法，建立健全征地矛盾纠纷调处机制；五要落实工作责任，严格实行监督问责。

河南多地提高征地青苗补偿标准。2013年以来，河南省政府在切实维护被征地农民利益上做文章，在进一步提高征地补偿标准以后，各省辖市相继出台政策，提高国家建设用地征收土地的地上附着物和青苗补偿标准。自2月1日起，河南省政府提高了征地区片综合地价，但其中并不包括地上附着物和青苗补偿费。此后，为了保障国家建设用地需求，进一步维护被征地农民的合法权益，各省辖市在充分征求各方意见后，对国家建设用地征收土地的地上青苗和附着物补偿标准进行了调整。在此轮调整过程中，补偿标准都有所提高。

湖南省坚持以人为本、依法依规和谐推进征地拆迁。湖南省政府先后3次调整征地补偿标准，改变过去按年产值乘倍数计算补偿标准的做法，实行区片等别与地类修正系数相结合的办法。2013年1月，湖南省再次提高征地补偿标准，根据新标准，长

沙市区的补偿标准每亩提高了1万元，株洲市区的补偿标准每亩提高了1.6万元。在征地过程中严格执行“两公告一登记”制度，依法落实征地调查、确认、听证等程序，并且做到口径统一、标准统一。在用地审查中，凡征地程序不到位的，坚决不予审批。同时，全面推行“阳光补偿”，一律公开征地拆迁数量、补偿标准和补偿金额，主动接受群众监督。此外，湖南省不断完善被征地农民社会保障制度，先后探索建立了货币安置、留地安置、用地单位安置和社会保险安置等多种安置途径，最大程度满足了被征地农民的利益诉求。

贵州瓮安多渠道安置被征地农民。贵州省瓮安县打破过去被征地农民单一的货币安置模式，近年来实施多元安置渠道，被征地农民除货币补偿外，还可选择小城镇安置、用工安置、社会保障安置等多种安置方式，切实保障了其生活水平不降低、长远生计有保障。此外，瓮安县还投资建设了农民工创业园，采取全免或者部分减免厂房租金等方式，给拥有一技之长或者有一定资本金的被征地农民搭建了创业平台。该县还将生活特别困难的被征地农民纳入城镇低保和政府救助范围等。

【盘点5】 推进低效用地再开发试点和节地示范省建设

2013年4月，国土资源部印发《开展城镇低效用地再开发试点指导意见》，确定在内蒙古、辽宁、上海、江苏、浙江、福建、江西、湖北、四川、陕西十省（自治区、直辖市）开展试点，优化土地利用结构，促进经济发展方式转变。《意见》指出，开展城镇低效用地再开发试点，要按照“全面探索、局部试点、封闭运行、结果可控”的要求，完善土地利用管理机制，有效激励城镇低效用地再开发利用，优化土地利用结构，促进经济发展方式转变，提高土地对经济社会发展的保障能力。

6月，国土资源部与广东省政府召开推进节约集约用地示范省建设会议，批复广东省深入推进节约集约用地示范省建设工作方案，广东将作为示范省进一步加强土地节约集约利用。

广东省节约集约用地试点示范省建设主要做法

- **推进“三旧”改造，探索存量建设用地再次开发。**按照“全面探索、局部试点、封闭运行、结果可控”的要求，积极创新政策，加强规划引导，坚持示范带动。
- **创新耕地开发保护途径，全面落实耕地保护责任。**一是建立耕地保护责任机制。率先将“耕地保有量”纳入地方领导考核和离任审计内容。二是建立耕地保护补偿机制。率先建立全省内的基本农田保护经济补偿制度。三是建立耕地开发补充机制。
- **实施差别化土地政策，科学配置新增建设用地。**在规划上，在全国率先颁布实施《广东省土地利用总体规划条例》，开展并完成省国土规划、土地利用总体规划编制工作。在计划上，出台《广东省土地利用年度计划管理办法》，明确“有限指标保重点”的原则。在标准上，严格执行国家和省的土地使用标准，从严控制土地使用标准。

- **积极开展土地管理制度改革试点，探索节约集约用地政策储备。**在试点示范省建设框架内开展各具特色的土地管理改革试点，不断深化对试点示范省建设的探索。
- **强化用地监管和执法监察，切实维护土地管理良好秩序。**

【盘点6】 加强土地节约集约利用与节地技术推广

中央要求提高城镇建设用地集约化程度。2013年12月12～13日在北京召开的中央城镇化工作会议明确指出，推进城镇化必须从我国社会主义初级阶段基本国情出发，遵循规律，因势利导，使城镇化成为一个顺势而为、水到渠成的发展过程。会议提出了推进城镇化的六项主要任务：推进农业转移人口市民化，提高城镇建设用地利用效率，建立多元、可持续的资金保障机制，优化城镇化布局和形态，提高城镇建设水平，加强对城镇化的管理。会议强调，要按照严守底线、调整结构、深化改革的思路，严控增量，盘活存量，优化结构，提升效率，切实提高城镇建设用地集约化程度。耕地红线一定要守住，红线包括数量，也包括质量。城镇建设用地特别是优化开发的三大城市群地区，要以盘活存量为主，不能再无节制地扩大建设用地。按照促进生产空间集约高效、生活空间宜居适度、生态空间山清水秀的总体要求，形成生产、生活、生态空间的合理结构。减少工业用地，适当增加生活用地特别是居住用地，切实保护耕地、园地、菜地等农业空间，划定生态红线。按照守住底线、试点先行的原则，稳步推进土地制度改革。

国土资源部加强土地节约集约利用与节地技术推广。2013年12月19日，全国土地市场及节约集约利用管理工作座谈会在山东省济南市召开。会议强调，今后一个时期，要紧扣节地评价与考核、节地标准与审查、节地技术节地模式与激励机制等关键点，系统谋划，统筹推进，将节约集约用地贯穿于土地利用管理全过程。

会议指出，围绕大力推进节约集约用地，完善节约集约用地体系，关键要实施总量控制和减量化、优化布局和格局调整、国土综合整治三大节约集约用地战略，着力健全规模导向机制、完善市场配置机制、强化激励约束机制、完善评价考核机制。今后要重点开展5方面工作：加大存量建设用地供应，减少新增建设用地；多措并举，促进节约集约用地水平提高；积极部署城市节约集约用地评价，认真做好开发区土地集约利用评价和管理；完善土地使用标准体系，严格标准执行的监测监管；大力推广节地技术和节地模式，加快研究激励措施。

会议由国土资源部牵头，国土资源部和山东省国土资源厅共同组织，来自各个省（自治区、直辖市）国土资源系统的140多名代表参加了会议，并进行了交流。

各地积极开展土地节约集约利用行动

浙江省实施土地利用“亩产倍增”行动计划。2013年6月，国土资源部原则同意《浙江省推进节约集约用地　实施亩产倍增行动计划》。浙江印发《浙江省“亩产倍增”计划实施方案》，提出到2020年年底，实现全省单位建设用地GDP比2010年底翻一番，着力从“节流减量”、“挖潜增效”、“减量加速”等方面，进一步提高节约集约用地水平。

福建省试点“以地控税、以税节地”。2013年12月，福建省地方税务局、省国土资源厅联合下发试点工作方案，在泉州泉港区、南平建阳市开展“以地控税、以税节地”试点工作，以有效提升城镇土地使用税的税源控管能力，促进土地节约集约利用。根据方案要求，地税部门要将税收征管和稽查中发现的纳税人未批先占、私改用途等违法用地信息及其他土地管理所需的涉税信息提供给国土资源部门；利用国土资源部门信息实施信息关联比对，开展税源核查，归集及录入核查结果，组织检查和验收。国土资源部门要将本地最新的土地调查信息和土地登记信息提供给地税部门，通过信息的共享和深化应用，切实加强税收征管和土地管理工作。

北京市东城区“向地下要空间，向旧城要效益”。北京市东城区把东二环、王府井这样的高端区地下空间利用起来，一方面缓解了地面交通压力，破解了闹市区的停车难题；另一方面，兴建地下商城、完善商业设施，推进地下空间的商业开发利用，也提高了经济效益。以主要交通节点为发展源，以地铁网络为骨架，以重点功能区为核心，进行分层开发，重点形成“三纵、五横、六区、多点”的系统化、现代化、网络化的地下空间格局。此外，整合磁器口周边商业、交通功能，使崇文门外大街两侧商业带进一步向南延伸，扩大新世界商圈的范围，提升南城商业气氛，活跃区域经济发展。

开展第23个“全国土地日”主题宣传活动。2013年6月25日，国土资源部和浙江省人民政府以表彰先进为源起、以节约集约用地为主题、以深入推进为目的，在浙江省绍兴市举行了主题宣传活动，向全社会发出了“珍惜土地资源，节约集约用地”的号召。6月28日，“全国土地日”专家座谈会在北京召开。会议围绕“珍惜土地资源，节约集约用地”的主题展开研讨。会议认为，节约集约用地是破解土地资源瓶颈制约、实现可持续发展的必由之路。按照更新、更高的要求，用发展的观点看节约，进一步完善节约集约用地的标准体系和奖惩制度，深入推进“节约大战略”。

【盘点7】 全国范围内建立土地动态巡查制度

全国范围内建立土地利用动态巡查制度，对建设用地开发利用情况实行全程监管。 2013年7月，国土资源部办公厅发出《关于建立土地利用动态巡查制度 加强建设用地供后开发利用全程监管的通知》（国土资厅发〔2013〕30号），决定在总结土地利用动态巡查试点城市经验和做法的基础上，在全国范围内建立土地利用动态巡查制度，对建设用地开发利用情况实行全程监管。

土地利用动态巡查制度主要包括八方面内容：一是建设项目跟踪；二是信息现场公示；三是价款缴纳提醒；四是开竣工预警提醒；五是开竣工申报；六是现场核查；七是闲置土地查处；八是建立诚信档案。通知要求，各地可借鉴试点单位的做法，在遵循《中华人民共和国合同法》等相关法律规定框架下，探索建立土地开发利用履约保证金等相关制度，进一步丰富、完善土地利用动态巡查制度的内容和手段。各省级国土资源部门要及时汇总、分析辖区内土地开发利用情况，定期进行通报，并将土地利用动态巡查情况抄送银行、银监、证监等相关部门，切实加强对违法、违规、违约行为的综合防控。

2013年多个省份加大闲置土地清理力度

- 9月下旬，安徽省出台《安徽省人民政府关于进一步强化土地节约集约利用工作的意见》，除对闲置土地征收20%的土地闲置费和两年内不动工收回外，该意见还引入建设项目开竣工履约保证金制度，要求土地使用权人须按不低于土地出让金总额的5%缴纳开竣工保证金。按期开工的返还50%，按时竣工的返还全部剩余保证金。
- 11月1日，海南省新修订的《闲置土地认定和处置规定》正式实施。规定指出，非因政府原因和不可抗力造成土地闲置，具有下列情形之一的，市、县、自治县政府可无偿收回国有建设用地使用权：超过动工开发日期满两年未动工开发的；超过动工开发日期满两年未完成项目投资总额25%的；已动工开发但开发建设用地面积占应动工开发建设用地总面积不足1/3或者已投资额占总投资额不足25%，中止开发建设满1年的。
- 天津市年内出台的具体措施包括月度巡查制度、函告及抄送制度、重点项目监管制度。对重点项目加强监管，加大巡查频次，督促并及时通知开发企业按照合同约定开竣工时间进行施工建设。该市土地处置措施已初显效果，几乎所有地产企业都按时开工。
- 宁波市鄞州区建立闲置土地处置与用地指标挂钩制度。鄞州区对闲置土地尤其是各乡镇工业项目、各园区及全区使用市统筹指标项目的闲置土地进行清理处置，对处置率未达到86%的，核减或暂停下一年度农用地转用指标分配和报批。

召开全国土地利用动态巡查工作现场会，促进土地市场监测监管工作实现“三个转变”。2013年7月11日，全国土地利用动态巡查工作现场会在江苏省常州市召开。会议提出，将建立健全土地利用动态巡查制度作为建设用地供后监管的重要抓手和平台，全力促进土地市场监测监管工作实现“三个转变”，由单纯的监测分析向监测与监管并重转变，由原来的侧重合同填报向供应与供后监管并重转变，由早期的强化数据录入向构建监测监管的长效机制转变。

【盘点8】加强小城镇土地差别化管理政策调研

从2013年3月开始，国土资源部调控和监测司共组织对30个省（自治区、直辖市）进行了专题调研，调研内容包括：小城镇发展基本情况和发展战略规划，推进重点和特色小城镇发展出台过哪些文件；在土地规划、计划、审批、供应及管理机构等方面是否有配套的差别化土地政策，实施效果如何，存在哪些突出问题；对进一步完善差别化土地政策有哪些考虑和建议等。同时，每省（自治区、直辖市）还选择了3～5个城镇进行典型案例研究。

通过近7个月的调研、汇总、分析，各地初步形成了有数据、有情况、有分析、有判断、有建议的调研报告。10月26日，国土资源部在北京组织召开“促进城镇协调发展的土地差别化政策”同口径调研成果交流会，来自14个省（自治区、直辖市）的国土资源主管部门相关负责人进行了交流。结合前一阶段的调研成果，座谈会重点围绕土地差别化政策对城镇化发展的影响和作用，以及各地土地管理制度改革探索的实践经验，征集研讨各地政策性建议，为下一步深化改革提供参考。目前，国土资源部正着手对各地的报告和典型经验进行综合研究，争取尽早提出成果转化建议。

【盘点9】转变职能、简政放权，下放部分建设项目用地预审权限

为了落实国务院关于职能转变、简政放权的决定，10月，发布《国土资源部办公厅关于下放部分建设项目用地预审权限的通知》（国土资厅发〔2013〕44号），通知要求对《国务院关于取消和下放一批行政审批项目等事项的决定》（以下简称《决定》）下放核准权限的12类项目，按照建设项目用地预审“同级审查”的原则，由省级或相应的地方国土资源主管部门办理。按照投资管理权限规定原相应需报国土资源部用地预审的备案类项目（含《决定》包括的核准类调整为备案类的项目），由省级国土资源主管部门预审。同时要按照《建设项目用地预审管理办法》（国土资源部令第42号）等规定，进一步做好零星分散建设项目用地预审工作。

【盘点10】 推进土地确权工作，探索建立城乡统一建设用地市场

推进农村土地确权登记工作。2013年9月，国土资源部发布《关于进一步加快农村地籍调查推进集体土地确权登记发证工作的通知》(国土资发〔2013〕97号)。通知指出，按照党的十八大关于推进新型城镇化建设和城乡发展一体化的要求，全面贯彻落实中共中央、国务院《关于加快发展现代农业 进一步增强农村发展活力的若干意见》(中发〔2013〕1号)精神，国土资源部研究决定，在现有工作基础上，采取切实有效措施，进一步加快农村地籍调查，全面推进集体土地确权登记发证工作。通知要求，一要加快农村地籍调查，保障集体土地确权登记发证工作；二要因地制宜，严格规范，确保农村地籍调查成果质量；三要采取有效措施，全面推进各项工作。通知有效期为5年。

农村土地确权为土地制度改革奠定基础

农村土地确权工作，包括农村集体建设用地所有权、宅基地使用权和集体建设用地使用权确权三部分。截至2012年年底，全国农村集体建设用地所有权累计确权登记发证约620万宗，发证率达94.7%，部分地区已全部完成。随着确权登记的顺利推进，农村集体建设用地使用权和宅基地使用权流转等可能进一步扩大试点，有可能成为土地制度改革的突破口。

夯实城乡统一建设用地市场基础。党的十八届三中全会通过的《中共中央关于全面深化改革若干重大问题的决定》提出了建立城乡统一的建设用地市场，在符合规划和用途管制的前提下，允许农村集体经营性建设用地出让、租赁、入股，实行与国有土地同等入市、同权同价。

国土资源部部长姜大明在学习《中共中央关于全面深化改革若干重大问题的决定》的讲话中指出，学习理解中央关于建立城乡统一的建设用地市场的精神，概括起来主要有三个方面：第一，扩大权能是基础，要不断完善农村集体经营性建设用地权能，坚持同等入市、同权同价，严格用途管制和用地规划管理；第二，征地改革是关键，要缩小征地范围，规范征地程序，完善对被征地农民合理、规范、多元保障机制，同时要建立兼顾国家、集体、个人的土地增值收益分配机制，合理提高个人收益；第三，城乡统一是方向，要规范农村集体经营性建设用地流转，切实维护农民宅基地用益物权，进一步扩大市场配置国有土地的范围，建立建设用地合理比价调节机制。

【盘点11】 研究深化土地管理制度改革总体思路框架

2013年12月26日，国土资源部部长姜大明主持召开第20次部长办公会，研究深

化土地管理制度改革总体思路框架。会议强调，要认真学习中央领导同志重要讲话精神，理清思路、抓紧落实，从坚持最严格的耕地保护制度、坚持最严格的节约用地制度、维护群众权益和转变政府职能四方面入手，深入推进土地管理制度改革。

会议强调，要按照中央一系列部署要求，进一步完善土地管理制度改革的总体思路框架，修改完善改革的总体目标、基本原则、基本思路、主要任务、工作措施和预期效果，重点做好四方面工作：一是坚持最严格的耕地保护制度，通过规划管控和划定永久性基本农田，严防死守耕地红线，既保耕地数量又保耕地质量；二是坚持最严格的节约用地制度，通过严控增量、盘活存量、优化结构等措施予以落实；三是夯实权能，扩大农民财产性收入渠道，深入推进征地制度改革，维护好农民权益；四是转变职能，简政放权。同时，要对土地管理制度改革试点进行系统梳理、整装推进，防止碎片化，相关的改革要拿出方案，试点先行，以问题为导向，探索出可复制、能推广、利修法的经验。深入推进土地管理制度改革，一方面要做足功课，另一方面要抓紧落实。要认真学习中央领导同志重要讲话精神，理清工作思路，尽快拿出方案，各部门要各司其职，协同做好相关工作，将中央关于土地管理制度改革的精神落到实处。

【盘点12】 各地积极探索土地管理改革

2013年，广东、宁夏、广西等地积极探索土地管理改革。

深圳原农村集体土地可入市。1月，深圳市政府发布优化资源配置，促进产业转型升级“1+6”文件，其中提到“深圳原农村集体经济组织继受单位合法工业用地可申请进入市场流通”，这是国土资源部批准深圳实施土地管理制度改革试点的最新创新成果。由于上市交易土地有着严格的用途管制，上市交易的土地主要是产业用途，短期内不会对房地产市场造成影响，但从长期来看，随着产业配套用房的建设，其影响会逐步加强。

桂林旅游产业用地改革方案获审议。5月，国土资源部派调研组对广西桂林市旅游产业用地政策需求情况进行了深度调研，调研组先后深入临桂罗浮山水上乐园、古东景区、桂林水印长廊、秀峰区青禾美邦、鲁家新村、王城景区、足球产业园等具有代表性的景区景点实地调研。针对方案中提出的土地规划适时修编、低密度用地开发、旅游项目土地供应模式、低效用地再开发、征转分离等政策需求，调研组与当地各部门负责人及旅游企业项目业主代表进行了座谈，听取旅游项目用地需求，讨论研究差别化用地保障政策。试点方案如果通过，将会为广西国际旅游胜地建设提供政策支撑。

积极推进宁夏内陆开放型经济试验区建设。7月，国土资源部出台了支持宁夏内陆开放型经济试验区建设的八类政策措施，为宁夏“两区”建设提供政策支持。这8项政策具体包括：保障试验区发展规划用地；加大年度用地指标支持力度；重点保障基础设施建设项目用地，支持试验区加快交通、能源、水利等基础设施建设；加大土地整治力度，支持宁夏实施生态移民土地整治高标准基本农田建设工程；土地管理制度改革先行先试；进一步扩大政策试点，同意宁夏扩大城乡建设用地增减挂钩，低丘缓坡荒滩等未利用地、工矿废弃地复垦利用，城镇低效用地再开发试点规模；支持宁夏旅游业发展用地政策；建立部省联络协调机制等。在国土资源部及相关部门的政策支持下，未来7年，宁夏内陆开放型经济试验区将被打造成为国家向西开放的前沿阵地、国家重要的能源化工基地、重要的清真产业集聚区和承接产业转移的示范区。

山东临沂探索存量工业用地退出机制。山东省临沂市政府于11月印发《关于对工业用地实行弹性年期出让的意见》，规定工业用地出让的弹性年期最高不超过20年，实行工业用地分期考核监管。各县区、开发区可以根据当地实际情况，在不超过20年的条件下，确定各自最高出让年期。工业用地采取弹性年期出让时，出让价格不得低于供地成本，不得低于《全国工业用地出让最低价标准》相应年期的价格。年期修正应符合《城镇土地估价规程》(GB/T 18508 – 2001)规定，还原利率不得低于同期中国人民银行公布的人民币5年期存款利率。

江苏铜山跃进村实施土地承包经营权股田制。股田制是在不改变耕地集体所有及土地用途的前提下，按照依法、自愿、有偿的原则，借鉴股份制运作模式，将农民承包经营的耕地作为股份，入股到村集体经济组织，进行集约化、专业化、规模化生产经营，农民凭借土地股权分得红利的经营模式。

实行股田制后，全村耕地集中，有利于土地统一规划，最大限度地提高土地利用率。原先村民承包的土地是户户有界、块块有路、方方有渠，户界一般不少于25厘米，生产路不少于4米，再加上30米一条灌渠、50米一条排沟，土地无法统一平整、统一耕种。股田制打破了原有户界，整平了埂堰，整合了灌排体系，生产统一布局，提高了播种操作的机械化程度，耕地也得到了高度集中集约利用。现在，每300亩为一个生产单元，不仅提高了土地产出率，还增加了7%的土地存量。

三、创新督察方式，注重规范提升，逐步打造国家土地督察升级版

2013 年，深入推进“双保工程”，加强对地方政府在土地利用管理上的督察指导。国家土地督察制度夯实基础，紧抓核心业务，注重总结提升，加快推进制度完善。创新督察方式，开展了以维护被征地农民合法权益为主题的专项督察。在全国 48 个地区开展了例行督察，加强对地方政府约谈问责。加强土地督察调查研究和业务标准规范建设。

【盘点 1】推进“双保工程”，严守耕地保护红线，促进城乡统筹发展

2013 年，“双保工程”以“严守耕地保护红线，促进城乡统筹发展”为主题，以深化改革为动力，集中力量实施促进城乡统筹发展、促进土地利用方式转变和促进有效保护耕地三个方面的工作，协同部署重点任务、配套改革和基础支撑工作，强化督察执法和政策执行有效监督，保障年度行动顺利实施。

明确目标。一是保护耕地更加严格。从严控制建设占用耕地，加大土地整治力度，全面落实占补平衡，确保全国耕地保护目标。二是保障发展更加有力。保障新型城镇化稳步推进，确保保障性安居工程用地，促进经济稳定增长。三是节约用地更加高效。节约集约用地制度得到有效落实，全国单位 GDP 消耗建设用地持续下降。四是督察执法更加严格。推进依法行政，坚守法治底线，严格督察执法，实现违法用地比例下降。五是制度改革更加深化。有效推进职能转变，深化土地市场改革和“1+8”组合政策实施，规范推进一批政策试点。六是维护权益更加有效。推动征地制度改革、不动产统一登记制度建设等取得积极进展，保障群众合法土地权益，促进社会公平公正。七是生态文明建设更加突出。优化国土开发格局，实施差别化土地管理政策，有力推进生态文明建设。

严格土地规划管控，促进城乡统筹发展。按照集约优先、生态优先的原则，严格土地规划管控制度，提高城镇土地承载力，推进以人为核心的新型城镇化建设。规范农村集体经营性建设用地流转，促进土地要素合理配置，支持新农村建设和农业现代化。

重点任务：一是合理安排城镇新增建设用地，优化城乡用地布局；二是开展土地利用总体规划中期评估，建立土地利用总体规划评估调整机制；三是深化土地利用差别化管理；四是开展以土地利用规划和计划实施情况为主要内容的审核督察，督促省

级人民政府履行土地管理法定职责；五是落实633万套保障性安居工程建设用地，严格目标责任考核；六是支持新农村建设和现代农业发展用地。

配套改革：一是探索建立农村集体经营性建设用地使用权流转制度，促进城乡统一的土地市场建设；二是部署开展城镇低效用地再开发试点，促进城市更新改造；三是规范推进工矿废弃地复垦、低丘缓坡地开发试点。

基础支撑：一是全面完成乡级土地利用规划上图入库和汇交审查，建立动态更新机制；二是加快推进全国地籍调查工作，部署开展宗地统一代码示范推广与集成应用试点，完成全国宗地统一代码电子文件管理试点工程建设；三是推进农村集体土地确权登记发证，明晰集体土地产权；四是推进不动产统一登记制度建设，开展全国土地登记信息动态监管查询系统建设，建立一批国家级土地登记信息动态监管查询系统建设示范基地；五是继续深入推进地质资料信息服务集群化、产业化工作，完善地质资料汇交监管平台、共享服务平台和电子阅览室建设，推进地质资料信息服务产业化试点。

全面实施节地制度，促进经济发展转型。按照转变经济发展方式和全面促进资源节约的总体部署，全面推进土地节约集约利用的规划管控、计划调节、标准控制、市场配置、政策鼓励、监测监管、考核评价、共同责任等制度，制定完善节地政策，提高土地市场配置水平，推动土地利用方式转变，促进经济发展转型。

重点任务：一是对14个重点城市土地集约利用水平进行潜力评价；二是落实《国民经济和社会发展第十二个五年规划纲要》提出的单位GDP建设用地下降30%的目标，开展2012年度全国和各省份节地目标下降目标的测评；三是开展节约用地制度和政策实施情况的专项督察，促进各地全面落实节约集约用地制度；四是继续实施国土资源节约集约模范县（市）创建活动，完善考评和激励机制。

配套改革：一是深化土地有偿使用制度改革，推进国有经营性基础设施和各类社会事业用地有偿使用；二是完善工业用地供应制度，推进工业用地“先出租、后出让”的弹性供应方式，探索存量工业用地退出激励机制；三是探索支持新型战略性新兴产业的政策，促进企业创新转型；四是推进旅游产业用地改革。

基础支撑：一是启动工业用地最低价标准和城镇土地等别修订工作；二是推进土地利用动态巡查制度建设。

完善保护激励机制，切实守住耕地红线。落实国土空间规划，严格土地用途管制，坚守18亿亩耕地红线，促进生态文明建设。大力开展土地整治，有效增加耕地数量，提高耕地质量，切实保护生态。健全耕地保护责任机制和激励机制，强化对地方政府履行耕地保护责任的督察，强化对违规占用耕地行为的执法监察。

重点任务：一是推进土地整治重大工程，做好示范省份建设收尾工作；二是分解下达2013年高标准基本农田建设任务，全面开展500个示范县建设，确保建成1亿亩高标准基本农田；三是实施对2012年省级政府耕地保护责任目标履行情况检查；四是完成2012年度全国土地变更调查与遥感监测工作，完善“一查多用”工作机制；五是开展对48个地区的例行督察，对土地管理中的突出问题开展专项督察，监督地方政府履行土地利用和管理职责；六是开展2012年度土地、矿产卫片执法检查，提高执法检查效用。

配套改革：一是完善耕地占补平衡政策，适时探索国家重点建设项目补充耕地国家统筹做法；二是推进建设占用耕地耕作层剥离利用工作；三是在中东部部分经济比较发达的省份，宣传推广广东等省份耕地保护补偿机制建设经验，对地方工作进行调研总结。

基础支撑：一是开展永久性基本农田划定工作，制定建库标准和规范，推进上图入库；二是加强耕地占补平衡日常监管；三是完成耕地质量分等成果更新工作，推动10个省份开展年度变更评价试点；四是开展全国耕地后备资源调查评价，建立全国耕地后备资源调查评价数据库；五是进一步完善国土资源“一张图”综合信息监管平台建设，推进在线土地督察系统的应用；六是指导推进市、县党政新任领导干部国土资源管理政策法规培训，加强土地管理法律法规的宣讲。

强力推动促实效。国家土地督察机构高度重视“双保”工作，积极推动落实《保发展保红线工程2013年行动方案》，力保“双保工程”建设取得成效。

国家土地督察北京局以“双保工程”2013年行动为主线，充分运用联席框架协议平台，强化与华北五省（自治区、直辖市）党委、政府的沟通力度，进一步完善协调沟通机制及共同责任机制，指导地方有效落实“双保工程”各项工作。针对2013年年初督察区域地市党政领导换届的情况，国家土地督察北京局分别致信督察区域各市（盟）党政主要领导和政府分管国土资源工作领导，从耕地保护、建设用地规划、计划、审批、土地执法等方面，阐述了需要把握的关键环节，并就如何用好“1+8”政策保障经济社会发展，构建“党政同责”的土地管理机制保障耕地红线，提出了建议。同时，针对破解“双保”难题的经验做法，树典型、重实效，向国家土地总督察办公室报送2013年“双保工程”行动12件典型案例。

国家土地督察南京局把推进督察区域“双保工程”2013年行动纳入全年绩效管理任务。在国家土地督察南京局的推动下，苏、赣、皖三省强化耕地保护责任考核，持续开展了“万顷良田建设工程”、“农村土地整治示范工程”、“造地增粮富民工程”，加快推进高标准基本农田建设；积极开展存量建设用地挖潜，拓展用地空间，保障经济社会发展用地需求；创新供应、审批管理，推动产业转型升级；三省认真做好保障性住房用地报批供应、农村集体土地确权登记发证等事关民生和权益的重点工作。

【盘点2】 开展专项督察，维护被征地农民合法权益

维护被征地农民权益专项督察是一项重大选题。近一段时间以来，地方政府违法

征地、暴力征地、侵犯农民合法权益已经成为社会关注的焦点之一，一些地方群体性上访事件有增多趋势。2013年7月，国土资源部党组征求各省级政府和省、市、县、乡四级国土资源管理部门关于“四风”问题及国土资源管理工作等方面的意见中，涉及维护群众权益的意见有37条，其中与征地补偿安置有关的21条，占56.8%。从2013年对48个城市开展的例行督察情况来看，2012年以来违规征地问题817件，涉及土地面积2.21万公顷；有14个城市存在征地补偿安置不到位等问题，拖欠征地补偿安置费用19.82亿元。2013年1～8月，各督察局共实地核查46起领导批办、媒体曝光的重大土地违法信访问题，其中有4件是由张高丽副总理批示，两件是由国家信访投诉受理办公室转交。从国土资源部办公厅掌握的信访情况看，仅2012年，部本级就收到群众来信8904件，接待来访5274起，其中反映违法征占土地问题分别占53.0%和59.7%。从媒体曝光情况看，地方违规征地拆迁的新闻屡见报端。

精心准备，周密部署，明确分工。从国土资源部党组在教育实践活动中征集意见、土地督察例行督察、信访统计及领导批办、媒体曝光等情况看，一些地方存在较为严重的违规征地拆迁问题。对此，中央领导十分关心，人民群众反映十分强烈，社会舆论高度关注。开展维护被征地农民合法权益专项督察，是国土资源部党组在开展以“为民、务实、清廉”为主要内容的党的群众路线教育实践活动中，按照“转变职能、改进作风、维护权益、行政为民”的要求，部署开展的一项重点工作。具体到国家土地督察，就是要更好地行权履责，加强对地方政府土地管理和土地利用的监督检查，切实维护好群众的合法土地权益。

为了增强此次专项督察成效，切实维护被征地农民合法权益，由国家土地总督察办公室起草方案，召集国土资源部各司局、派驻地方各督察局局长和部直属事业单位主要负责人对方案进行研讨。

2013年9月26日，国家土地督察机构召开动员视频会，把专项督察作为督察机构当前重大政治任务，从讲政治、顾大局的高度，增强责任感和使命感，采取有力措施，坚决遏制违法违规征地势头，将维护国家利益与保障群众权益统一到督察的行权履责之中。

开展这次专项督察，是贯彻落实中央精神的必然要求，也是落实国土资源部党组在党的群众路线教育实践活动中“立行立改”的重要举措。根据工作方案，这次专项督察将重点检查征地补偿安置标准是否符合有关规定、信息是否公开、补偿安置和被征地农民社会保障是否落实到位、地方出台的征地管理政策文件是否合法合规等。在此基础上，做到整改实、查处严、政策明。

这次动员会明确了此次专项督察开展的期限，并划分为前期准备、自查清理、整改完善3个阶段，监督检查的主体和责任在国家土地督察机构，清查整改的主体和责任在地方政府。同时，对督察发现的问题，边查边整改，强化实际效果，对侵犯被征地农民合法权益的严重地区、严重问题要采取措施进行惩处。

积极推动，严格监督，注重实效。此次督察主要排查和纠正2012年以来批准征收及2012年以前批准但在2012年以后具体实施征地的补偿安置不落实问题，排查群众信访、举报、媒体反映和领导批办的违规征占土地线索，并对侵害农民合法权益的问题进行严肃查处。

根据2012年以来信访、举报和媒体反映的违规征占土地问题线索，各派驻地方的国家土地督察局逐件筛查分类，确定了上千件重点问题线索移交省级人民政府处理，主要包括：未经批准违规征收土地问题，未按规定标准进行征地补偿问题，未严格履行程序进行征地问题，拖欠被征地农民征地补偿安置费用和未落实被征地农民社保问题，违规占地和审批问题，农村集体违规挤占征地补偿费问题，安置用地用于商品房开发建设问题等。此外还有一些因政策滞后和不完善引发的征地问题，如部分地区未及时调整征地补偿标准、重大水利工程用地补偿标准比区片综合地价标准低等问题引发的矛盾。

为推动省级人民政府抓紧落实专项督察工作任务，从10月17日起，督察组分赴110个地级市（区），对整改情况进行实地核查，重点抽查整改工作是否到位，并在每个省份选择侵害被征地农民权益问题突出、纠正整改不力的地区作为重点督察地区，加大督察整改力度。督察组对282个地级市（区）自查清理、整改验收情况开展了督导检查，检查卷宗、档案2.17万件，核查征地、占地项目现场1735个，审查省、市、县政府及有关部门出台的土地征收政策文件3753份。在30个省（自治区、直辖市）排查出35个问题突出、整改不力的地区作为重点督察地区，交由省级政府进行约谈和督导整改。

此次专项督察涉及55764个批次（项目），落实征地补偿安置费用和被征地农民社保费用约188亿元（其中土地补偿费98.16亿元，安置补助费49.92亿元，社保费用39.90亿元），落实2.79万户被征地农民的安置住房。各地对26312件群众信访、举报和媒体反映的违规征占土地的线索进行了核实调查，整改了一批违规征占土地，侵害农民合法权益的案件，其中立案查处各类案件3775件，涉及违法用地1.14万公顷；拆除建（构）筑物346.60万平方米，收缴罚款7.84亿元；移送有关责任人996人，已追究责任人872人；完善用地手续0.62万公顷。各地对地方政府和有关部门出台的3799个涉及土地征收的管理文件进行了自查清理，对排查出的与现行法律法规和国家政策不一致的304件文件进行纠正整改，其中已废止145件、修订144件。

总结提炼，破题征地制度改革。2013年12月17日，国土资源部召开维护被征地农民合法权益专项督察工作座谈会。北京等10个省（直辖市）国土资源主管部门及其部分市、县、管委会负责同志，交流了实施维护被征地农民合法权益专项督察的工作成效、做法，并就完善土地征收管理政策提出了建议。

国土资源部部长姜大明指出，贯彻党的立党为公、执政为民的执政理念，必须始终维护人民群众的合法权益。当前征地补偿纠纷引起的群众信访等问题还没有得到很好的解决，积累了大量矛盾，必须及时加以解决。在推进党的群众路线教育实践活动中，国土资源部党组确定了两项自选动作，其中一项就是开展维护被征地农民合法权益专项督察，对拖欠征地补偿安置费用、违规征占土地侵害农民合法权益等问题，组织进行一次集中清理。这项工作已纳入中央党的群众路线教育实践活动的专项整治中，一定要抓实抓好。解决好这些问题，首先要在现有的制度框架下，依法依规落实已有规定，把没有做到位的抓紧做到位，维护好被征地农民合法权益。

座谈会强调，维护被征地农民合法权益，最终要靠深化改革。征地制度改革要坚守三条底线，即土地公有制性质不能变，耕地红线不能破，群众利益不能损。在这个前提下，按照党的十八届三中全会对土地征收制度改革的要求，试点先行，积累经验，稳步推进改革。

座谈会要求，要在大局中找准国土资源工作的位置。第一，尽职尽责保护国土资源。耕地红线一定要守住，红线包括数量，也包括质量，这是中央赋予国土资源部门第一位的任务。第二，节约集约利用国土资源。通过国土资源利用方式的转变，促进和推动发展方式的转变。第三，尽心尽力维护群众的权益。土地权益和矿产权益，都是群众的命根子，一定要落实好、维护好。要建立党委领导、政府负责、部门协同、公众参与、上下联动的工作机制，真正把国土资源工作抓在手上，共同做好。

贯彻落实党的十八届三中全会精神，要切实把握好征地制度改革的政策取向。要把握征地制度改革的原则，坚持夯实土地权能的基础，坚持符合规划和用途管制，坚持现行的征地制度不断完善，坚持对各地征地实践经验进行全面总结。要把握完善现行的征地模式，区分征地的不同类别，总结完善。要把握规范的征地程序，强化征地事前、事中、事后的信息公开，推进征地的社会稳定风险评估机制。要把握征地制度改革的路径和时机，全面深入系统地总结各地试点经验和探索经验，稳妥推进改革试点。

专项督察结束后，国土资源部将系统总结地方维护被征地农民合法权益的经验做法，研究制定进一步依法规范土地征收管理、维护被征地农民合法权益的政策文件，维护好被征地农民的权益。

【盘点3】开展审核督察，突出规划实施和计划执行情况检查

集中核查。2013年一季度，国家土地总督察办公室印发了《2012年度审核督察集中核查工作方案》（国土督办发〔2013〕11号），重点对规划实施情况及计划执行情况进行监督检查。一是了解掌握2012年度农用地转用和土地征收审批的总体情况；二是重点掌握2012年度土地利用总体规划实施情况、土地利用计划执行情况；三是了解掌握2013年度经济社会发展目标，土地利用和管理形势，土地利用计划、规划的基本情况，耕地目标责任制、宏观调控政策、涉及民生等重大决策落实措施等情况；四是审核2013年第一季度农用地转用和土地征收审批事项。

国家土地督察北京局：审核督察坚持“审批报备即时化、内业审核平常化、实地核查日常化、督察事项全面化”的工作原则，采取日常审核与定期实地核查相结合的“常态化”督察模式，以立体式督察方式为支撑，贯穿2013年全年。充分运用在线土地督察系统、巡回督察系统等“3S”技术平台开展审核，报国务院审批事项和省级人民政府审批事项坚持随到随审，紧扣“审批权限、规划实施、计划执行、国家宏观政策落实、耕地占补平衡、征地补偿安置”等6项重点任务督察，保持在线比对100%、内业审核100%，对可能存在违法违规问题的、占用耕地或基本农田面积较大、原批准的城市建设用地区位进行调整等重点事项实地抽查100%，并及时纠正发现的问题。

国家土地督察沈阳局：建立集体讨论会商模式，对审核督察集中核查阶段发现的每个问题，逐一进行讨论，研究形成集体意见，为下一阶段撰写报告打下基础并形成框架。通过集体会商形成督察成果，有利于交流学习业务知识，也能够提高工作质量和效率，并强化约束和监督。

国家土地督察上海局：各督察组都召开省级层面督察工作通报会，分别听取了上海市和浙江省、福建省政府2012年度土地利用和管理工作情况的介绍。各督察组结合区域实际，制订了更为详实的工作方案，将人员分为计划、规划两个组进行重点核查，开展了内业审核和数据套合分析。围绕内外业审核初步发现的问题，区分类别，突出重点，与国土等部门充分沟通交流，适时向发展改革、财政、海洋等相关部门及开发园区延伸工作链条。结合审核中发现的问题，开展集体会商，对疑似问题进行分析、讨论，强调掌握的情况要详实、问题的判定要基于充分的证据，保证督察的客观性和权威性。

国家土地督察南京局：紧紧围绕“两个重点”（即土地利用总体规划实施情况、2012年度土地利用计划执行情况），“六个是否”（即建设用地是否违反审批权限、是否符合土地利用总体规划、是否纳入土地利用年度计划、是否落实国家土地调控政策、是否落实耕地占补平衡、是否落实征地补偿安置），通过听取汇报、比对分析、查阅卷宗、实地踏勘等方式开展工作。利用在线土地督察系统，共对江苏、安徽、江西三省3643个审批事项的土地利用规划情况和土地利用计划情况进行了比对分析，共内业审核三省建设用地审批卷宗1719个、涉土政策和规范性文件67个，并赴9个设区市实地核查用地现场183个。

国家土地督察济南局：审核督察业务实现“双延伸”。一是向新开工项目用地手续情况核查延伸。每年的新开工项目占用土地的情况是否合法，若等到卫片拍出，往往木已成舟，尽早对这些项目进行检查，土地督察就能发挥事前监督的作用。2013年以来，国家土地督察济南局及时搜集了山东、河南17个地市及青岛市共606个新开工项目的信息，经内业审核、初步筛选，将其中385个项目确定为检查对象，请有关地方开展自查。二是严把土地审批关，对农用地转用和土地征收审批事项进行审核。该局通过对经省政府批准的建设用地审批事项进行核查，利用在线土地督察系统，将报件材料与规划图、土地利用现状图和2012年卫片影像图等进行比对，发现了部分用地存在疑似问题，如征地补偿不符合规定、不符合土地利用总体规划、未批先建等，涉及山东、河南等省的7个市。该局函告相关地市国土资源部门，要求其展开自查。

国家土地督察广州局：国家土地督察广州局运用“三步法”开展2012年度审核督察集中核查工作，取得了良好的效果。第一步是系统审查，运用在线土地督察系统，将备案事项与规划图、土地利用现状图、卫片影像图进行比对分析，初步发现规划不符、地类不实、未批先用等问题线索。第二步是省级审查，重点审查省级人民政府年度审批用地、计划执行、规划调整、出台规范性文件等内容，掌握全省总体情况。第三步是市级审查，根据前期工作情况，抽查市级报批档案、用地现场及补充耕地现场，准确、全面地定性问题。在开展现场核查过程中，注意把握以下重点：一是省级人民政府土地利用管理履职情况；二是广西经济社会发展的重点区域及自治区层面推进的重大项目；三是土地利用总体规划和年度计划的执行；四是占补平衡的落实；五是征地补偿的落实；六是土地宏观调控政策的执行。

国家土地督察武汉局：依托科技，全面应用在线土地督察系统二期成果，全面提升日常审核的及时性和准确性，真正实现“随到随审”。动态审核，“无缝”对接日常审核和实地核查，以实地核查这种“动态”核查方式，弥补日常审核中无法审核报批程序、征地补偿落实、批后监管等情况的“短板”，对湖北、湖南、贵州三省农用地转用和土地征收事项实现批前和批后的全程式审核督察。突出督察工作重点，在审核督察集中核查中突出对省级政府土地利用年度计划执行和土地利用总体规划实施等审核，重点核查计划指标管理和规划布局调整。在审核督察实地核查时加强了对维护农民利益、耕地占补平衡及土地节约集约利用等审查，特别关注了被征地农民安置与补偿的落实和失地农民社保资金缴纳等情况。注重业务统筹，将实地核查与巡回督察、法规宣讲、调研等工作充分融合，同步进行，提升土地督察效用。

国家土地督察成都局：国家土地督察成都局先后对重庆市丰都县、武隆县、铜梁县、綦江区、永川区、黔江区，西藏自治区拉萨市，四川省巴中市、达州市，云南省文山壮族苗族自治州、红河哈尼族彝族自治州开展了审核督察实地核查，同时与信访督察及其他调研相结合。

国家土地督察西安局：新疆审核督察组将督察业务与群众路线教育实践活动有机结合，在新疆维吾尔自治区开展审核督察期间严防“四风”问题。不召开地方政府的汇报会，直接进入内外业核查；减少地方政府陪同人员，仅要求1～2名熟悉业务的工作人员配合工作；不参加地方政府迎来送往的宴请等。

【盘点4】开展例行督察，对全国48个地区进行“土地体检”

2013年4月以来，各派驻地方的国家土地督察局派出督察组进驻48个城市，拉开了2013年度土地例行督察的大幕。2013年例行督察首次以“对省督察”在市县一级开展核查工作的方式进行。

2013年各督察局例行督察区域	
督察局	2013年例行督察区域
北京局	北京市昌平区、天津市津南区、河北省邯郸市、山西省忻州市、内蒙古自治区通辽市
沈阳局	辽宁省辽阳市和铁岭市、吉林省松原市、黑龙江省鸡西市、大连普兰店市
上海局	上海市松江区和金山区、浙江省金华市和绍兴市、福建省福州市和泉州市、宁波北仑区和慈溪市、厦门集美区和翔安区
南京局	江苏省扬州市和泰州市、安徽省淮南市和滁州市、江西省赣州市
济南局	山东省德州市和聊城市、河南省安阳市和新乡市、青岛市市南区和李沧区
广州局	广东省中山市和揭阳市、广西壮族自治区来宾市和钦州市、海南省琼海市和澄迈县
武汉局	湖北省荆门市和潜江市、湖南省常德市和郴州市、贵州省黔南布依族苗族自治州
成都局	重庆市涪陵区和南川区、四川省自贡市和眉山市、云南省普洱市和西双版纳傣族自治州
西安局	陕西省延安市和安康市、甘肃省庆阳市、宁夏回族自治区固原市、新疆生产建设兵团第八师

重点监督省级政府监管职责。《2013年省级政府土地利用和管理情况督察工作计划》确定对48个地区开展例行督察，重点对2012年度八个方面进行监督检查。包括：地方政府主要负责人耕地保护责任目标履行情况；宏观调控政策执行情况；农用地转用和土地征收审批职责履行情况；土地供应和节约集约用地情况；土地执法监管情况；涉地行政审批事项；土地抵押融资；地方政府土地管理政策和规范性文件。

信息公开、规范管理。各派驻地方督察局进驻督察区域后，充分利用网络平台，发布进驻公告，公开督察对象、工作内容、工作纪律等信息，以利于接受社会各界监督，拓展土地违法违规信息获取渠道，扩大例行督察成效。国家土地督察北京局、济南局、成都局等要求督察组借例行督察机会，宣讲土地管理法律法规，宣传国家土地督察制度。期间，国家土地总督察办公室有针对性地组织督导，各督察局负责人和业务主管领导巡回指导。

【盘点5】强化约谈问责，提高国家土地督察制度权威

对土地违法问题严重地区的政府负责人进行约谈，是国务院赋予国家土地督察机构的重要职责。按照国家土地总督察批准的2013年省级政府土地利用和管理情况督察工作计划，督察机构对违法问题突出、整改不力的地区开展约谈，并提升公开约谈层次。

相比于过去主要针对年度新增建设用地违法用地问题进行约谈，此次约谈着重于地方政府特别是地市级政府履行土地利用和管理职责情况，涉及土地利用和管理的各

个环节。各派驻地方督察局分别集中约谈1个地级市（区）政府的主要负责同志。集中约谈的地区，有的土地规划审批、出让、闲置土地等问题较多；有的违法征收土地问题突出；有的违法占地，特别是违法占用耕地问题突出；有的涉及违法违规占地建设高尔夫球场；有的违规返还土地出让金问题突出；有的土地违规抵押融资问题突出。

【盘点6】 加快建章立制，推进土地督察制度建设

国家土地督察制度实施7年来，在耕地保护、落实国家宏观调控政策、维护农民权益等方面取得了显著成效，但也面临着一些问题。目前，除了《国务院办公厅关于建立国家土地督察制度有关问题的通知》（国办发〔2006〕50号）外，还没有任何一项法律法规明确国家土地督察制度的定位。

国家土地督察制度实施7年成效显著

国家土地督察制度实施7年来，为国家督察作用进一步发挥，为严格管理、推动国土资源事业改革发展作出了重要贡献。7年来，通过土地督察工作，督察机构督促地方补划基本农田32万亩，补充耕地73万亩，处理闲置土地48万亩，补发征地补偿款近49亿元，给予党纪政纪处分1.1万人，移送司法机关追究刑事责任近1900人。

——2013年9月10日《中国国土资源报》

加快制度建设。为了提升土地督察效用，明确国家土地督察制度在我国法律中的定位，2013年，相关法规、制度建设加快推进。目前，《国家土地督察条例》正在征求各派驻地方督察局和相关司局的意见。土地督察的各项业务将进一步规范，《审核督察工作规范（试行）》已进入征求意见阶段，预计不久将会颁布实施；《专项督察实践与规范化研究》课题已进入研究阶段，在此基础上，专项督察也将建立操作规范；《回访督察制度研究》已形成了《回访督察工作规范（讨论稿）》。

【盘点7】 加强调查研究，推动土地管理制度改革

开展课题研究，加强深层次土地管理制度改革设计。2013年，结合国土资源管理形势，各派驻地方督察局加强与高校及事业单位合作，加大科研投入，开展或完成了《耕地占补平衡制度再设计研究》、《土地督察制度改革研究》、《农村集体建设用地退出机制研究》、《江西省耕地后备资源与生态用地研究》、《土地督察制度与相关监管制度比较研究》等课题。

开展实地调查，加强土地利用和管理形势研判。2013年，各派驻地方督察局都加

大调研力度，调研主题和调研形式多样化。

国家土地督察北京局开展了县域城镇化土地利用、城乡结合部及城市新区土地利用及管理情况等方面的调研。

国家土地督察沈阳局开展了城市新区建设、农村土地规模经营、“四大煤城”资源型城市转型土地利用、观测点形势分析等实地调研。

国家土地督察上海局开展了城市新区土地管理和利用相关政策、地方土地收益与经济社会发展、基层国土部门面临的困难及对策、土地利用变化与经济社会发展关系、低丘缓坡荒滩用地开发利用试点工作、“农家乐”用地情况、土地管理“简政放权”、自贸区土地利用管理情况等方面的调研。

国家土地督察南京局针对土地财政和土地金融相关问题、新开工建设项目用地情况和节约集约用地情况、农村宅基地管理机制创新调研、安徽省千万亩森林增长工程用地情况、工业化城镇化和农业现代化发展进程中的耕地保护情况、新增工业用地出让机制建设情况、集体建设用地批后实施情况及赣州市城乡建设用地增减挂钩、低丘缓坡荒滩等未利用地开发利用、工矿废弃地复垦利用“三项试点”进展情况进行了调研。

国家土地督察济南局针对节约集约用地情况、城市新区土地利用和管理情况、德州市“两区同建”工作情况开展调研。

国家土地督察广州局调研了农村土地整治建设、土地利用方式转变、城镇化用地管理、土地利用总体规划中期评估及土地利用中出现的苗头性问题、农村宅基地等情况。

国家土地督察武汉局调研了新型城镇化背景下土地问题和征地补偿安置经验和问题。

国家土地督察成都局针对土地利用和管理、土地利用和管理形势观测点、没收违法构（建）筑物后续管理、农民新村建设用地、缩小征地范围试点等方面进行了调研。

国家土地督察西安局针对生态移民、城市新区、开发区建设、石油天然气用地、青海东部城市群建设用地情况、治沟造地、宁夏“三结合”方式推进工矿废弃地复垦利用试点、城镇化和城乡统筹土地资源管理与利用、西宁经济技术开发区和海东工业园区、城镇化土地利用和管理、土地管理改革政策实施情况等方面开展调研。

四、改革审批方式，优化矿权布局，矿产资源配置和宏观调控能力不断增强

2013年，矿产资源管理以党的十八大精神为统领，按照中央转变职能、简政放权的总体要求，深入推进审批制度改革，强化市场配置资源的决定性作用。推进矿业权科学设置，持续优化勘查开发布局；扎实推进矿产资源节约与综合利用，不断夯实储量管理基础，规范监督管理和执法监察，深入推进和谐矿区建设工作；围绕“保资源、保发展、保权益”的工作主线，积极主动服务，矿产资源管理工作取得积极成效。

【盘点1】 矿业权设置方案制度全面推进实施，矿产资源勘查开发布局持续优化

截至2013年12月底，31个省（自治区、直辖市）编制了1124份矿业权设置方案，对9.3万个矿业权进行统筹布局，编制区涉及全国1/3以上国土面积，14个省（自治区、直辖市）基本完成矿业权设置方案编审工作。78片整装勘查区矿业权设置方案全部上图入库；45片国家规划矿区完成矿业权设置方案编制审批，59片非国家规划矿区煤炭矿业权设置方案报国土资源部备案；26个省（自治区、直辖市）382份整装勘查区、国家规划矿区以外涉及34个重要矿种的矿业权设置方案完成备案和上图入库；24个省（自治区、直辖市）524份非34个重要矿产矿业权设置方案，通过备案系统直接入库开通配号。通过矿业权设置方案的编制实施，细化和落实了矿产资源规划，新立矿业权区块划分更为合理，已有矿业权调整整合实现常态化，矿产勘查开发布局持续优化，勘查开采合理布局长效机制基本建立。

矿业权设置方案制度实施成效初显

- 细化落实矿产资源规划，促进规划“落地”。
- 勘查开采合理布局长效机制逐步健全。
- 基本摸清整装勘查区探矿权投放潜力，助推找矿突破战略行动。

- 变“被动受理、盲目投放”为“主动管理、有序投放”，促进管理方式转变。
- 与计划投放、配号系统监控等措施相配套，有效支撑矿业权审批制度改革。

【盘点2】继续实施差别化矿业权出让政策，矿业权市场建设稳步推进

矿业权有序投放，支撑经济稳步增长。2013年，全国油气和非油气矿业权有序投放，新立探矿权集中在青海、内蒙古、新疆、湖南等省（自治区），新立采矿权集中在内蒙古、云南、吉林、山东等省（自治区）。同时，已有矿山（油田、气田）稳定生产，原油年总产量预计约2亿吨，天然气总产量预计约1150亿立方米，固体矿山年矿石总产量预计超100亿吨，为我国经济的平稳增长提供了有力支撑和资源保障。

矿业权市场建设稳步推进，网上交易逐步推开。2013年，在辽宁、福建、湖南、江西、贵州、宁夏六个试点省（自治区）矿业权网上交易逐步完善成熟的基础上，其他省份也积极推进矿业权网上交易建设。6月，江苏省印发矿业权网上交易规则；7月，湖北省国土资源厅下发通知，全面推进矿业权网上交易，11月矿业权网上交易实现了全省覆盖；10月，新疆维吾尔自治区印发了矿业权网上交易规则；11月，浙江省印发矿业权网上拍卖挂牌交易规则，并举行全省矿业权网上交易业务培训，2014年将实现全省矿业权网上交易。

继续暂停煤炭探矿权申请，抑制煤炭产能过剩。2013年，继续在全国范围内暂停受理煤炭新立探矿权申请，但以下情形除外：一是国务院批准的重点煤炭资源开发项目及使用中央地质勘查基金开展的煤炭资源勘查项目；二是使用省级财政安排的地质勘查专项资金开展的煤炭资源勘查，并由省级人民政府来函商国土资源部同意的勘查项目；三是为国家煤炭工业发展“十二五”规划中煤炭资源开发项目配套的勘查项目和大中型矿山企业资源枯竭的已设煤炭采矿权周边及深部的不宜单独设置采矿权的零星分散煤炭资源勘查项目，并由省级人民政府来函商国土资源部同意的项目。

继续实行稀土矿、钨矿、锑矿开采总量控制，放开锑矿新立申请。2013年9月，国土资源部下达了全年稀土矿、钨矿、锑矿开采总量控制指标，稀土矿和钨矿开采总指标与上年相同，钨矿主采指标略有增加，锑矿开采总指标略有减少。在符合开采总量控制要求的条件下，放开锑矿探矿权、采矿权新立登记申请。明确了实施工程建设发现稀土资源应回收利用并纳入开采指标管理。增加了几种可申请新立稀土矿和钨矿探矿权、采矿权的情形：一是经国土资源部批准的大型企业试点项目；二是已有采矿权资源枯竭的接续项目；三是中央对连片扶贫特困地区确定支持方向需要重点支持的项目；四是在符合产业政策、矿产资源规划、矿业权设置方案和开采总量控制要求条件下，省级人民政府来文需给予重点支持的项目。相关政策的调整，进一步促进了优势矿种的保护、合理开发利用和宏观调控。

严禁为产能过剩产业配置矿产资源，积极化解产能过剩。2013年11月，国土资

源部下发《关于认真落实党中央国务院部署积极做好化解产能严重过剩相关工作的通知》，要求加强国土资源开发利用的统筹管控，发挥矿产资源规划的统筹管控作用，严禁为钢铁、水泥、电解铝、平板玻璃、船舶等产能严重过剩行业配置矿产资源。认真清理并坚决废除产能严重过剩行业项目用矿优惠政策，对存在压低矿业权出让价格等问题的，一律予以取缔。严格总量控制、开发利用效率、环境保护等准入条件。

【盘点3】矿业权审批制度改革深入推进，简政放权力度加大

煤炭矿业权审批制度改革试点完成阶段性总结评估，增加山西省试点。在试点省自评估的基础上，国土资源部对2010年以来煤炭矿业权审批制度改革试点情况组织了实地评估。根据评估结果，3年来改革试点通过严格矿业权设置方案制度、试行矿业权投放计划管理、全面下放矿业权审批权限、强化矿业权备案配号监管，在煤炭矿业权优化布局、有序投放、便民服务、审批监管等方面取得初步成效。在已有试点的基础上，增加山西省煤炭煤层气审批制度改革试点，探索进一步优化煤炭煤层气矿业权审批，完善“部控省批”管理制度体系，为国土资源部全面下放矿业权审批奠定基础。

加强煤层气矿业权管理。2013年9月，国务院办公厅印发《关于进一步加快煤层气（煤矿瓦斯）抽采利用的意见》（国办发〔2013〕93号），要求加强煤层气开发利用管理，统筹煤层气、煤炭资源勘查开采布局和时序。对煤炭规划5年内开始建井开采的区域，优先保证煤炭资源开发需要；对煤炭规划5年后开始建井开采的区域，应坚持“先采气、后采煤”。增设一批煤层气矿业权，通过招投标等竞争方式，优先配置给有开发实力的煤层气和煤炭企业。要求建立勘查开发约束机制，对煤层气、煤炭资源进行综合勘查、评价和储量评审备案，研究提高煤层气最低勘查投入标准，建立退出机制。

矿业权审批简政放权力度不断加大。继2013年11月国务院下发《国务院关于取消和下放一批行政审批项目的决定》（国发〔2013〕44号），取消了“国家出资从事区域性矿产地质调查的地区申请暂停受理新的探矿权备案核准”和“整装勘查实施方案审批”两项审批事项后，2014年1月国务院又下发国发〔2014〕5号文取消了“中外合作勘查、开采矿产资源前置性审查”、“地质调查备案核准”、“在国家地质公园地质遗迹保护区外的园区进行矿产资源勘查、开发和工程建设活动审批”、“矿业权投放计划审批”和“煤炭矿业权审批管理改革试点省煤炭矿业权审批项目备案核准”等审批事项，矿业权审批简政放权力度不断加大。

【盘点4】矿产资源储量管理取得一系列重要进展

全国矿产资源储量利用现状调查工作全面完成。历时5年，全面完成对28个矿种、

800多个油气田、近2.6万个矿区的野外核查，并对各省级利用调查成果及45个煤炭国家规划矿区调查成果进行了验收。储量利用现状调查数据库已与矿产资源储量登记统计库相衔接，应用于储量账户管理，并建立了动态更新机制。进一步摸清资源家底，对于准确研判我国矿产资源安全形势，科学制定矿产资源管理相关政策制度奠定了良好基础。

全国矿产资源潜力评价成果显示我国磁性铁矿资源潜力巨大。中国国土资源航空物探遥感中心通过对全国航磁等资料的分析、估算，对25个矿种进行了资源潜力评价，其中预测全国磁性铁矿资源量约为1935亿吨，已探明储量约601亿吨，资源潜力约1334亿吨。

能源矿产储量普遍增长，供应能力不断加强。国土资源部发布的《中国矿产资源报告（2013）》显示，2012年我国矿产资源勘查投入持续增长，新发现一批矿产地；主要矿产品产量和进口量持续增加，供应能力不断加强；矿产资源开发利用水平不断提高，矿产资源领域对外合作进一步扩大。

储量管理改革逐步推进，多项研究取得阶段性成果。“关于进一步深化矿产资源储量改革总体方案”、“国土资源部矿产资源储量评审中心体制改革方案”和“第四批矿产储量评估师考试工作方案”等研究课题取得阶段性成果，正按部长专题会意见进一步修改完善。同时，围绕储量管理改革启动或开展了“矿产资源储量登记的法律地位研究”、“资本市场油气储量评估规则及信息披露管理研究”、“资本市场固体矿产资源储量评估规则研究”和“矿业权评估管理体系研究”等多项研究课题，并组织开展了“矿产资源储量分类重大问题研究”等课题的立项论证工作。

【盘点5】 第四轮全国矿产资源保障程度论证工作全面启动

2013年9月，国土资源部印发通知，决定自2013年至2015年开展我国主要矿产资源对2020年、2025年及2030年国民经济与社会发展保障程度研究工作。论证工作总体目标为：系统论证46种主要矿产资源对未来20年我国经济社会可持续发展的保障能力，研究矿业的产业布局、产业结构与区域经济社会发展布局关系，建立矿产保障程度动态分析与决策支持系统，推动矿产资源安全保障体系建设，为国家宏观决策和国民经济中长期规划提供科学依据，为资源产业持续健康发展和区域经济社会发展提供基础支撑。11月，实施方案通过论证。方案确立了以国土资源部部内专业研究部门为主、相关行业参与、主要省区配合、行政推动、科技支撑的总体工作部署原则，分工合理、重点突出，能够保障项目顺利实施。此方案的发布实施将对矿产资源保障程度论证工作发挥重要的促进作用。

【盘点6】矿产资源监督管理进一步规范，监管效率和水平显著提高

2012年度矿山年检顺利完成，质量和效率显著提高。重点对矿产资源合理开发利用及“三率”情况、矿山储量动态监测、采矿权标识牌使用、矿产资源补偿费缴纳、土地复垦、地质环境恢复治理等14项内容进行了检查，并首次实行年检信息网上报备，总体开展顺利。2013年8月，国土资源部对2012年度年检情况进行了通报。全国应参加年检矿山95268个，实检94605个，年检率99.3%，比上年度提高了3.3%；抽检18926个，抽检率19.9%；年检不合格矿山4380个，不合格率4.6%。通过年检，注销采矿许可证848个，吊销采矿许可证32个，追缴矿产资源补偿费27640.38万元，罚没款11319.63万元，没收矿石32.5万吨，移交司法机关刑事处罚64起，发现并取缔非法采矿点573处。

强化矿产资源补偿费征收与开采回采率挂钩。2013年7月，国土资源部印发《关于进一步规范矿产资源补偿费征收管理的通知》（国土资发〔2013〕77号），在煤炭行业实行矿产资源补偿费征收与开采回采率挂钩的基础上，全面实行补偿费征收与开采回采率挂钩，充分发挥补偿费征收政策的引导和调节作用，利用水平高的少缴补偿费、水平低的多缴补偿费，激励矿山企业采用先进技术不断提高矿产资源合理开发利用水平，有力促进了矿产资源补偿费的科学化、规范化征收。

矿产资源监管体系不断完善，监管水平明显提高。2013年，国土资源部首次将矿山企业合理开发利用矿产资源和“三率”情况纳入矿产开发利用年度检查，动态掌握矿山企业合理开发利用情况。第四批国家级矿产督察员聘任工作启动，按照重要甲类矿山和国土资源部发证勘查项目基本全覆盖的要求，拟扩大督察员队伍规模，充分发挥社会监督和专业技术监督的作用。采矿权人及时开展矿山储量动态检测工作，81743个矿山企业提交了2012年度储量利用报告，强化了矿山企业节约与综合利用矿产资源的主体地位。

【盘点7】矿产资源节约与综合利用工作有序推进

矿产资源综合利用示范基地建设中期评估阶段性成果显著。2013年3～8月，国土资源部会同财政部对矿产资源综合利用示范基地建设进展情况开展了全面的中期评估工作。评估指标包括重大任务及目标完成情况、专项资金使用、自筹资金配套、技术进步、标准规范制定、产学研平台建设、典型经验总结、管理创新等8大类。委托第三方对40家示范基地所涉及的56家建设单位逐一进行了实地核查。评估结果认为，2011－2012年，示范基地建设推进总体规范、有序，阶段性进展和成效十分显著，阶段性成果报告已经国土资源部第16次部长办公会审议通过，即将会同财政部专报国务院。

示范基地建设主要阶段性成果

- 重点突破了低渗透油、页岩气、钒钛磁铁矿、固体钾盐、低品位胶磷矿等8大资源综合利用关键技术。
- 创新了煤炭充填开采、“剥离－采矿－复垦－归还”等5大资源开发新方式。
- 形成了煤基产业群、有色多金属开发等4大资源综合利用产业新模式。
- 总结了160余项综合利用标准规范。
- 建成了一批矿产资源综合利用产学研平台。

矿产资源节约与综合利用专项资金新规出台，重点支持示范基地建设工作。为规范矿产资源节约与综合利用专项资金管理，提高资金使用效益，财政部、国土资源部联合发布修订后的《矿产资源节约与综合利用专项资金管理办法》，明确了专项资金将重点支持大型骨干矿业集团，开展示范基地建设工作。重点支持方向包括：提高矿产资源开采回采率、选矿回收率和综合利用率，低品位、共伴生、难选冶及尾矿资源高效利用，以及多矿种兼探兼采和综合开发利用。重点支持对象主要包括七大领域：油气及共伴生资源综合利用，煤炭及共伴生资源综合利用，黑色金属综合利用，有色金属综合利用，稀有、稀土及贵金属综合利用，化工及非金属综合利用，铀矿及共伴生资源综合利用。专项资金由中央财政通过中央分成的矿产资源专项收入安排，主要用于矿产资源综合利用示范基地建设。

部署了矿产资源节约与综合利用专项以奖代补奖励资金绩效评价工作。为加强矿产资源节约与综合利用专项的监督管理，提高中央财政资金使用效益，2013年2月，国土资源部、财政部联合下发通知，决定对矿产资源节约与综合利用专项的以奖代补奖励资金开展绩效评价工作。按照申请、评价、公告、备案的程序进行，评价对象是获得矿产资源节约与综合利用专项以奖代补奖励资金的矿山企业。要求省级国土资源和财政部门、有关中央企业高度重视，按照“谁申报、谁评价”的原则负责所属矿山企业的绩效评价工作。矿山企业应当按照规定用途在3年内安排使用奖励资金，并积极开展绩效评价；对阻碍或拒不接受绩效评价的矿山企业，将取消申请相关财政资金补助的资格。

全国重要矿产资源“三率”调查评价数据调查工作完成。截至2013年年底，各省（自治区、直辖市）已经完成全国22种重要矿产资源“三率”调查评价的外业调查、数据审核和实地核查工作，正在对数据进行汇总分析。除青海、西藏外，其余省（自治区、直辖市）已将调查数据库报国土资源部，18个省（自治区、直辖市）已完成省级调查评价报告编制工作。

矿产资源“三率”标准制定工作形成阶段性成果。为充分发挥标准对淘汰技术和落后产能的约束作用，国土资源部加快了合理开发利用“三率”标准的制定工作。在2012

年发布煤、攀西钒钛磁铁矿、金、磷、高岭土“三率”标准的基础上，2013年部署开展铁、铜、铅、锌、稀土、萤石、钾盐矿种的“三率”标准研究工作。目前铜、铅、锌“三率”标准已公开征求意见，近期将公布实施。铁矿、稀土、钾盐、萤石“三率”标准正在公开征求意见，石油、天然气的合理开发利用指标体系研究已形成初步成果。

矿产资源综合利用先进适用技术推广提速。国土资源部出台了关于推广先进适用技术，提高矿产资源节约与综合利用水平的政策。推广先进适用技术是提高矿产资源开采回采率、选矿回收率和综合利用率的关键环节。在2012年公布第一批67项先进适用技术推广目录的基础上，2013年又公布了第二批37项先进适用技术，其中油气5项、煤炭7项、金属15项、非金属10项。

【盘点8】和谐矿区建设有序推进

和谐矿区建设试点阶段总结评估完成。2013年6月，国土资源部通过组织试点地区自我评估、召开研讨会、实地评估调研等方式，对内蒙古鄂尔多斯和锡林浩特两市（盟）和谐矿区建设试点工作进行了系统评估。评估结论认为，内蒙古自治区按照试点方案要求，建立了以移民搬迁补偿和矿区生态恢复补偿制度为核心、以矿区基层政府和群众入股矿山企业为补充的利益分配机制；探索建立了矛盾排查机构统筹、事前三级风险评估、事中矿业警察处置、事后四大机构调解的矛盾化解机制；完善了矿山环境治理与矿业权、矿业用地限批联动制度，在探索建立资源节约型、环境友好型、矿地和谐型矿区方面积累了宝贵经验，试点阶段工作任务基本完成，目前正在全自治区深入推进和谐矿区建设工作。

和谐矿区建设参与面不断扩大。除内蒙古自治区外，贵州、青海、吉林、江西、西藏、云南、陕西、山西、广西、安徽、黑龙江等省（自治区）在不同层面开展和谐矿区建设工作，并出台相关政策文件，成效明显。青海省政府出台《关于建立矿产资源开发带动当地群众收益机制的若干意见》，提出调整财政支出和收入分配结构，强化矿山企业社会责任，多渠道带动群众稳定增收；陕西省榆林市政府制定《关于推进和谐村矿建设的工作方案》，通过村矿共建、共治、共享三种途径，加强村企联合党建机制、村矿协调机制和全面推进企业社会责任报告制度建设，构建和谐矿区。

和谐矿区建设舆论引导作用明显。在中国矿业循环经济暨绿色矿山和谐矿区经验交流会上，和谐矿区建设总体思路受到《人民日报》、新华社等多家主流媒体关注。2013年中国国际矿业大会再次设立“和谐矿区建设”分论坛，围绕和谐矿区建设经验、先进理念、政策设计、对策建议等展开了深入讨论交流，受到各方广泛好评。

和谐矿区建设指导意见和标准体系起草论证工作完成，即将印发实施。在内蒙古自治区和谐矿区建设试点开始后，国土资源部组织力量开展了和谐矿区建设指导意见和标准体系的起草工作，通过深入总结内蒙古自治区和谐矿区建设试点经验，对辽宁、安徽、山东、广西、贵州、云南、青海、西藏等省（自治区）开展实地调研和书面调研，并广泛征求相关部门、行业协会、矿山企业和有关研究单位的意见，形成了和谐矿区建设指导意见和标准体系，经国土资源部审议通过后将印发实施。

推进和谐矿区建设的主要指导措施

- 积极改善矿区群众生产、生活条件。
- 不断提高矿区群众自我发展能力。
- 逐步建立矿山企业社会责任报告发布制度。
- 完善矿产开发收益分配机制。
- 有效预警和化解矿群矛盾。
- 促进矿产资源合理开发利用与矿山环境保护。

【盘点9】 动力煤和铁矿石期货相继上市，提升我国在动力煤市场的定价能力和铁矿石国际定价话语权

探路试水大宗能源期货的重要举措——动力煤期货上市，上市即实现“开门红”，随后期现价差拉大。国内首个大宗资源型商品期货——动力煤期货于2013年9月26日在郑州商品交易所挂牌交易，动力煤期货的上市，是中国探路试水大宗能源期货的重要举措，对我国能源市场的进一步深化改革和理顺定价机制具有重要意义。上市初期，市场交易活跃，期价强势上冲，成交量和持仓量均实现了“开门红”。自10月下旬开始长达近一个月的窄幅整理，随后动力煤现货价格一路上行，在期价上行趋势显现后，推动动力煤指数直逼600元/吨整数关口。但12月以来，动力煤期货远月合约价格持续走低，近月合约价格高位振荡，动力煤指数受阻600元/吨一线后振荡下行，动力煤期货价格与现货价格两极分化严重。

铁矿石期货获准在我国上市交易，上市以来期货价格总体呈下跌趋势。铁矿石期货于2013年10月18日在大连商品交易所上市交易。上市后，由于市场对未来铁矿石产能过剩的担忧，期货价格出现连续下跌走势，最低跌至913元/吨。因铁矿石现货价格较坚挺，期货贴水过高，11月初铁矿石展开反弹走势，多空争夺激烈，主力合约价格在930～960元/吨区间振荡。上市一个月后，交易和持仓情况好于多数近年来上市的大合约品种首月表现，期货价格首月呈现出先跌后稳的走势，运行稳健，价格波动围绕现货供求并体现了市场预期。12月，受国内钢厂限产、市场资金紧张、美国QE退出及圣诞节假日等因素的影响，铁矿石期货和现货价格均出现明显下跌。铁矿石期货上市是继我国制定铁矿石价格指数、上线铁矿石现货交易平台之后，提升我国铁矿石国际定价话语权的又一重大举措。

铁矿石期货在我国上市的作用和影响

- 有利于建立真实反映我国市场供需关系的定价体系。
- 有利于实体企业管理价格波动风险，有利于提高我国铁矿石资源保障能力。
- 有利于增加铁矿石市场透明度，提高铁矿石资源配置的效率。
- 有利于提升我国在国际铁矿石市场的定价影响力。

【盘点10】 稀土开发监管区域联动机制不断深化，磷矿资源开发联创齐争阶段性成效明显

九省（自治区）20个市（州）稀土开发监管联动机制不断深化。2012年，自覆盖全国稀土主产区的内蒙古、福建、江西、山东、广东、广西、湖南、四川、云南等9省（自治区）20个市（州）稀土开发监管区域联动机制建立以来，各省（自治区）通过强化开采准入制度、矿业权标识牌制度、举报制度、协管员制度和采矿权人联盟制度等措施，不断促进行业自律，加强市场调控，国土资源、发展改革、工业与信息化、环境保护、商务等部门与20个市（州）地方政府联手加强区域监管联动，联合制定规划，联合打击非法开采，使稀土开发监管联动机制进一步深化，初步形成“南北呼应、轻重并举、全国一盘棋”的稀土开发监管格局，稀土开发秩序进一步规范，市场经营更为有序，产业发展更为协调。

鄂、湘、川、黔、滇五省磷矿资源开发联创齐争阶段性成效明显。2013年12月，鄂、湘、川、黔、滇五省磷矿资源开发联创齐争联评联议会议顺利召开，会议就2011年南方五省磷矿开发联创齐争实施以来，鄂、湘、川、黔、滇五省就磷矿资源产业科学发展、保障磷肥供给、保证粮食安全、促进经济社会和谐等方面取得的成果，进行了全面总结和联评联议。评议结果认为，联创齐争行动进一步规范了五省磷矿资源开发秩序，进一步稳定了磷矿产品供应市场，进一步优化了磷矿行业布局，进一步促进了政府部门工作作风转变，进一步推动了企业自觉履行社会责任。会议还对进一步探索建立部门、协会、企业结对共建长效机制、进一步深化联创齐争行动机制、推动磷矿资源管理再上新台阶提出了要求。

【盘点11】 全国首次砂石土开采及管理现状全面调查工作顺利完成

2013年5月，国土资源部办公厅印发《关于开展全国砂石土矿开采及管理现状调研的通知》(国土资厅函〔2013〕462号)，统一部署全国调查工作。各地采取多种方式，以市级或县级行政区为单元组织开展调研工作；10月，各省份调研工作全面完成，国土资源部对各地调研成果进行了统计分析汇总。本次调研基本摸清了我国砂石土矿资

源禀赋、开发利用情况、法规制度建设、矿产资源规划和矿业权设置方案实施、矿业权出让、开发秩序监管等方面的基本情况，同时总结了一批如编制实施矿业权设置方案优化布局、设置准入条件促进规模开发、实行园区化管理提升集约化利用水平、简化审批程序要件提高审批效率、推行“净采矿权”出让、实施第三方监理等典型经验和特色做法，找出了砂石土管理在布局、出让、审批、准入、监管等方面存在的主要问题，提出了下一步工作建议，为国土资源部研究进一步规范和加强砂石土资源开发管理相关政策奠定了良好基础。

【盘点12】全球矿业盛会陆续召开，为扩大矿业对外交流与合作搭建平台

第19次南非国际矿业大会举行。南非国际矿业大会于2013年2月举行，来自世界100多个国家和地区的政府官员、地质学家及国际金融界、咨询机构、矿业企业等7500余名代表参会。会议内容包括非洲地区矿业发展经济分析、全球矿业商品市场及展望、非洲勘探趋势、变化中的世界矿石供应、非洲矿业和可持续发展、非洲矿业在2013年面临的挑战和机遇等。国际矿业勘探和咨询服务公司、特装设备技术公司、金融银行等领域的410余家企业参加了展览。

第81届加拿大勘探开发者协会年会召开。第81届加拿大勘探开发者协会年会于2013年3月开幕，来自全球135个国家的3万余人参会，会议以“严峻形势下的矿业前景”为主题，突出了矿业勘探与发展中风险防范、全球矿业机遇与挑战、多变市场下的融资及勘探开发企业案例分析等议题。年会固定项目——中加矿业投资论坛如期举行，加拿大矿业公司向中国矿业公司和投资者推介了28个项目。

第四届中国－东盟矿业合作论坛暨推介展示会召开。以“加强矿产技术合作，推动矿业科学发展”为主题的第四届中国－东盟矿业合作论坛暨推介展示会在5月开幕。会议议题主要包括政府合作、技术合作、投资融资、项目合作等，来自中国与东盟各国的矿业部门、企业、商协会组织的专家、学者、采购商共2000余人参加了论坛和推介展示会。论坛连续举办3年来，已累计推介、洽谈项目326个，签约项目63个，签约额达429亿元人民币。

2013年（第15届）中国国际矿业大会成功举办。本届大会以“机遇、挑战、发展”为主题，呈现出多种特点。一是论坛丰富、重点突出。大会在设置全球矿产勘查形势、矿业与金融资本市场、地质找矿与科技创新、矿产资源节约与综合利用、绿色矿山及和谐矿区建设等专题研讨的同时，突出为企业服务，推出40多场专题论坛和合作项目推介会，印制《2013中国国际矿业大会国际合作洽谈项目指南》，在矿业大会官方网站等媒体发布，重点组织国内外矿产勘查开发交流合作项目的洽谈等活动，进一步推动国内外矿业企业开展实质性项目合作。二是参展人数空前、展位规模庞大。

来自50多个国家和地区的7000余人参会参展，参展人数空前，同时中外参展商达到了400多家，展览面积达26000平方米。三是紧扣需求、充分交流。大会紧扣全球资源发展需求，增设了煤炭、石油、天然气、页岩气论坛及海外初级勘探企业投资专场。会议还加大对新能源开发利用以及深部找矿、高精度探测等新技术、新方法的引进吸收力度，提升我国地质矿产科技创新能力。

中国国际矿业大会历年概况

年份	届次	主　题	参会人数 人	国家和地区数 个
2007	第9届	落实科学发展，推进绿色矿业	2000	30
2008	第10届	迎接新挑战，推动矿业持续繁荣	3200	45
2009	第11届	抓住机遇，共同发展	3500	55
2010	第12届	合作、责任、发展	4500	57
2011	第13届	加强国际合作，加快找矿突破	4800	50+
2012	第14届	携手应对、共促发展	6000	60
2013	第15届	机遇、挑战、发展	7000	50+

第七届世界华人地质科学研讨会召开。2013年6月，召开了第七届世界华人地质科学研讨会，来自海峡两岸三地及世界其他国家的近300位华人地质学家参会。与会专家就青藏高原生长与资源环境效应、岩石圈结构探测及深部作用、大陆构造与动力学、成矿作用与资源评价、能源开采与可持续发展、勘探地球物理和勘查地球化学等12个议题进行了163场交流研讨。

中美地质学会联合学术会议召开。第一届中国地质学会与美国地质学会联合学术会议于2013年6月举行。大会共包括世界屋脊－青藏高原大地构造演化、大陆变形与地质响应－东亚资源与灾害、环境变化与生命演化－地球化学与碳存储等三大议题，共同开展了沉积盆地与油气资源、水资源与水文地质、生命与地球历史上的关键过渡期、二氧化碳循环与储存、天然气水合物等14个专题的学术交流。

中越区域地矿领域合作进一步深化。为深入交流研讨中南半岛及中国邻区过去4年来地学研究所取得的重要进展和成果，第二届“东南亚中南半岛及中国西南邻区地质矿产国际研讨会”于2013年11月召开，来自中国、越南、柬埔寨等国的代表参加了会议。越南方面表示愿意在邻区相同构造带的地质矿产研究、跨境地质编图、深部找矿等方面开展合作，条件具备时可通过申请研究项目等方式开展合作；中国表示愿意为越南实验室的建设和实验技术人才培训提供技术支持，并希望继续开展硕士、博士研究生培养方面的合作。

第八届矿床模型与找矿勘查国际研讨会顺利举行。为进一步深化和推进“产学研用”理念，更好地助力提高资源勘探水平，增强资源保障能力，第八届矿床模型与找矿勘查国际研讨会于2013年12月顺利召开。近20名来自国内外的著名专家讲授矿床类型及其成矿作用、矿床模型理论及其在找矿勘查中的应用，观察采自世界各地的超过1000块典型矿床实物标本，300多名与会代表深入研讨与交流，受益匪浅。会议对于深入探讨我国成矿作用特征和矿床资源潜力，推动矿床学与矿床勘查的融合具有积极意义。

全国找矿大会暨第七届百家地质队长座谈会召开。以“全面推进找矿突破战略行动·科技引领”为主题，2013年全国找矿大会暨第七届百家地质队长座谈会于2013年5月举行。国土资源部部长姜大明在贺信中提出，全面贯彻国务院找矿突破战略行动纲要，切实落实“公益先行、商业跟进、基金衔接、整装勘查、快速突破”的地质找矿新机制，坚定不移地走科技找矿、节约集约、绿色开发之路，努力实现“三年有重大进展，五年有重大突破，八到十年重塑矿产勘查开发格局”的战略目标。来自全国地勘单位、矿业企业、金融机构、科研院所的约500名代表参加了会议。

五、强化基础地质调查，突出资源保障和地质环境公共服务，圆满完成找矿突破战略行动第一阶段目标

2013年，找矿突破战略行动持续推进，地质找矿成效显著，“358”第一阶段目标预期圆满完成；继续扩大整装勘查区范围，提前谋划全国整装勘查工作；各地深入探索完善地质找矿新机制，不断促进勘查要素市场化配置；基础地质工作不断加强，科学部署矿产资源调查评价工作，勘查领域向深海深空方向发展；加强地勘行业服务与管理，大力推进地勘文化建设，促进地勘事业健康有序、可持续发展；深化地质矿产领域交流合作，将“引进来”和“走出去”更好地结合起来。2013年，地质环境管理工作加强了地质环境管理机构队伍和地质环境信息化建设，提升地质环境管理与服务水平；多措并举保护矿山生态环境，稳步推进矿山地质环境恢复治理；完善地质灾害防治体系，地质灾害管理和技术支撑进一步加强，全年成功预报地质灾害1757起。

【盘点1】地质找矿取得重大进展，资源保障能力提升

地质找矿成果丰硕。内蒙古自治区找矿突破战略行动实施3年来，预期新增储量铁矿石5.5亿吨、铜220万吨、金160吨、煤炭450亿吨。青海省预期全年投入30亿元找矿，新增资源量煤炭3.2亿吨、铁矿石7000万吨等。新疆维吾尔自治区郭德铁矿发现伴生锌矿和金矿，探获铁资源量1.87亿吨、锌150万吨、金50吨；卡特巴阿苏金矿预计可提交金资源量53吨。江西省赣东北朱溪矿区新发现超大型钨矿，前期控制钨铜金属量已超过100万吨。河北省秦家峪锰矿新发现锰资源量6800多万吨。河南省内黄县发现一特大型煤田，初步估算煤炭远景资源量超百亿吨。广东省武夷成矿带发现回收率较高的罕见巨型铷矿产地，预期资源量达360万吨。西藏自治区多龙地区的铁格隆南矿区初步估算新发现资源量铜约480万吨、伴生金矿66吨、银矿989吨；拿若矿区初步估算资源量铜237万吨、伴生金85吨、银矿792吨。重庆市新探明亚洲最大的锶矿床，预计资源量将超过2000万吨。四川省探明两座特大型非金属矿床，分别提交石灰岩矿资源储量4.55亿吨、石膏矿资源储量1.56亿吨。贵州省落炉木康煤矿新探明煤炭资源量1.7亿吨，务川仡佬族苗族自治县和正安县新勘探2.5亿吨铝土矿资源量。

福建省东洋矿区新发现金金属量超过25吨，进一步勘查之后，该矿区有望成为超大型金矿床。

老矿山深部和外围找矿实现重大突破。老矿山找矿工作是找矿突破战略行动的重要组成部分，也是全国危机矿山接替资源找矿专项的延续。2012 – 2013年，全国共实施老矿山找矿项目126个，中央财政资金投入6.42亿元，拉动地方财政和企业配套资金6.70亿元。一批矿山深部和外围找矿取得重大突破：甘肃枣子沟金矿、辽宁白云金矿、河南老湾金矿等9个项目新增资源量达大型规模，西藏罗布莎铬铁矿、浙江平水铜矿、河北金厂峪金矿等9个项目新增资源量达中型规模。

非常规能源勘查开发进展顺利。为缓解我国能源供需矛盾，增强资源保障能力，我国持续加强页岩气、煤层气、油页岩、天然气水合物等非常规油气资源的勘查开发。我国的页岩气勘探在南方下古生界海相、四川盆地侏罗系陆相、鄂尔多斯盆地三叠系陆相三个领域实现突破，在西北地区侏罗系陆相、东部断陷盆地古近系陆相、南方上古生界海陆过渡相三个领域取得重要进展。截至2013年6月，我国已完成页岩气钻井145口（包括兼探井），日产页岩气超过1万立方米的有27口。我国先后在南海神狐和祁连山木里发现天然气水合物，总资源量相当于1000多亿吨油当量。

首次钻获高纯度新类型“可燃冰”。我国海洋地质科技人员在广东沿海珠江口盆地东部海域首次钻获高纯度天然气水合物（俗称“可燃冰”）样品，预期控制储量为1000亿～1500亿立方米，相当于一个特大型常规天然气田规模。此次发现的天然气水合物样品具有埋藏浅、厚度大、类型多、纯度高四个主要特点。天然气水合物赋存于水深600 ～ 1100米的海底以下及220米以内的两个矿层中，上层厚度15米，下层厚度30米，自然产状呈层状、块状、结核状、脉状等多种类型，肉眼可辨。岩心中天然气水合物含矿率平均为45% ～ 55%，其中天然气水合物样品中甲烷含量最高达到99%。今后，我国将进一步加快勘查评价和重点靶区钻探取心，开展天然气水合物成藏机理和富集规律等理论研究，加大天然气水合物试开采及环境评价等关键技术攻关力度。

【盘点2】找矿突破战略行动完成阶段目标，积极部署新一轮找矿工作

部署实施找矿突破年度重点工作。为确保3年重大进展目标的实现，5年重大突破“投子布局”，2013年2月21日，全国找矿突破战略行动组织实施座谈会在北京召开，部署9方面重点工作，要求坚持当前找矿突破行动的布局和重点，在已圈定的78片整装勘查区，筛选出一批重要成矿远景区，同时在重要成矿远景区部署一定的调查评价工作，以利于持续提供信息和靶区。为调动地勘单位找矿工作积极性，形成生动的地质找矿局面，4月19日，召开找矿突破战略行动工作推进会，会议进一步要求重点抓住“一点两线”：“一点”是省级人民政府，“两线”分别是社会投入和地勘队伍。通过充分调动省级人民政府及国土资源厅的积极性，加强沟通，联合大企业，让地勘单

位有矿业权，做到找矿技术与社会资本相结合。

开展三年阶段目标评估工作。2013年是找矿突破战略行动三年的收官之年，也是衔接三年、五年，承上启下的一年。为全面了解找矿突破战略行动三年阶段性工作进展情况，总结经验，梳理问题，做好后续两个阶段的组织实施工作，国土资源部、发展改革委、科技部和财政部于12月6日联合发布通知，将开展找矿突破战略行动三年阶段性目标评估工作，在全面评估的基础上，重点评估基础地质调查与研究和重要矿产勘查工作进展，评估将采用2011－2013年期间的储量备案数据和项目评审数据。而此前储量初步评估的结果显示，第一阶段目标大部分可如期完成，其中铀矿、钨矿可提前完成5年目标，钼矿、镍矿可提前完成8～10年目标。

全面开展整装勘查区技术指导工作。为全力促进产学研的紧密结合，解决在整装勘查推进中影响找矿突破的关键地质问题和技术难题，11月，国土资源部矿产勘查技术指导中心就找矿预测研究、物探技术应用研究、整装勘查区基础图件编制及化探技术应用研究等方面的理论方法与要求，对来自相关地勘单位、科研院校的300余位一线地质工作者进行了培训。整装勘查区综合研究今后的主要任务：一是开展整装勘查区找矿预测研究，以勘查区找矿预测理论为指导，推断深部矿体可能的赋存位置，提出深部探矿工程部署建议；二是开展勘查技术方法研究，解决勘查过程中的勘查技术难题；三是针对主攻矿种和主要矿床类型，以潜力评价成果为基础，编制整装勘查区系列基础图件；四是组织开展专家巡回现场技术指导和各整装勘查区动态跟踪与成果汇总工作。

继续扩大整装勘查区范围。按照找矿突破战略行动总体部署，国土资源部先后于2011年3月、2012年9月公布了首批47片和第二批31片找矿突破战略行动整装勘查区名单及范围。为加快推进找矿突破战略行动，2013年11月，国土资源部决定在全国设立第三批31片整装勘查区。至此，整装勘查区达109片，总面积约50.55万平方千米，分布在25个省（自治区、直辖市），共涉及15个矿种。其中铜矿23片，铁矿21片，金矿20片，铀矿12片，铅锌矿11片。其中，内蒙古11片，新疆、云南各9片，西藏8片，青海、河南、广东各7片，江西6片，安徽、贵州、甘肃各5片。

提前谋划2014年全国整装勘查工作。2014年是找矿突破战略行动第二阶段的开局之年，我国整装勘查工作将重点安排6项具体工作。一是在2014年年初组织召开整装勘查推进会，协调矿业权人根据年度工作方案，落实勘查资金和勘查单位，明确勘查进度、勘查程度、预期年度勘查成果等；二是组织专家开展现场技术指导，组织整装勘查现场研讨交流等；三是强化整装勘查实施过程监督检查、重要勘查项目实施情况评估，组织年终成果汇报交流会，总结年度勘查成果，提交半年报告、年度评估报告等；四是开展整装勘查工作部署研究，提出下一年度工作方案，修编省级找矿突破战略行动实施方案等；五是以省为单位进行整装勘查成果集成，编制发布省级找矿突破战略行动年度报告；六是协调解决整装勘查实施中遇到的重大问题，研究提出配套政策建议。

多省部署新一轮找矿工作。陕西省为鼓励社会资本介入，调动各方力量推动实现找矿新突破，11月，省政府召开地质找矿工作电视电话会议，会议提出未来5年内，每年从地方留成的“两权”价款中列支10%专项用于地质调查和矿产勘查工作；对整装勘查区和重点勘查区实行严格的退出机制；设立陕西省地质找矿成果奖，最高奖500万元。江西省找矿突破战略行动领导小组办公室第一次全体会议确定了战略行动首批指导组专家名单，研究设立江西省地质科技成果奖励基金，制定“江西省地质找矿突破奖”奖励办法。广西壮族自治区为实现5年地质找矿有重大突破的目标任务，开展矿产勘查项目立项申报工作，坚持以基础先行，支持重点矿种和成矿区域项目，2014年广西找矿突破战略行动矿产项目原则上采取自治区财政全额投资方式立项实施。

【盘点3】 不断促进勘查要素市场合理配置

各地深入探索适合本地情况的找矿措施。各地在推进找矿突破的进程中，都在实践与探索适合本地情况的政策措施，呈现出因地制宜的找矿经验。青海省统筹资金规模投入，引进了大批省外地勘单位，兵团作战；充分发挥自身在矿产资源领域的后发优势，形成“大规模投入、大兵团作战”的地质找矿新格局。江西省以找矿促发展，将地质工作纳入省“十二五”规划体系，确定主攻矿种、类型和地区；以整装勘查为抓手，紧紧围绕4个重要成矿区带、5个国家级整装勘查区和37个重点突破区开展工作。云南省组建全国第一家副厅级地质调查局，实现了公益性地质工作和商业性地质工作分体运行；并制定行政措施，实现“政府吹哨，齐步推进”。广西壮族自治区将地勘经济发展纳入广西“十二五”规划，提出与“广西速度”同步。抓住重要矿产和地区，实施整装勘查；鼓励地勘单位拓宽业务领域，优化产业布局。陕西省出台《陕西省人民政府办公厅关于加强地质找矿促进经济持续发展的意见》（陕政办发〔2013〕84号），明确了陕西省未来找矿工作的总体要求、目标任务及工作重点，并制定了《陕西省地质勘查基金管理办法》、《陕西省地质找矿成果奖励办法》等。

推动发展多层次勘查资本市场。为加快推进资本与勘查技术的融合，实现风险勘查企业与市场的完全接轨，江西省地质矿产勘查开发局所属的天津市纪元地质勘查股份有限公司与深圳市中科盈创投资发展有限公司、江西摩根利实业有限公司分别签署了《风险勘查股权、融资意向书》，这标志着我国风险勘查资本市场建设正式启动，天津纪元地质勘查股份有限公司成为全国首批取得在风险勘查资本市场发行股份资格的企业。同时签约的还有中国冶金地质总局所属地勘公司，合作方分别是国投创新投资管理（北京）有限公司等。我国风险勘查资本市场的建设目标是建成媲美加拿大多伦多证券交易所创业板，针对矿业企业尤其是风险勘查企业的资本市场，为风险勘查企业提供融资平台，拓展国内矿业项目融资渠道。

强强联手，加快资源勘查开发。地勘单位、矿业企业与政府机构等通过企事联合、政企联合，实现优势互补，加快找矿突破。福建省地质矿产勘查开发局与紫金矿业围绕开展矿产资源勘查开发合作而签署战略合作协议，将以“优势互补、互利互惠、合作共赢、共同发展”的原则，以技术加资本的方式，在地质矿产资源勘查、开发等方面开展多层次、多领域的合作。“推进页岩气招标区块联合研究”工作座谈会上，中国地质调查局与页岩气招标区块中标企业就如何建立页岩气信息共享平台和联合研究平台进行讨论，将适时提供工作区块及邻区相关项目资料，与企业在资料共享、项目开放、联合攻关三方面开展合作，通过政企联手搭建页岩气勘查开发信息共享、合作研究平台，共同促进我国页岩气勘查开发。

培育境外风险勘查合作竞争新优势。为促进国际国内要素有序自由流动、资源高效配置、市场深度融合，加快培育参与和引领国际经济合作竞争新优势，2013 年 12 月 14 日，境外风险勘查座谈会召开。近年来在国家政策的引导下，境外风险勘查初步建立了政策促进、服务保障、风险防范三个体系，地勘单位也采取自筹资金、与矿企合作和争取国家财政资金三种方式，积极参与境外勘查开发。当前，我国境外勘查正加强统筹形成合力，充分发挥基金衔接作用，加大走出去的政策资金支持力度，构建境外勘查的新机制和有效模式，重点支持走出去的草根勘查，优选优势项目，最大限度地降低走出去风险和缓解资源紧缺压力。

【盘点 4】统筹推进地质调查工作，逐步向深陆深海深空发展

总体布局全国地质调查工作。为把握地质工作面临的新形势、新变化，扎实推进地质调查工作，优化地质调查工作的部署，更好地服务找矿突破，2013 年 1 月，全国地质调查工作会议在北京召开。会议强调基础地质调查工作要突破一些重点矿种，除了传统矿种，还要考虑大宗矿产和“三稀”等新兴战略产业资源的突破，要紧紧围绕保障资源和保护环境两大主题，坚持地质找矿新机制和“358”目标，坚持公益性地质工作定位，统筹部署了今后 8 年地质调查工作。

围绕重点成矿区带、重要经济区、重大工程建设区和重大地质问题区，2013 年我国基础地质调查以重点成矿区带为重点，优先安排整装勘查区，基础地质工作程度大幅提高，查明了多处区域地质特征和成矿地质背景，圈定出找矿有利地段，各地有矿化线索新发现，为进一步矿产勘查指明了方向。

我国未来 8 年地质调查工作的总体布局

- **三个方面：**找矿突破战略行动；生态环境管护；科技驱动与服务。
- **五大领域：**矿产资源；地质环境；海洋地质；科学技术；信息资料。

◆ **九大任务：**

- 重点成矿区带基础地质调查；
- 能源资源调查评价；
- 重要矿产资源调查评价；
- 老矿山深部与外围矿产资源调查评价；
- 重要经济区、城市群等地质环境调查；
- 地质灾害调查评价与监测预警；
- 地质调查科技支撑与国际合作；
- 海洋基础地质调查；
- 信息化建设与资料服务。

基础地质调查工作进展

◆ 1∶5万区域地质调查：完成21万平方千米；全国累计完成283万平方千米，占陆域国土面积的29.5%。

◆ 1∶25万区域重力调查：完成24万平方千米；全国累计完成548万平方千米，占陆域国土面积57.1%。

◆ 各类航空物探：完成51万测线千米，首次开展了陆域航空重力调查和时间域直升机航空电磁调查工作。

◆ 1∶25万区域化探：完成东天山、大兴安岭、冈底斯、班公湖－怒江等重要成矿带13万平方千米。

◆ 1∶5万化探：在大兴安岭、东天山和班公湖－怒江等成矿带开展示范约9352平方千米。

区调重要找矿成果

◆ 西藏班公湖－怒江成矿带：发现矿（化）点32处。在日土－弗野、多不杂－青草山等远景区及其外围新发现很多矿（化）点。

◆ 柴达木盆地周缘成矿带：发现矿（化）点63处，其中铜多金属矿（化）点24处。

◆ 昆仑－阿尔金成矿带：发现矿（化）点38处，铜多金属和铁矿找矿取得较大进展。

◆ 天山成矿带：发现矿（化）点20余处。哈密金锑矿化点具有非常好的前景。

◆ 大兴安岭成矿带（北段）：发现矿（化）点64处、重要找矿线索44处。

◆ 大兴安岭成矿带（南段）：发现矿（化）点116处，找矿线索327处。其中，钼铅锌银多金属矿、第四系盆地中早白垩世煤层取得较大进展。

◆ 武夷山成矿带：发现矿（化）点25处，其中转入后续勘查3处。

◆ 新疆东戈壁地区：圈定出4个找矿靶区，结合靶区1∶1万重力和激电工作，推断出2处重点找矿区。

积极部署2014年地质矿产调查评价工作。2014年，地质矿产调查评价工作将继续落实找矿新机制和“358”目标。坚持大项目机制，做实计划项目；坚持统筹部署，强化综合调查评价；坚持科技引领，加强产学研相结合；服务和促进找矿突破，服务生态文明建设和保障民生。重点成矿区带地质矿产调查方面，统筹部署区域物化遥地质调查和矿产远景调查工作。加快1∶5万区域地质矿产调查、矿产远景调查、航空地球物理调查及区域地球化学调查与试点等工作；航空地球物理调查重点在晋冀、辽东－吉南、西天山、豫西、武夷山、川滇黔相邻地区等重要成矿区和四川攀西、宁夏贺兰山等地区开展。油气资源基础地质调查方面，以塔里木、青藏（羌塘）等大型盆地为单元，主要开展油气资源基础地质调查与综合调查评价；开展华北、华东、中南等地区页岩气调查评价，以及页岩气有利区块优选与技术攻关等；开展氦气、煤层气、油页岩、油砂等非常规能源矿产调查评价。重点矿种调查评价方面，开展煤炭、铀、地热、“三稀”、钾盐、重要非金属等重点矿种矿产资源调查评价；主要开展南方缺煤省份煤炭资源调查、铀矿资源调查评价、地热调查评价、“三稀”资源战略调查、钾盐资源调查评价、全国重要非金属矿产调查、我国主要盆地安排煤铀等多种能源综合调查、我国重要化工矿产调查评价、全国金刚石战略调查、全国锰矿资源调查评价。

部署砂岩型铀矿远景调查工作。为加强铀矿资源勘查，增强资源保障，2013年9月，全国砂岩型铀矿远景调查工作部署研讨会召开。会议全面总结铀矿勘查战略选区工作进展及找矿阶段成果，研究部署和全面推进下一步全国砂岩型铀矿勘查工作。会议强调，一是将保障国家利益放在首位，各参战单位要发挥各自优势，多方联动；二是进一步加大铀矿战略选区和钻探验证工作力度，持续推进理论创新与技术攻关；三是国土资源主管部门要进一步发挥行政管理职能，加强矿业权的协调，构建良好的勘查环境；四是坚持公益先行、基金衔接、商业跟进，扩大找矿成果。

全球尺度地球化学国际研究中心申报成功。为全面了解地球资源分布和为全球环境变化提供基础知识与数据，为政府在矿产资源与生态环境等领域的全球可持续发展提供决策依据，促进发达国家与发展中国家知识共享，2013年11月13日，经联合国教科文组织第37届大会表决通过，同意在中国地质科学院地球物理地球化学研究所建立全球尺度地球化学国际研究中心。该中心的建立对于提高我国在全球资源环境领域的国际话语权，加强地质科技软实力建设具有重要意义。

“嫦娥三号”将进行月表地质构造调查。为深入宇宙科学探索，开发和检验最新高科技成果，实现科学战略意义，2013年12月14日，我国“嫦娥三号”探测器成功着陆月球。此次外星勘查的一项重要任务就是月表形貌与地质构造调查、月表物质成分和资源调查、月球内部结构分析。预期2017年前后我国可以采集到月球岩石样本，届时科学家将详细地研究月球的物质成分，对分析研究地球和月球起源意义重大。未来还可以对月球的表面形态、重力、磁场、月震等进行详细研究和探索，为获得宝贵的认识宇宙的直接经验提供数据。

我国获得西太平洋富钴结壳矿区专属勘探权。2013年7月19日，国际海底管理局核准了中国大洋矿产资源研究开发协会（简称“大洋协会”）提出的西太平洋富钴结壳矿区勘探申请，中国成为世界上首个对3种主要国际海底矿产资源均拥有专属勘探矿区的国家。该矿区主要由铁锰氧化物构成，集中分布在水深800～4000米之间的海山斜坡和顶部，面积为3000平方千米。此前，我国已于2001年和2011年分别获得东北太平洋多金属结核矿区勘探权和西南印度洋多金属硫化物矿区专属勘探权。

“海洋六号”第29航次科考成果丰硕。历经163天，航程2万海里[1]，2013年11月6日，搭载我国6000米无人无缆深潜器“潜龙一号”的中国科考船“海洋六号”圆满完成任务。此航次在第一、二航段之间增设了大洋稀土资源调查航段，通过采用地质、地球物理手段，系统开展了太平洋稀土等新资源潜力探查，进一步验证了其分布状况。在本科考航次中，科考队员首次在位于西太平洋的我国结壳勘探矿区进行了多手段详细勘查，为结壳资源评价和下一步工程勘探部署研究提供了详细的资料，并成功实施了长周期环境观测。

“潜龙一号”试验性应用航次圆满完成任务

- 在南海、东北太平洋和西北太平洋开展了3个航段作业。
- 完成21次下潜，38个站位常规调查。
- 采集生物71种390只、结核161枚、结壳8块、岩石32块和沉积物180千克等样品。
- 移交样品137件、数据资料16册、高清照片2824张、高清视频927.5GB，电子数据资料总计1815GB。
- 样品描述完整，分配情况较清晰，原始数据资料保存完整，汇交情况总体良好。

【盘点5】 加强地勘行业管理与服务

推进国有地勘单位分类改革座谈会在北京召开。为宏观把握我国地勘单位分类改革新进展，及时交流改革经验，2013年5月和6月，分别邀请地勘单位和省级国土资源管理部门召开国有地勘单位分类改革座谈会。会议围绕交流各地分类推进国有地勘单位改革进展情况、研讨分类推进国有地勘单位改革保障条件和政策措施、修改完善《关于分类推进国有地勘单位改革的若干意见》（征求意见稿）展开。与会人员重点介绍了各单位改革情况、特点及问题，并相互学习经验，认为《关于分类推进国有地勘单位改革的若干意见》（征求意见稿）主要内容符合实际，基本体现前期调研成果，整体结构合理，表述方式准确，既体现共性又关注个性，较为成熟，部分内容需要进

[1] 1海里＝1852米。

一步完善。同时会议提出，国有地勘单位改革应围绕地勘单位分类改革标准，明确定位、科学分类，不能搞“一刀切”；应围绕地质找矿突破，把公益类地勘单位做优，把经营类地勘单位做强；应围绕有利于地勘事业发展、有利于职工队伍和谐稳定等方面推进改革的建议。

部分地勘单位改革经验

- **内蒙古自治区**：改革依托地质矿产勘查开发局、有色地质勘查局和煤田局三大地勘单位，积极组建内蒙古矿业（集团）公司，立足丰厚的矿产资源禀赋，以“事企分开、转变机制、实行企业化管理”为目标。抓住了矿业形势好的机遇，加速内部的企业化改革，用好国家和地方的扶持政策，稳定地勘队伍，突出地质找矿主业，走勘查开发一体化道路。
- **广东省**：改革按照“事企分开”的原则，强化地勘队伍的公益属性和以地质找矿、地灾防治为主的“民生地质”工作的事业职能。整合属地化地勘队伍，将广东省有色金属地质勘查局、广东省化工地质勘查院划归广东省地质局管理。着重强调属地化地勘队伍的有效整合，建立省级地质工作体系，正确划分厅、局职能，体现政事分开、事企分离。
- **山东省地矿局**：大力实施“资源山东建设”战略，坚持省内、省外、境外“三线”联动，树立了“打造山东地矿品牌，提升核心竞争力”的具体目标。在“政府引导，地矿先行，企业跟进，市场运作”的找矿突破与矿业合作开发机制引领下，主动将地矿工作融入地方经济社会发展，建立各方面理解、关心与支持地质工作的协同机制。同时，以资源和技术为桥梁，建立合纵连横、互利共赢、多渠道的投融资机制，并通过借壳上市，将地质勘探、矿业开发优势与资本市场的资金优势相结合。
- **经验启示**：一是改革必须得到地方政府及有关部门的支持；二是必须根据地方具体情况和地质工作的需求，确立改革的形式和路径；三是改革是一个不断深化和完善的过程，要不断对改革设计进行调整和优化；四是地方政府要着力解决一些涉及职工切身利益的历史遗留问题；五是政府必须为改革支付必要的成本。

积极推进野外工作津贴标准修订工作。为保障地质勘查野外一线人员工作积极性，对艰苦劳动作出相应的补偿，顺利修订完善地质野外工作津贴标准，国土资源部人事司组织对全国214家地勘单位和国家测绘地理信息管理局、国家地震局和国家林业局所属涉及野外工作的41家单位进行了调查。人力资源和社会保障部联合国土资源部开展野外工作津贴情况调研工作，财政部、人力资源和社会保障部及国土资源部组织召开野外工作津贴标准座谈会等，拟定了《调整地质野外工作津贴标准的报告》。

分批开展地质勘查资质受理审查工作。为加强地质勘查资质管理，维护地质勘查市场秩序，保证地质勘查质量，促进地质勘查业发展，2013年3月、8月和11月，国土资源部地质勘查司组织开展三批次地质勘查资质集中受理审查工作。全年共受理审批600余家地勘单位的地质勘查资质事项，通过资质的新设及延续等，地勘单位可以更加顺利地开展勘查业务，在勘查市场保持活力。地质勘查资质审查期间，各专家还就《地质勘查资质分类分级标准》作了研究讨论，并提出了修改意见。

有色金属华东地质勘查局通过改革试点阶段性评估。为支持地勘单位主动探索改革发展道路，进一步了解改革试点进展情况，总结提炼改革主动主要做法、特点和经验，2013年9月底，国土资源部地质勘查司牵头组织开展了对有色金属华东地质勘查局的企业化改革试点阶段性评估。经过两年的试点改革，有色金属华东地质勘查局目前已经进一步明晰了企业化改革方向，做强了地勘主业，加强了公益性工作，取得了丰硕的找矿成果，增强了市场竞争力，引进了战略投资者，推进构建现代企业制度，为事企分离奠定了良好基础。

全国地勘局长座谈会召开。为加强改革经验交流，促进地勘行业健康发展，2013年11月10日，中国地质矿产经济学会在北京组织召开全国地勘局长座谈会，来自各省（自治区、直辖市）的地勘局、冶金局、有色局、煤田局、核工业局等单位领导40余人参加会议。会议交流了找矿突破战略行动以来的主要成果，重点提出了关于分类推进国有地勘单位改革的看法、改革的经验与做法。会议提出，改革要以稳定为基础，还要体现地勘行业的艰苦性，改革中要重点解决公益性与商业地勘队伍如何合理划分、收入分配不损害职工利益、转企改制资本金及同城待遇、社会保障等问题。

武警黄金部队加紧打造现代化国家地质野战军。近年来，武警黄金部队贯彻落实国务院、中央军委决定，坚定不移地推进调整转型，积极主动融入地质找矿主战场，坚持“两调一查一抢险”业务方向，工作部署“西进北上”取得明显成效，“一军两队三师”国家地质野战军队伍建设加快推进，在全国地质找矿大格局中发挥了尖兵作用。当前是武警黄金部队调整转型的重要时期，通过深入研究解决转型发展重大现实问题，把转型攻坚期变成发展黄金期，努力建设听党指挥、能打胜仗、作风优良的现代化国家地质野战军，彰显公益性地质队伍属性，更好地发挥“国家队”、“野战军”作用，并努力成为找矿突破、地灾救援的拳头和尖兵。

服务找矿突破战略行动专题信息产品投入使用。为进一步做好地质资料信息为找矿突破战略行动的服务工作，减少重复，避免浪费，全国地质资料馆等单位开发了服务找矿突破战略行动专题产品，并于2013年10月18日正式投入使用。该产品包括地质资料电子阅览服务系统、全国地质资料信息集群化共享服务平台、地学空间信息检索系统、全国整装勘查区地质资料目录、全国整装勘查区地质钻孔分布图及钻孔目录、地质工作参考标准规范目录等相关资料。需到馆借阅非涉密地质资料和产品的，凭本人居民身份证借阅利用；借阅涉密地质资料和产品的，凭本人居民身份证和本单位的《涉密地质资料借阅复制证书》借阅利用。

【盘点6】提升地质环境管理能力，促进生态文明建设

全国地质环境管理工作会议召开。为贯彻落实党的十八大和十八届三中全会精神，推进生态文明建设，2013年12月18日，全国地质环境管理工作会议在湖南省长沙市召开。会议印发了《全国地质环境管理工作情况通报》，将地质环境管理的各项职能落实情况分别用文字和表格形式进行了分析，各省（自治区、直辖市）、各计划单列市也对近年来的工作进行了总结。会议提出，要把地质环境摆在与土地管理、矿产管理同样重要的位置，形成国土资源管理“土地、地质矿产、地质环境”三头并进的总体布局，实现国土资源“数量、质量、生态”三位一体综合管理。会议的召开对地质环境领域进一步深化认识、转变思想、夯实基础，切实提高服务经济社会发展能力具有十分重要的意义。

国土资源部部长姜大明就全国地质环境管理工作会议的召开作出指示

近年来，地质灾害防治和地质环境保护工作为保护人民群众生命财产安全和保障社会经济发展作出了重要贡献，是国土资源工作“保发展、保资源、保权益”的重要组成部分，已经成为中央重视、社会关注、群众需要的一项重要工作。要深入学习贯彻党的十八大和十八届三中全会精神，坚持地质工作资源环境并重的方针，树立国土资源“数量、质量、生态”三位一体的综合管理理念，加快推进政府职能转变，强化国土资源管理对生态环境的源头保护作用，为生态文明建设和保护人民群众生命财产安全发挥更大的作用。

地质环境管理机构队伍建设得到加强。全国地质环境管理和技术支撑体系初步完善，从国土资源部至省、市、县四级逐步形成了可概括为“43223”的机构队伍体系，即古生物化石和地质遗迹保护、地质灾害防治、矿山地质环境保护与治理恢复、地质灾害应急4类管理机构，地质环境监测、地质灾害应急技术指导、古生物化石保护3类技术支撑机构，地质灾害防治、矿山地质环境保护与治理恢复2类专家库，地质公园和矿山公园2类公园管理实体，地质灾害防治、观赏石、古生物化石保护3大中介机构。初步统计，全国共有以上14类机构从业人员27806人，其中行政管理人员7596人，其他人员20210人。

【盘点7】保护矿山生态环境，稳步推进矿山地质环境治理恢复

继续推进矿山地质环境治理恢复保证金制度建设。国土资源部大力推进全国矿山地质环境治理恢复保证金制度建设。31个省（自治区、直辖市）相继出台了矿山地质

环境治理恢复保证金管理办法，开展了利用保证金督促与约束矿山企业进行矿山地质环境保护与治理恢复的各项工作。各地在保证金制度实施过程中，有效采取保证金缴存与采矿权审批、年检挂钩，与矿山地质环境治理恢复方案挂钩等方法，使得保证金缴存工作总体上顺利推进。全国应缴保证金矿山数量为88592个（应缴存保证金993亿元）；已缴存保证金矿山数量为71726个（已缴存保证金612亿元），占应缴矿山数量的80%。缴存率达到100%的省份有北京、天津、吉林、山东、贵州。

建立矿山地质环境治理恢复专项资金。为了规范矿山地质环境恢复治理专项资金管理，提高资金使用效益，根据《中华人民共和国预算法》、《财政部　国土资源部关于将矿山资源专项收入统筹安排使用的通知》（财建〔2012〕925号）等有关规定，2013年3月，财政部、国土资源部制定出台了《矿山地质环境恢复治理专项资金管理办法》，明确规定专项资金可以用于矿山地质环境恢复治理工程支出，包括矿山地质灾害治理、地形地貌景观破坏治理、矿区地下含水层破坏治理和矿区土地复垦等。

通过矿山地质环境治理恢复专项资金，实施矿山地质环境治理项目，集中解决了一批长期以来对矿区可持续发展和人民生命财产安全造成严重影响的突出问题，改善了矿区生态环境，提高了土地利用价值，取得了显著的环境、经济和社会效益。

第三批国家级绿色矿山试点单位公布。按照《关于贯彻落实全国矿产资源规划发展绿色矿业建设绿色矿山工作的指导意见》确定的目标，到2015年建设600个以上试点矿山，形成标准体系及配套支持政策措施。国土资源部积极引导矿山企业以资源高效利用、保护环境、节能减排、矿地和谐作为核心任务，加快绿色矿山试点建设，公布第三批国家级绿色矿山试点单位242家。我国已确定三批共462家国家级绿色矿山试点单位。

国家级绿色矿山试点单位情况统计表

批　次	批准时间	试点单位数量/家
第一批	2011年	37
第二批	2012年	183
第三批	2013年	242
合　计		462

关于组织申报第四批国家级绿色矿山试点单位的通知已发布。通知规定：申报国家级绿色矿山试点单位的矿山企业每年用于科技创新的资金投入应不低于矿山企业总产值的1%；“三废”排放等达到国家规定标准，采用无废或少废工艺，矿山选矿废水重复利用率应达到90%以上或实现零排放；近3年内未发生重大地质灾害；矿区绿化覆盖率应达到可绿化区域面积的80%以上。绿色矿山试点的有序推进，将带动矿产资源赋存和矿山企业相对集中的地区建设绿色矿业示范区，达到集中连片地推动绿色矿山建设工作目标。

开展“矿山复绿”行动进展情况检查。全国“矿山复绿”行动计划用3年时间，集中开展矿山地质环境治理恢复工作，到2015年，使“三区两线”即重要自然保护区、景观区、居民居住区的周边，重要交通沿线、河流湖泊直观可视范围及周边范围内的矿山地质环境问题基本得到解决，全国矿山生态环境得到明显改善。自2012年8月全国“矿山复绿”行动启动以来，经过一年多时间的工作，已经取得阶段性成果。

国土资源部于2013年9月中下旬组织检查“矿山复绿”行动进展情况。本次检查范围包括各省（自治区、直辖市）、新疆生产建设兵团的省级“矿山复绿”行动实施方案的执行情况；检查内容包括：矿山地质环境制度建设情况；“矿山复绿”工程监管档案建立情况；治理责任主体任务分解落实情况，工程量和资金落实情况；2013年度“矿山复绿”行动任务落实情况；治理成果（包括数据库、遥感影像、照片资料）。

【盘点8】 完善地质灾害防治体系，不断提高地质灾害防治能力

全年发生地质灾害15403起。2013年，全国共发生地质灾害15403起，共导致481人死亡、188人失踪，造成直接经济损失101.5亿元；共成功预报地质灾害1757起，避免人员伤亡18.8万余人，避免直接经济损失19亿元。与过去5年同期平均水平相比，地质灾害发生数量和造成的死亡失踪人数分别减少21.47%和30.46%，造成的直接经济损失增加145%。

2013年与过去5年地质灾害基本情况对比表

时　期	地质灾害起数 / 起	死亡失踪人数 / 人	直接经济损失 / 亿元
2008年	26580	757	32.7
2009年	10840	486	17.7
2010年	30670	2915	63.9
2011年	15664	277	40.1
2012年	14322	375	52.75
2013年	15403	669	101.5
2008 – 2012年平均	19615	962	41.43
2013年比过去5年增减	-4212	-293	60.07
增减比例	-21.47%	-30.46%	144.99%

注：2008 – 2012年数据来源于历年地质灾害通报；2013年数据来源于国土资源部地质环境司。

地灾防治管理和技术支撑能力进一步提升。一是地质灾害调查评价和巡查排查成效显著。截至目前，全国已完成汶川、玉树地震灾区及西南山区、西北黄土区等地的400多个县的详细调查。组织开展了三峡库区26个区（县）175米蓄水巡库调查和5年高水位蓄水评估总结工作；完成了10000多个重大隐患点的勘查，查清了隐患情况，

为下一步防治提供了依据；全国共有2032个城乡建设及相关规划、10万多个工程建设项目实施了地质灾害危险性评估，近15万个隐患点进一步完善了防灾预案。二是地质灾害监测预警工作进一步提高。群测群防体系覆盖所有防治区和隐患点，基层防治能力得到显著提升；与中国气象局部署推进气象预警预报工作，共同开展10年防灾效益评估。31个省（自治区、直辖市），303个市，1578个县开展了地质灾害气象预警预报工作；专业监测范围增大，示范区建设取得一定成效；对部分重要隐患点实施了专业监测，地质灾害变化情况得到实时监控；在东南季风影响区、西南山区等建立地质灾害监测预警示范基地11个，对专业监测预警管理和技术工作进行了积极探索。三是地质灾害应急工作进一步完善。在应急专家队伍建设方面，已建立全国地质灾害应急专家库，并且在西北、西南、华南、东南、华北、中部和东北设立了7个区片应急专家队伍，指导地方地质灾害应急处置工作；应急演练和宣传培训成为各地的自觉行动，有效提升了临灾避险能力。2013年1～10月，共开展规模不等的地质灾害应急演练15010次，累计超过100万人参与。四是地质灾害防治工作进一步加强。2013年启动了云南省地质灾害综合防治工作，中央和地方连续8年每年投入10亿元开展地质灾害防治工作。启动或继续推进湖北五峰县城凉风洞滑坡体、舟曲特大山洪泥石流灾区、甘肃东乡县城特大滑坡等重大地质灾害综合治理。

加快推进地质灾害防治标准编制工作。为提升我国地质灾害防治管理工作水平，2013年9月16日，国土资源部地质环境司发布《国土资源部关于编制和修订地质灾害防治行业标准工作的公告》。该公告指出，为推动地质灾害防治工程行业健康发展，国土资源部组织拟定了《地质灾害防治行业标准目录》（简称《目录》）和《地质灾害防治行业标准体系框架》，并邀请省级国土资源主管部门和地质、煤炭、有色、化工、建材、冶金、核工业、水利、建筑等领域从事地质灾害防治工作的单位参与编制、修订工作。

根据地质灾害防治工作涉及的管理和技术内容，本次拟编制或修订标准为《目录》提出的调查评价、勘查、设计、施工、监理、监测预警、应急支撑、预算标准、信息系统和综合10类，包含滑坡、崩塌、泥石流、地面塌陷、地面沉降、地裂缝6种灾害类型，共145项。

地质灾害防治行业标准体系制修订总体条目表

序号	类别	需要制修订的标准数量／项
1	综合类	20
2	调查评价类	16
3	勘查类	8
4	设计类	18
5	施工类	23

续表

序号	类别	需要制修订的标准数量 / 项
6	监理类	1
7	监测预警类	33
8	应急支撑类	6
9	预算标准类	6
10	信息系统类	14
合计		145

启动地灾防治高标准“十有县”建设。2009年，国土资源部启动地质灾害防治“十有县”（有组织、有经费、有规划、有预案、有制度、有宣传、有预报、有监测、有手段、有警示）建设工作，至2012年年底，全国累计建成1765个“十有县”，覆盖了大部分地质灾害易发区，原定5年完成的建设任务提前一年完成。从4年的工作成果来看，“十有县”建设对提高基层地质灾害防治能力起到了重要作用。

为进一步加强基层地质灾害防治工作，国土资源部研究决定，从2013年起，启动地质灾害防治高标准“十有县”建设，提升基层在地质灾害防治工作中的组织协调管理、专业技术支撑、项目经费保障、防治措施落实、灾害风险规避等能力，最大限度地避免和减轻地质灾害给人民群众的生命和财产造成的损失；并公布地质灾害防治高标准“十有县”建设的主要内容，征求各级国土资源主管部门和社会各界的意见和建议。

地质灾害防治高标准“十有县”建设的主要内容

一、**有制度。**建立了地质灾害防治调查排查、巡查核查、值班值守、预警预报、信息报告、应急会商、应急处置、科学普及、培训演练、项目和资金管理等制度。

二、**有组织。**县（市、区）人民政府成立了地质灾害防治领导小组，由县（市、区）人民政府负责同志担任组长。

三、**有经费。**县（市、区）人民政府将地质灾害防治经费列入年度财政预算，与部、省项目配套的资金能及时到位。

四、**有监测。**地质灾害隐患点均纳入群测群防和专业监测相结合的监测体系。重大隐患点安装了专业监测预警设备，定期对监测记录进行综合分析整理。

五、**有预警。**县（市、区）国土资源主管部门与气象部门联合开展地质灾害气象风险预报（警）工作，与气象、水文等部门建立了会商制度。

六、**有评估。**在地质灾害易发区内实施的建设工程、相关规划，有开展地质灾害危险性评估工作。

七、**有避让。**每处威胁人员安全的隐患点应建有相应的应急避险场所。

八、有宣传。经常性组织开展地质灾害防灾减灾政策宣传、临灾避险知识普及、防治技术培训等活动。

九、有演练。对威胁人员密集场所的重大地质灾害隐患点，每年至少开展一次应急演练，在隐患点周边居住或工作的人员每年至少参加一次。

十、有效果。地质灾害隐患威胁情况清楚，对已查明的可能有重大危害的隐患点制定了治理、搬迁计划，并按计划完成治理、搬迁工作，解除了隐患。宣传培训演练等工作发挥积极作用，连续5年未因地质灾害造成人员损失。

【盘点9】加强地质遗迹和矿业遗迹保护，进一步完善古生物化石保护工作

新一批国家矿山公园审批结果获公示。根据《国土资源部办公厅关于开展第三批国家矿山公园申报工作的通知》（国土资厅函〔2012〕1011号），国家矿山公园评审委员会组织召开了第三批国家矿山公园资格评审会。授予9个省（直辖市）11个国家矿山公园资格单位，自此，我国已经确定了三批共72个国家矿山公园。通过矿山公园的建设，保护和科学利用人工开挖的矿业遗迹资源，加强了矿山环境保护、治理和利用，作为矿山环境保护和治理的一种创新途径，取得了显著成效，有较强的应用推广价值。

国家矿山公园批准情况统计表

批 次	批准时间	公园数量 / 个
第一批	2005年	28
第二批	2010年	33
第三批	2013年	11
合计		72

第七批国家地质公园申报审批启动。为有效保护我国珍贵的地质遗迹资源，推进国家地质公园建设，2013年10月，国土资源部开展第七批国家地质公园申报评审工作。截至目前，我国共批准6批218家国家地质公园资格。本次申报审批要求：申报单位应是已批准建立省（自治区、直辖市）级地质公园两年以上并已揭碑开园；拟申报地质公园应具有完整的园区边界，独立园区数量原则上不能超过2个；拟申报地质公园范围内无采矿权和商业性探矿权。并规定每个省（自治区、直辖市）应严格执行限报两个地质公园参加评审的要求，超数量报送的取消全省（自治区、直辖市）的评审资格。

在推进地质公园建设，保护地质遗迹的同时，作为一种新的资源利用方式，地质公园在地方经济发展与解决群众就业问题、进行科学研究与知识普及、提升原有景区

品位，促进基础设施改造、加强国际交流和提高全民素质等方面日益显现出巨大的综合效益。

《古生物化石保护条例实施办法》正式实施。2012年12月27日，国土资源部发布了《古生物化石保护条例实施办法》（国土资源部令第57号），明确了加强和改进古生物化石保护工作的措施。该办法自2013年3月1日起施行。

《古生物化石保护条例实施办法》以古生物化石保护的主要环节为主线，明确了各级国土资源主管部门在古生物化石保护工作中的具体管理职责；明确了古生物化石专家委员会在古生物化石保护工作中的作用；细化了古生物化石发掘和零星采集活动应当提交的申请条件；建立了收藏单位的分级管理制度并细化了各级收藏单位的收藏条件和收藏范围；明确了古生物化石流通的范围和审批程序；细化了古生物化石出境审批、进境化石的核查登记等各类进出境事项规定；细化了涉及古生物化石各类违法行为的处罚条款。《古生物化石保护条例实施办法》的出台，将在国土资源部门履行古生物化石保护职责，充分发挥古生物化石专家的指导及咨询作用，鼓励收藏单位加强自身管理和对古生物化石的收藏保护，保护个人收藏古生物化石的合法权益等方面起到积极作用。

【盘点10】 推动地热资源开发利用，促进节能减排产业发展

地热资源勘查开发管理工作成效显著。截至目前，全国已有地热采矿许可证1122个，登记面积968.56平方千米。据统计，全国现有地热商业开采井3000余眼，全国地热水开采量每年约3.5亿立方米，居世界第一位，且以每年10%的速度增长。2010年启动“中国温泉之乡（城、都）”命名工作。三年来，共命名“中国温泉之乡（城、都）”56处，其中“中国温泉之都”3处、“中国温泉之城”18处、“中国温泉之乡”35处；命名温泉（地热）开发利用示范单位5处；命名浅层地温能开发利用示范单位4处。

四部委联合发布《关于促进地热能开发利用的指导意见》。2013年1月10日，国家能源局、财政部、国土资源部及住房和城乡建设部四部门联合发布《关于促进地热能开发利用的指导意见》，明确了开展地热能资源详查与评价、加大关键技术研发力度、积极推广浅层地热能开发利用、加快推进中深层地热能综合利用、积极开展深层地热发电实验示范、创建中深层地热能利用示范区、完善地热能产业服务体系7个方面的重点任务和布局。

《关于促进地热能开发利用的指导意见》指出，按照可再生能源有关政策，中央财政重点支持地热能资源勘查与评估、地热能供热制冷项目、发电和综合利用示范项目。按照可再生能源电价附加政策的要求，对地热发电商业化运行项目给予电价补贴政策，地热发电将正式按可再生能源电价补贴政策的标准给予支持。

《关于促进地热能开发利用的指导意见》主要目标

◆ 2015年阶段性目标

到2015年，基本查清全国地热能资源情况和分布特点，建立国家地热能资源数据和信息服务体系。全国地热供暖面积达到5亿平方米，地热发电装机容量达到10万千瓦，地热能年利用量达到2000万吨标准煤，形成地热能资源评价、开发利用技术、关键设备制造、产业服务等比较完整的产业体系。

◆ 2020年目标

到2020年，地热能开发利用量达到5000万吨标准煤，形成完善的地热能开发利用技术和产业体系。

【盘点11】 深入推进地质科技和地勘文化建设

“李四光地质科学奖”评选结果出炉。“李四光地质科学奖”是我国地质行业最高等级的荣誉奖励，每两年评选一次，2013年共14人获奖，其中野外奖8人、科技奖4人、教师奖2人。“李四光地质科学奖”的评选已成为推动我国地质事业可持续发展和杰出人才脱颖而出的一个重要平台。“李四光地质科学奖”的获得者勇于践行、大力弘扬李四光精神，努力拼搏，不负众望，都在各自的岗位上作出突出的成绩，为民族的振兴作出重要贡献。评选“李四光地质科学奖”是推动地质工作、提高创新能力的一个重要抓手，在推动地质科技工作进展中发挥着重要的作用。通过评选可以吸引更多优秀人才投身地质事业，培养更多优秀地质工作者建功立业，打造“中国经济升级版”。

2013年度中国地质调查成果奖评选收官。为促进地质调查项目资料的集中汇交，提高基层地质单位对地质调查项目管理制度、成果推广应用的重视程度，第二届“中国地质调查成果奖”结果出炉，最终评审出一等奖19项、二等奖80项。西藏自治区地质矿产勘查开发局第五地质大队等单位荣获了一等奖，该奖项代表了目前国家公益性、基础性地质调查工作的最高水平。

首届“中国百强地质队”排序结果公布。为彰显地勘单位实力、树立地勘行业新风，中国矿业联合会矿产勘查协会开展首届“中国百强地质队”排序。排序以地质队主要经济指标为切入点，本着突出地勘主业、体现行业特色、数据真实可靠、便于排序操作的原则，确定以地质队主营业收入为主排序指标，找矿成果（社会服务成果）为副排序指标。百强地质队的排序中包括矿产勘查类74名、水工环类13名、专业勘查技术服务类13名，各类第一名的单位分别是新疆地质矿产勘查开发局第一地质大队、湖北省地质矿产勘查开发局建设工程院和浙江省地质勘查局第一地质大队。

第二届“找矿杯”男子篮球赛取得圆满成功。为了增强地勘行业的凝聚力和战斗力，树立积极拼搏、健康向上的地勘行业形象，2013年11月，第二届全国地勘行业“找矿杯”男子篮球赛开赛并取得圆满成功。本届赛事共13个代表队参加，经过第一阶段南、北分赛区及第二阶段总决赛的比赛，最终中国冶金地质总局中南局代表队、湖北省地质矿产勘查开发局代表队和有色金属华东地质勘查局代表队分别获得了冠军、亚军和季军。赛事活动激发了地质找矿职工队伍的活力，推动了全国地勘行业两个文明建设和群众性体育活动的开展。

“寻访最美地质队员”活动启动。为发扬“三光荣”精神，表彰地勘一线人员，2013年9月，国土资源部地质勘查司在全国范围内组织开展“寻访最美地质队员”活动。活动主要目的是通过宣传地勘行业，塑造地勘一线从业者典型，增强社会对地勘行业的认识，吸引更多优秀人才投身到地勘行业。2013年11月，河南省首届“最美地质人”评选结果揭晓。河南省地矿局第五地质勘查院钻工刘阳等15名获评人员被授予河南省“最美地质人”称号，同时被授予河南省地质系统“五一劳动奖章”；河南省地质矿产勘查开发局测试中心教授级高工王君玉等10名候选人被授予河南省“最美地质人”提名奖。

河北钻探职业技能大赛圆满结束。为丰富职工业余生活，提高职业情操，河北省地矿局于2013年9月主办了首届河北省钻探职业技能竞赛。此次竞赛以“提高钻探勘探技能，促进地质找矿突破”为主题，固体矿产钻探工和水文水井钻探工的前三名分别被河北省人力资源和社会保障厅授予“河北省技术能手”称号。本次竞赛紧紧围绕找矿突破战略行动对高素质技能人才的要求，以竞赛为平台和抓手，发现和选拔一批爱岗敬业、技艺精湛的优秀技能人才，激励和带动更多的技能人才创先争优、钻研技术、提升技艺水平，进而提高地质找矿质量和效率，促进地质找矿实现新突破。

“科研人员进地质队”学习锻炼活动效果显著。为深入贯彻落实党的十八大精神，切实改进工作作风、密切联系群众，2013年4月和10月，国土资源部地质勘查司联合中国国土资源经济研究院组织两批“科研人员进地质队”学习锻炼活动。科研人员通过与一线职工“同吃、同住、同工作”，亲身参与野外填图、地质测量、钻探、化探、实验分析等工作，与他们零距离交流，体验地质工作环境，增强了对地质工作的认知、对地勘单位的了解、对地勘文化的感受、对职工生活的体验。

六、突出依法行政、夯实基础保障，国土资源业务支撑能力显著提升

国土资源基础平台建设取得重要进展，依法行政基础得到巩固，党建工作科学化水平逐步提高，法制建设取得新进展，廉政防控机制逐步建立，绩效管理作用显现，科技创新平台更加坚实，人才梯队基本形成，专项资金运用更加科学规范，国土资源管理信息化水平进一步提高，为完成全年国土资源工作提供了坚实的支撑和保障。

【盘点1】依法行政，运用法治思维持续推进国土资源管理改革

《国土资源部关于进一步加强国土资源行政复议工作的意见》发布。2013年1月24日，为充分发挥行政复议在化解行政争议、解决群众合理诉求、维护群众合法权益方面的重要作用，进一步加强国土资源行政复议工作，提高国土资源行政复议工作水平，根据相关法律法规，国土资源部发布了《关于进一步加强国土资源行政复议工作的意见》（国土资发〔2013〕6号）。意见提出要高度重视行政复议在解决争议、维护权益、建设法治政府中的作用，从规范办案、加强监督、完善制度、建强队伍、加强领导等方面提出了加强国土资源行政复议工作的指导意见，共计23条。

国土资源部召开第一次行政复议会审会。2013年5月7日下午，国土资源部召开第一次行政复议会审会。会议强调，要按照党的十八大和新一届国务院对转变政府职能、推进管理体制改革的有关要求，不断完善、规范行政复议制度，进一步提升依法行政水平，推动国土资源法治化建设。

近年来，国土资源行政复议案件日益呈现案件数量大、增长速度快、处理难度大、社会关注度高等特点。国土资源部主要管辖部、省两级国土资源部门行政行为引起的复议案件，数据显示，国土资源部2009年复议案件数为202件，2012年增长到413件。

国土资源部于2003年即制定了行政复议委员会工作规则，并成立了行政复议委员会。为了充分发挥行政复议委员会的作用，国土资源部将对有关规则制度进行修改。本次会议对行政复议委员会工作规则、行政复议案件会审会制度两项制度进行了讨论。

全国国土资源依法行政工作会议召开。2013年11月26日，国土资源部在广东省东莞市召开全国国土资源依法行政工作会议。会议强调，按照党的十八大和十八届三

中全会精神要求，以资源节约集约利用为核心，运用法治思维持续推进国土资源管理改革。

为了加快实现国土资源管理法治化，国土资源部要求，深入开展法制宣传教育，提高科学民主决策水平，加强法规供给，严格规范权力运行，重视维护群众权益。据统计，2011年以来，地方各级国土资源部门共举办培训班8400余期，培训各级干部近50万人次。近两年地方共对4300余件规范性文件进行了合法性审查，对近3000件规章和规范性文件进行了后评估。

党的十八届三中全会提出“使市场在资源配置中起决定性作用和更好发挥政府作用”、“建立城乡统一的建设用地市场”等，是对国土资源管理改革的具体要求，也是推进全面改革的重点和关键，与其他各项改革目标息息相关，要着眼全局、逐步落实，全面提升国土资源管理依法行政工作水平，强化法治理念，持续提升全系统干部特别是领导干部的依法行政意识和能力，推进重点立法，不断完善国土资源法规制度体系，以资源节约集约利用为核心，深入推进改革，加强行政复议工作，完善行政复议体制。

【盘点2】立、改、废、评，加快推进国土资源法律法规建设

“两会”代表关注国土资源立法工作。2013年“两会”期间，国土资源立法工作再次受到广泛关注：全国政协委员朱专兴建议，应高度重视土地质量管理，将土地质量保护纳入耕保目标考核，并写入《中华人民共和国土地管理法》，保障国家粮食安全；全国政协委员、中国国民党革命委员会中央委员吴金华建议，应贯彻落实党的十八大关于推进生态文明建设的精神实质，将相关要求及时、全面地体现在《中华人民共和国土地管理法》和《中华人民共和国矿产资源法》的修订工作中，为今后一个时期的资源节约集约利用工作奠定法制基础；全国政协委员、台湾民主自治同盟中央常委张宁建议修订《关于审理非法采矿、破坏性采矿刑事案件具体应用法律若干问题的解释》，以解决地方国土资源主管部门在查处涉嫌犯罪的违法采矿案件时难以准确把握“情节严重”和“情节特别严重”具体情形的难题。社会各界对国土资源立法工作的关注必将促进国土资源立法工作不断完善。

立法工作重点聚焦国土资源节约集约利用。2013年6月27日，国土资源部第7次部长办公会审议通过了《国土资源部2013年立法工作计划》，明确了2013年立法工作重点：以科学发展观为指导，深入贯彻落实党的十八大、十八届二中全会精神，按照党中央、国务院要求，紧密围绕部党组部署，重点抓好推进资源市场化配置，保障和促进国土资源节约集约利用的制度设计，进一步完善《中华人民共和国土地管理法》和《中华人民共和国矿产资源法》相关配套行政法规和部门规章，以更加科学、严谨的手段和态度推进国土资源法律、法规、规章的立、改、废，坚持依法立法、科学立法、民主立法，提高立法质量，为加快构建国土资源节约集约利用的新格局、促进经

济社会平稳较快发展提供法制保障。

规范国土资源规章和规范性文件后评估。为贯彻落实《国土资源部规章和规范性文件后评估办法》（国土资源部令第47号），在总结后评估工作成效和经验的基础上，国土资源部研究制定了《国土资源部规章和规范性文件后评估规范（试行）》（国土资厅发〔2013〕7号），从后评估的原则、内容、评估标准、评估方法、流程及后评估成果的形成与应用上对国土资源规章和规范性文件的后评估工作进行了规范与要求，为今后国土资源规章和规范性文件的后评估工作的规范化提供了依据。

发布2013年后评估计划。为进一步推动后评估工作的常态化和规范化，国土资源部印发了《2013年国土资源部规章和规范性文件后评估计划》（国土资厅发〔2013〕22号），明确2013年后评估工作的重点如下：一是紧紧围绕国土资源部重点工作对相关制度开展后评估，紧紧围绕《中华人民共和国土地管理法》、《中华人民共和国矿产资源法》修订的重大问题开展后评估，加快制度供给，推动制度体系完善；二是进一步推动后评估工作的常态化和规范化。计划安排了《土地登记办法》、矿产资源储量管理制度和矿产资源收益分配补偿制度3个后评估专项及14项自评项目作为2013年国土资源规章和规范性文件后评估的主要任务。

【盘点3】 与时俱进，全面提高党建工作科学化水平

提高党建工作科学化水平。2013年2月6日，印发了《国土资源部直属机关2013年党建工作安排》，提出了2013年国土资源部直属机关党建工作的思路：以认真学习贯彻党的十八大精神为引领，自觉用科学发展观指导机关党的建设，全面推进党的思想、组织、作风、反腐倡廉和制度建设，着力建设学习型、服务型、创新型机关党组织，不断提高党建工作科学化水平，为国土资源管理改革发展提供坚强保证。重点做好8个方面的工作：进一步深入学习宣传、贯彻落实党的十八大精神；探索构建国土资源开放式党建工作新格局；持续加强思想理论武装；推进基层党组织建设；以“为民、务实、清廉”为主题加强作风建设；扎实推进党风廉政建设；做好群众工作和精神文明建设；努力提高机关党建科学化水平。

构建国土资源开放式党建工作格局。2013年3月26日，国土资源部党组印发《关于以党的十八大精神为指导构建开放式党建工作格局的意见》，就构建国土资源开放式党建工作格局提出5项指导意见：一是深化拓展“联创齐争”，努力破解“两难”问题；二是推进基层组织“联建联动”，推动党建和业务两结合、双促进；三是加强党的群众路线教育实践，不断提升党员干部思想作风和素质；四是联合培树宣传先进典型，树立良好部门形象；五是健全完善反腐倡廉长效机制，提升党员干部廉洁从政素质和能力。

【盘点4】 惩防并举，打造国土资源系统廉政防控机制

六项重点工作绘就反腐倡廉“路线图”。2013年1月25日，全国国土资源系统党风廉政建设工作会议在北京召开。2013年国土资源系统党风廉政建设和反腐败工作的总体要求是：全面贯彻落实党的十八大精神和第十八届中央纪委第二次全会部署，紧紧围绕国土资源管理的中心任务，坚持标本兼治、综合治理、惩防并举、注重预防的方针，着力转变机关和干部工作作风，切实解决反腐倡廉建设中群众反映强烈的突出问题，深入推进惩治和预防腐败体系建设，以反腐倡廉建设的新成效为国土资源事业提供有力保障。

2013年全国国土资源党风廉政建设和反腐败六项重点工作

- 坚决维护党章的权威性和严肃性，确保中央重大决策部署的贯彻落实。
- 坚决落实中央“八项规定”，切实改进工作作风。
- 认真落实《廉政准则》，针对突出问题开展专项治理。
- 加强教育，强化对权力运行的制约和监督。
- 继续深化改革，推进有国土资源部门特点的惩治和预防腐败体系建设。
- 依纪依法惩治腐败，发挥查办案件的治本功能。

开展征集国土资源廉政文化廉政警言佳句活动。2013年初，国土资源部启动了国土资源廉政警言佳句大赛。大赛充分运用中国国土资源手机报、《中国国土资源报》官方微博和国土资源部网站等媒体，面向全国征集作品，共收到2万余件投稿，涉及31个省（自治区、直辖市）。通过每天优选两条警言佳句，在此基础上，每周和每月再进行优选，共产生了64条月度佳句和35条年度佳句。4月10日，国土资源部领导和中纪委、中央国家机关工委有关部门负责人为国土资源廉政警言佳句大赛一等奖获得者颁奖。大赛让广大读者和网民对国土资源系统的工作和廉政建设有了深刻了解。

国土资源大讲堂专题辅导党风廉政建设。2013年4月26日下午，国土资源学习大讲堂邀请有关专家就学习贯彻党的十八大和中央纪委第二次全会精神，深入推进党风廉政建设和反腐败斗争作专题辅导。报告会介绍了当前党风廉政建设和反腐败斗争的总体态势和主要问题，指出当前最重要的事情就是要制约监督权力，加强党的作风建设、反腐倡廉建设和党的纪律建设，努力实现建设廉洁政府的战略目标，确保中国共产党始终成为中国特色社会主义事业的坚强领导核心。

加强培训学习，统筹谋划纪检监察工作。2013年5月7～8日，全国国土资源系统纪检监察干部培训班在浙江省绍兴市举行。此次培训旨在增强国土资源系统纪检监察干部的责任感、使命感，树立危机感、紧迫感，围绕监督建章立制，打造具有国土特色的廉政防控机制，把权力关进制度的笼子，给权力涂上防腐剂。会议对纪检监察

干部提出3点要求：要认真履行好监督职责，拓展监督思路，不断推进监督方式创新；要围绕中心，服务大局，促进国土资源改革与发展；要加强学习，统筹谋划好纪检监察工作。

【盘点5】量化考核，扎实推进国土资源绩效管理试点

及时部署绩效管理试点工作。国土资源部2013年绩效管理工作在新的起点上全面运行，各试点单位通过总结表彰、制订方案、完善修订考核办法、编制绩效指标量化表、优化绩效管理信息化建设等一系列手段，提早部署谋划国土资源绩效管理试点工作，为国土资源部绩效管理全局工作的顺利有序开展奠定了良好基础。

绩效管理总结表彰。2013年5月30日，国土资源部绩效管理和干部考核总结表彰会议召开。国土资源部部长、党组书记，国家土地总督察姜大明出席会议并和出席会议的部其他领导一起为获得“绩效管理先进单位”、“执行力好班子”荣誉称号及荣获三等功奖励的优秀公务员代表颁奖。

完善绩效管理指标体系。2013年6月14日，国土资源部绩效管理课题组在北京召开国土资源绩效管理指标体系设计研讨会，国土资源部2012年度绩效管理先进单位联络员和浙江大学有关专家参会，交流了开展绩效管理工作的成效和经验，提出了相关意见和建议，为进一步优化绩效管理指标体系设计、探讨开展外部评价的内容和路径提供了重要参考。

进一步加强交流与合作。2013年上半年，国家发展改革委、国家税务总局和江西省国土资源厅分别来国土资源部调研，了解国土资源部绩效管理工作的组织领导、制度建设、考核内容和指标设置、实施步骤和考评方法、考核结果应用等方面的情况，以及推动绩效管理与干部考核相融合的相关做法，希望进一步加强合作交流，学习借鉴国土资源部有关经验做法。

【盘点6】强本固基，夯实国土资源科技创新平台

出台加强科技创新工作的意见。为落实《中共中央国务院关于深化科技体制改革加快国家创新体系建设的意见》，进一步加强国土资源科技创新工作，国土资源部出台《关于进一步加强科技创新工作的意见》，明确了加强国土资源科技创新工作的重要意义、指导思想和主要目标，提出了加强科技创新工作的6项总体要求。

启动重点实验室评估。为系统总结重点实验室建设成果，研究对重点实验室进行分类指导的措施，国土资源部启动了对第一、第二批13家重点实验室进行5年以上动态评估。按规定，评估工作包括现场评估和综合评议两部分。各实验室要经过现场评估及复评环节，最终形成评估结果。评估结果为“较差”的实验室，将不再列入“国

土资源部重点实验室”序列。国土资源部重点实验室的建设工作对加快科技基础条件平台建设，建强建实科技创新支撑体系起到了促进作用。

实施国土资源重大科技专项研究。2013年3月28日，国土资源部首次举办国家科技计划项目进展交流会，与会专家学者围绕国家“863”计划、重大科学仪器设备开发专项、高技术产业化发展专项展开专题交流。

《关于进一步加强科技创新工作的意见》提出6项总体要求

- 加强国土资源领域重大问题科技攻关。包括土地资源领域、地质找矿领域、地质灾害防治和地质环境保护领域、国土资源信息技术领域等。
- 切实加强国土资源领域科研条件平台建设。包括国土资源重点实验室和工程技术中心、野外科学观测研究基地、监督检测中心等科研平台，国土资源标准和科普等工作。
- 强化国土资源科技创新人才的培养。大力推进国土资源高层次创新型科技人才培养工程，造就一批国内一流、国际知名的优秀科研团队。
- 构建国土资源科技创新协同机制。强化科研院所在科技创新中的引领作用；强化技术创新中企业的主体作用；强化科技创新中的产、学、研、用紧密结合。
- 完善科技创新工作管理体制和统筹机制。包括：科技创新工作决策制度、科技创新工作管理体系、国土资源科技创新工作会商机制、以科技规划为主线的统筹机制。
- 努力营造国土资源科技创新良好环境。大力营造国土资源科技创新良好氛围；加强科技创新评价和激励机制建设；加强科技国际合作工作；加强科技创新工作的投入。

“高分一号”卫星成功发射

2013年4月26日，我国在酒泉卫星发射中心用“长征二号丁”运载火箭成功发射“高分一号”卫星。该卫星是高分辨率对地观测系统（以下简称“高分专项”）的首发星，将在国土资源调查等方面发挥重要作用。

公布第三批国土资源科普基地名单。2013年8月，第三批国土资源科普基地推荐命名工作结束。辽宁古生物博物馆等10家单位被命名为科技场馆类国土资源科普基地，北京首云国家矿山公园等11家单位被命名为资源保护类国土资源科普基地，罗布泊钾盐研究与资源利用科学观测站等9家单位被命名为科研实验类国土资源科普基地。至此，我国国土资源科普基地已达139家，其中科技场馆类46家、资源保护类74家、科研实验类19家，遍布31个省（自治区、直辖市），初步形成了覆盖面广、形式多样、富有特色的科普基地网络。国土资源科普体系已初步形成，为顺利实施国土资源部、科技部共同制定的《国土资源“十二五”科学技术普及行动纲要》奠定了良好基础。

推进科技创新学术交流工作。在陕西省西安市召开土地整治科技创新成果交流会，进一步加快土地资源领域科技成果转化工作；在北京召开中国国际地矿技术装备展览会，展示了近年来国际、国内地质技术装备最新成果和钻探领域重大技术突破成果；在北京召开2013 SuperMapGIS技术大会，地理信息技术和地理信息服务在“智慧城市”建设中的重要作用已得到公认。

国家级国际联合研究中心落户岩溶所。2013年11月，科技部认定“岩溶动力系统与全球变化国际联合研究中心”为国家级国际联合研究中心。国际岩溶研究中心成立以来，以袁道先院士为首席科学家的岩溶研究团队对国际岩溶研究作出了重要贡献，得到了国际岩溶学术界的认可；开展了广泛的国际交流与合作，在岩溶动力系统与全球变化方面取得了理论创新；建立了国际岩溶对比研究基地网络；与国外大学联合培养年轻人才，提高了我国年轻学者在国际学术界的知名度。

我国地热资源调查研究有了合作交流平台。2013年11月29日，中国地质调查局地热资源调查研究中心在中国地质科学院水文地质环境地质研究所成立。中心成立后，将以浅层地温能、水热型地热资源、干热岩资源为研究对象，研究领域涉及地热资源调查、评价、监测、科学开发利用及关键技术；实施全国性地热资源调查评价、勘查工作；实施地热领域重大科研与技术攻关；收集、整理、分析和研究全国地热资源调查、评价、监测、开发利用等方面的信息和技术，并及时提供服务；组织国内外学术交流，培养人才等。研究方向为地热基础理论研究、地热资源调查评价技术方法、地热资源勘查技术、地热资源综合开发利用与示范等。

【盘点7】 尊贤树人，加快国土资源人才队伍建设

首批国土资源高层次创新型科技人才遴选。为贯彻落实《国土资源中长期人才发展规划（2010－2020年）》，根据《国土资源部办公厅关于开展国土资源高层次创新型科技人才培养工程首批遴选工作的通知》（国土资厅函〔2012〕1198号）要求，通过试点选拔、各地各单位推荐、资格审查、面向社会公示、专家两审遴选等程序，确定王静等52名同志入选第一批国土资源科技领军人才开发和培养计划，王洪波等92名同志入选第一批国土资源杰出青年科技人才培养计划，大陆构造与动力学等37个科研团队入选第一批国土资源科技创新团队培育计划。

推进2013年创新人才推进计划。2013年7月，国土资源部科技与国际合作司公布2013年创新人才推进计划推荐对象名单，其中，中青年科技领军人才10名，拟推荐的重点领域创新团队2个、创新人才培养示范基地1个。

开展《国土资源中长期人才发展规划（2010 – 2020年）》实施情况评估。2013年9月，国土资源部开展《国土资源中长期人才发展规划（2010 – 2020年）》实施情况评估工作。重点总结评估各地、各单位在贯彻落实国土资源人才规划、推进人才队伍建设方面取得的成效及面临的困难和问题，提出加强和创新国土资源人才工作建议，破解人才工作中存在的“四风”问题的意见和建议。

加强和改进青年工作。2013年5月，国土资源部党组下发《关于进一步加强和改进青年工作的意见》，要求各单位站在推动国土资源事业科学发展全局的战略高度，充分认识做好新时期国土资源青年工作的重要意义，抓住青年教育、培养、引导、服务4个关键环节，营造青年立足岗位成长成才的良好环境，充分发挥广大青年的生力军作用，以推动国土资源事业发展的实际行动助推“中国梦”的实现。

【盘点8】 集成共享，提升地质资料服务水平

地质资料“五平台一支撑”体系基本构建完成。2013年4月18日，国土资源部发布《2012年度全国地质资料管理与服务情况》通报，已初步形成了地质资料服务与管理“五平台一支撑”的格局，为“双保工程”和找矿突破战略行动提供了服务，服务能力、资料汇交等方面取得新进展。从2010年部署试点、推进该项工作以来，目前已初步构建了以地质资料汇交监管平台、地质资料信息共享服务平台、电子阅览室、油气委托保管管理平台、重要地质钻孔数据库、管理信息系统等为内容的“五平台一支撑”格局。6月21 ~ 22日在上海市召开全国地质资料信息服务集群化、产业化工作座谈会，会议提出要进一步推进“五平台一支撑”建设。

地质资料信息集群化共享服务平台开通运行

2013年7月，在国土资源部矿产资源储量司的组织和指导下，由国土资源部信息中心主持开发，地质资料信息集群化共享服务平台开通运行。该平台按照“分布式保管、网络化服务”的原则，利用分布式技术，将分布在全国的地质资料逻辑整合，形成全国统一的网络化地质资料共享服务。用户通过该平台，即可一站式查询浏览全国各地的地质资料，包括地质资料目录、公开地质资料图文数据等。

全国重要地质钻孔数据库建设工作启航。重要地质钻孔数据库建设是完善地质资料信息共享机制和社会化服务体系的一项重要工作内容。为进一步完善地质资料信息共享机制和社会化服务体系，将重要地质钻孔资料按统一标准和要求著录入库，建成全国重要地质钻孔数据库和服务平台，及时向社会公众提供服务。2013年7月31日，

国土资源部印发了《关于开展全国重要地质钻孔数据库建设工作的通知》(国土资发〔2013〕88号),正式部署了全国重要地质钻孔数据库系统建设工作;组织开展了油气地质资料委托保管钻孔数据库试点工作;部署了全国地质资料管理情况检查工作。

中比例尺区域地质调查及编图成果数据产品出版。2013年8月24日,由全国地质资料馆研制的中比例尺区域地质调查及编图成果公开版数据产品正式向社会提供公开服务。这是近年来国内最大规模的一次性开放中比例尺涉密空间数据成果,基本达到我国国土面积全覆盖。除3种比例尺、5种数据库外,还包括相应的文字报告。系列成果包括1∶20万地质图及报告、1∶20万水文地质图及报告、1∶25万地质图及报告、1∶50万地质图和矿产资源潜力评价成果中的1∶25万建造构造图等,共计3320个图幅。中比例尺区域地质调查与编图成果公开版数据产品是唯一反映地表下科学信息的数据库,和“天地图”等公众服务平台共同构成面向社会公众的国家空间信息服务体系。

全国重要地质钻孔数据库建设工作的主要内容

◆ **收集整理地质钻孔资料**

整理历史性地质钻孔资料的图文信息,主要包括钻孔柱状图、工程布置图、勘探线剖面图及样品分析结果表(以下简称“三图一表”)等相关资料。

◆ **数字化地质钻孔资料**

将历史性地质钻孔资料的“三图一表”转换成规定格式的电子文件。

◆ **建立重要地质钻孔数据库**

将数字化的“三图一表”等资料著录入库,建立数据项不可编辑的重要地质钻孔图表数据库,有条件的省(自治区、直辖市)国土资源主管部门应建立数据项可编辑的重要地质钻孔属性数据库。

◆ **建立重要地质钻孔数据库服务平台**

按“统一标准,分散式保管,网络化服务”的要求构建重要地质钻孔数据库服务平台,形成合理的重要地质钻孔资料共享与服务机制。

◆ **及时更新和维护重要地质钻孔数据库**

各省(自治区、直辖市)国土资源主管部门应利用系统软件将新汇交的、数字化后的地质钻孔“三图一表”和重要地质钻孔数据信息录入重要地质钻孔数据库,并及时更新和维护重要地质钻孔数据库及其服务平台。

全国地质资料馆建成核心数字系统。经过近两年的建设和试运行,全国数字地质资料馆系统于2013年12月10日通过验收。系统内容包括基础地质、矿产资源勘查、物化遥、水工环、海洋调查,以及地质旅游资源调查、农业地质调查资料和地学科普等方方面面资料。系统可直接向公众免费发布的总数据量高达3.3TB,可提供10万余种、360万件地质资料数据信息,总数据量高达31.5TB。用户可利用该系统提供的功能，按照需求进行查询检索，浏览地质资料，利用网络地理信息工具和网络应用系统分析地质空间数据库，也可通过自己的应用系统，调用已发布的符合国际标准的地质图及专题图服务接口，将其与自己的数据和应用进行深度融合。

【盘点9】信息支撑，加强国土资源数字化建设

全国宗地统一代码试点编制。2013年一季度，国土资源部密切配合国家标准化管理委员会开展《宗地统一代码编制规则》国家标准的报批工作。国家标准颁布实施后，宗地统一代码的应用范围将从国土资源管理内部扩展至农业、水利、林业等相关部门，使其他不动产登记得以在土地登记基础上实施和扩展，为实施不动产统一登记提供坚实的依据。试点工程启动以来，在国家电子文件管理部际联席会议办公室的指导和支持下，已部署天津、成都、长春、南宁、徐州、嘉鱼作为地方试点城市；完成了试点工程招标；编制完成了纵向贯穿国家、省、市、县四级，横向覆盖土地管理全业务及相关业务的全国宗地统一代码电子文件管理指标体系；正在组织全国宗地统一代码电子文件信息系统的设计与开发工作。总体来看，试点工程正在按照实施方案积极有序推进。

土地管理更趋精细化。一是加快农村地籍调查。发出《国土资源部关于进一步加快农村地籍调查推进集体土地确权登记发证工作的通知》（国土资发〔2013〕97号），进一步加快农村地籍调查，全面推进集体土地确权登记发证工作，为国土资源精细化管理提供支撑和保障。二是开展农村土地确权登记发证成果国家级抽查，抽查内容主要包括县级成果质量、工作情况和省级工作情况等。三是年度土地变更调查国家级核查工作启动，首次全面采用土地利用现状信息与用地管理信息套合标注的做法，实现了土地利用现状信息和用地管理信息的分段调查和有效衔接。四是加快基本农田数据库建设，统一基本农田数据库建设标准，基本农田数据库建成后，各地要对基本农田占用（减少）、补划（调整）等情况进行动态监管，及时变更数据并将其纳入土地利用变更调查成果中。

全国地质环境信息化建设步伐加快。加快推进全国地质环境信息化建设步伐，提升地质环境管理与服务水平，按照《国土资源信息化“十二五”规划》和国土资源信息化的总体要求，国土资源部印发《全国地质环境信息化建设方案》，详细部署2013－2017年的国家地质环境信息化建设工作。重庆、四川、贵州、云南、河南、甘肃、湖北7个地质环境信息化建设试点省份已率先启动试点工作。

《全国地质环境信息化建设方案》提出了今后地质环境信息化建设的重要任务：依托国土资源信息化建设成果，研究建立涵盖全国地质灾害防治、地质环境监测及保护的信息化体系，推动信息化成果的深化应用，提高地质环境管理和服务水平，为地质环境保护提供信息支撑及决策支持服务。

地质环境信息化建设任务

◆ **第一阶段**

2012－2013年，全面启动国家级节点信息化建设，重点开展标准体系建设、数据中心建设、信息平台建设工作，基本建成国家级节点，并选取典型省份进行试点。

◆ **第二阶段**

2014－2015年，集成并完善地质环境信息平台，开展地质灾害应急技术支撑平台建设，在全国范围内全面铺开省级信息中心建设和信息平台推广及部署运行工作。

◆ **第三阶段**

2016－2017年，基本实现国家级、省级地质环境数据中心的建设和信息平台部署工作，完成满足条件的地（州）级、县（市）级数据节点的推广和信息平台部署工作，基本实现全国地质环境管理工作信息化。实现四级体系的全国地质环境信息化互联互通。争取在“十二五”期间搭建15～20个省级地质环境信息平台和应急技术支撑平台。

【盘点10】 规范管理，推动专项资金管理制度改革

为落实党的十八大提出的全面促进资源节约，加大自然生态系统和环境保护力度的要求，国土资源部、财政部连续出台了《矿山地质环境恢复治理专项资金管理办法》、《国家级地质遗迹保护专项资金管理办法》，并对《矿产资源节约与综合利用专项资金管理办法》进行修订。一是下放项目审批和实施管理等权能。为助推生态文明建设，加大矿山地质环境恢复治理、地质遗迹保护力度和提高矿产资源节约与综合利用水平，按照转变职能的要求，探索改革重大专项资金管理措施。二是提升资金使用效益。集中财力，突出重点；明确范围，分类管理；强化监督，讲求绩效。三是严格规定资金使用方向、范围及支持重点。进一步明确了矿山地质环境恢复治理、国家级地质遗迹保护、矿产资源节约与综合利用专项资金的支出方向、范围及支持重点，强化引导力度。四是明晰权责，强化全过程监管。从明晰国土资源部与财政部、中央与地方的权责入手，强化监管职责，实现对专项资金的全过程监督管理。

【盘点11】 宣传引领，发布国土资源系列公报、报告

《2012中国国土资源公报》。2013年4月20日，国土资源部发布了《2012中国国土资源公报》。公报指出，2012年，国土资源系统坚持积极主动服务、严格规范管理、

持续改革创新、加快制度供给，在保障发展、保护资源、改善民生、维护秩序、创新制度等方面实现新突破；并公布了在土地资源管理、矿产资源管理、国土资源节约集约利用、海洋资源、地质调查、地质环境、测绘和地理信息服务、土地督察和执法监督、科技与信息化等方面开展的工作及进展。

《中国矿产资源报告（2013）》。报告显示，2012年，我国积极推进找矿突破战略行动，深入探索地质找矿新机制，加强地质调查和矿产资源勘查，培育和规范矿业权市场，促进矿产资源科学开发和合理利用，进一步完善矿产资源法律法规体系。

《国土资源经济形势分析与展望（2013）》。2013年4月，《国土资源经济形势分析与展望（2013）》（即国土资源经济形势蓝皮书）发布。全书对2012年国土资源重大事件进行了总结和盘点，并对未来国土资源管理的形势进行了展望。

《中国土地政策蓝皮书（2013）》。2013年12月26日，发布了《中国土地政策蓝皮书（2013）》。蓝皮书系统梳理了全年国土资源部出台的主要土地政策，并对政策效果进行了评价，总结出三个特点：土地管理工作的重心从重审批向重监管转变，从重增量向存量和增量并重转变，从重出台政策向重政策效果转变。

中篇

国土资源经济形势分析

一、宏观经济形势

2013年，全球经济呈现缓慢复苏和低速增长态势，美国、日本、欧盟等经济体经济形势趋于好转，新兴经济体和发展中国家经济增速放缓，下行压力较大。总体来说，世界经济形势趋于改善，但依然面临较大的风险和不确定性。2013年12月召开的中央经济工作会议确定，2014年我国经济工作的核心是坚持稳中求进、改革创新。统筹稳增长、调结构、促改革，巩固稳中向好的发展态势，继续实施积极的财政政策和稳健的货币政策依然是新一年我国经济工作的总基调。

展望2014年，这一年既是改革全面深化、经济结构进一步调整的重要战略机遇期，也是社会矛盾凸显期。在保持宏观经济政策稳定性和连续性的同时，要着力防控日益凸显的地方债务风险，化解部分行业的过剩产能，理性看待GDP增速放缓，全面认识持续健康发展和生产总值增长的关系，努力实现经济发展质量和效益得到提高又不会带来后遗症的速度。国土资源管理部门要紧密跟踪宏观经济形势，认清当前的国土资源改革形势、土地经济形势和矿产资源经济形势，准确把握国土资源管理工作的方向和力度，努力实现国土资源的优化配置和节约集约利用，有效地做好宏观经济发展的资源保障工作。

【1 国际形势】 全球经济温和低速增长，存在下行风险

2013年是世界经济缓慢复苏的一年，多数国家和地区尤其是发达国家经济艰难向好，但世界经济增长的动力仍然较弱，缺乏持续增长的支撑。

从各国家、地区来看，美国在财政整顿进程放缓、支持性的货币政策及消费者需求强劲的影响下，经济复苏势头明显。欧元区摆脱了连续几个季度的萎缩态势，实现首次增长，意味着欧元区经济蹒跚复苏。同时，欧元区内国家呈现失衡状态，德国、法国等核心国经济好于预期，外围重债国仍处在经济衰退期。日本实现四个季度经济正增长，显示其经济开始缓慢复苏，其“经济短期恢复得益于超宽松货币政策、日元急速贬值和政府的大规模公共投资刺激”。新兴经济体国家俄罗斯、印度、巴西等国均在增长期，但其经济增速在放缓，并且在金融市场动荡局面中，各国面临的金融风险增大，经济增长前景趋缓。

2013 年四个季度部分国家及地区 GDP 增长速度　　单位：%

国家（地区）	指数类型	一季度	二季度	三季度	四季度
美 国	实际 GDP 修正值年化季率	1.1	2.5	3.6	3.2
日 本	实际 GDP 修正值年化季率	4.1	3.8	1.1	0.7
欧元区	GDP 修正值年率	−1.0	−0.6	−0.3	0.5
印 度	同比	4.8	4.4	4.8	4.7
俄罗斯	同比	1.6	1.2	1.2	–
巴 西	同比	1.9	3.3	2.2	–

注：数据综合自各种公开材料。

2013 年年底，各主流机构均对 2013 年及 2014 年全球及部分国家和地区经济增长作出预期，对 2014 年的预期均好于 2013 年。但是，不可否认，2014 年全球经济仍然面临诸多风险。首先，欧洲高失业率和高债务、核心国与边缘经济体的失衡、持续的银行业和财政重整等问题导致经济复苏前景不明；其次，日本从 2014 年 4 月 1 日起上调消费税税率至 8%，在经济复苏尚不稳固的背景下，此举可能对经济造成较大冲击；再次，2013 年 12 月 18 日，美联储宣布将从 2014 年开始小幅削减月度资产购买规模，从而拉开了退出量化宽松货币政策的序幕，由于收缩规模低于预期，市场没有出现失序恐慌局面，但随着退出规模的逐步加大，其对美国乃至世界经济的影响仍将存在并且难以估量；最后，新兴市场经济体经济放缓来自周期性调整及潜在增长率的下降，同时存在着结构性矛盾、外部需求疲软、资金外流、货币贬值及产能过剩等问题，将制约其长期成长前景。

相关机构对全球 2014 年 GDP 增速预测　　单位：%

预测机构	全球	美国	日本	欧元区	印度
国际货币基金组织	3.6	2.6	1.2	1.0	5.1
经济合作和发展组织	3.6	2.9	1.5	1.0	–
世界银行	3.0	2.8	1.4	0.9	–
联合国	3.0	2.5	1.5	1.5	5.0 以上
中国银行	3.0	2.5	1.6	1.0	5.0

注：《世界经济展望》（国际货币基金组织，2013 年 10 月）、《全球经济展望报告》（经济合作和发展组织，2013 年 11 月 19 日）、《2013 全球经济展望》（世界银行，2013 年 6 月 13 日）、《2014 年世界经济形势与展望》（联合国，2013 年 12 月 18 日）、《2014 年宏观经济金融展望报告》（中国银行，2013 年 11 月 20 日）。

2014年，全球经济将处于缓慢复苏期，下行风险仍然存在。世界货币基金组织对世界提出如下警告：各主要经济体必须紧迫地实行政策以改善其前景，否则，全球经济增长在中期内将萎靡不振——不能不令我们警醒。但从全球来看，发达经济体的经济增速回升与新兴经济体的增速回落，使世界经济增长趋于均衡，又给予我们希望。因此，加强国际合作，谋求共同发展，实现世界经济更加平稳地走出危机，成为符合世界各国共同利益的不二选择。

【2 经济增长】 我国经济稳步增长，实现稳中向好

自2010年以来，我国经济增速呈现持续放缓的趋势，这是经济结构调整、发展方式转变和社会转型必然要付出的代价，也更加有利于实现经济均衡和可持续发展。

2013年，我国经济运行总体平稳，呈现先抑后扬的态势，四个季度GDP增长率分别为7.7%、7.6%、7.7%和7.7%。从拉动经济增长的三大需求来看，内需是拉动经济增长的主要因素。前三季度对经济增长的贡献中，最终消费、资本形成总额及货物和服务净出口对GDP的贡献率分别为45.9%、55.8%和-1.7%，拉动GDP增长分别为3.5个、4.3个和-0.1个百分点。从2013年全年来看，最终消费、资本形成总额及货物和服务净出口对GDP的贡献率分别是50%、54.4%和-4.4%。

综合目前国内外的发展环境来看，我国经济增长主要面临自身结构性调整、人民币升值、产能过剩、外部需求疲软、欧债危机等因素的影响，存在很多不确定性，具有较大的下行压力。近期，国内外多家机构发布了经济形势分析和展望报告，调整了对我国2014年经济增长的预测。例如，国际货币基金组织（IMF）在2013年4月的《世界经济展望》中，对中国经济增长的预测值是8.2%，后来在其5月、7月和10月的报告中，分别将这一预测值调整为7.75%、7.7%和7.3%。

形势分析小组认为，2014年我国经济形势错综复杂，是改革攻坚克难、经济结构调整的关键时期，经济增速或略低于2013年，预期GDP涨幅在7.0%～7.5%之间。

相关机构对我国2014年GDP增速的预测 单位：%

预测机构	2014年经济增速
世界银行	8.0
国际货币基金组织	7.3
经济合作与发展组织	8.2
亚洲开发银行	7.4
中国社会科学院	7.5
形势分析小组	7.0～7.5

【3 固定资产投资】 投资增长将保持平稳态势，并略有下降

国家统计局有关数据显示，2013 年全国固定资产投资（不含农户）436528 亿元，同比名义增长 19.6%，增速比 1 ~ 11 月回落 0.3 个百分点，比 2012 年回落 1.1 个百分点。分产业看，第一产业投资 9241 亿元，同比增长 32.5%；第二产业投资 184804 亿元，增长 17.4%；第三产业投资 242482 亿元，增长 21%。分地区看，东部地区投资 200480 亿元，同比增长 17.9%；中部地区投资 124310 亿元，增长 22.8%；西部地区投资 106245 亿元，增长 23%。全年增速平稳，增速水平与 2012 年基本保持一致，且略有下降。

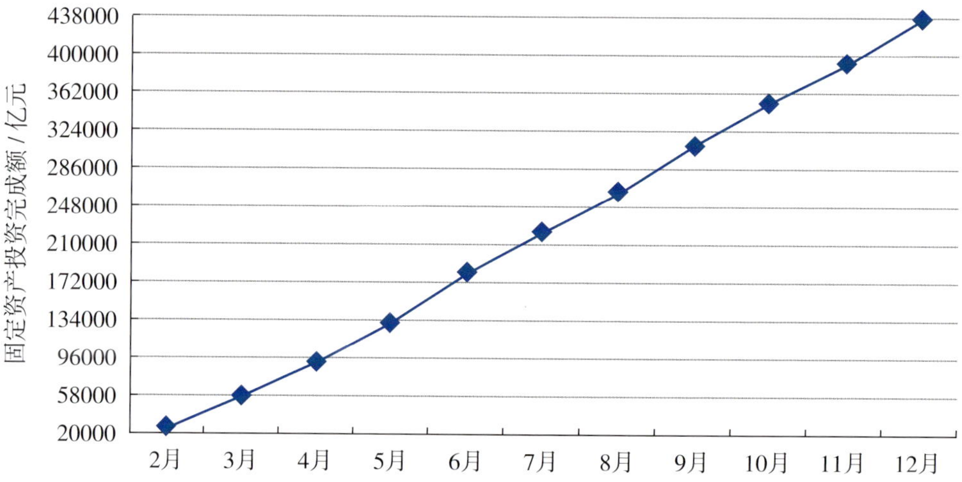

2013 年固定资产投资完成额累计值

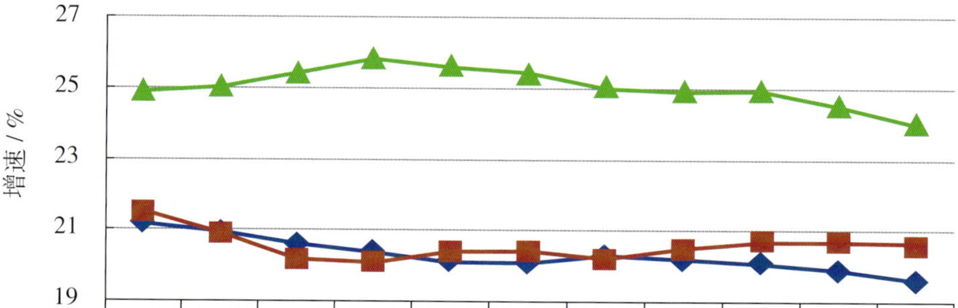

	1 ~ 2 月	1 ~ 3 月	1 ~ 4 月	1 ~ 5 月	1 ~ 6 月	1 ~ 7 月	1 ~ 8 月	1 ~ 9 月	1 ~ 10 月	1 ~ 11 月	1 ~ 12 月
2013年	21.2	20.9	20.6	20.4	20.1	20.1	20.3	20.2	20.1	19.9	19.6
2012年	21.5	20.9	20.2	20.1	20.4	20.4	20.2	20.5	20.7	20.7	20.6
2011年	24.9	25.0	25.4	25.8	25.6	25.4	25.0	24.9	24.9	24.5	24.0

2011—2013 年固定资产投资（不含农户）同比增速

一方面，投资领域改革红利的释放、城镇化快速发展带来的基础设施建设投资需求增加、服务行业的较大投资空间是2014年促进投资增长的有利因素。而另一方面，缺乏新的投资热点的市场现状、货币政策维稳的基本导向及产能过剩、地方债务风险、房地产等问题，则是投资形势所面临的不利因素。据相关机构综合判断，2014年固定资产投资仍将保持平稳态势，但增速略有下降，有望保持在19%左右。

针对困扰投资形势的产能过剩问题，2013年10月国务院发布《关于化解产能严重过剩矛盾的指导意见》，旨在积极有效地化解钢铁、水泥、电解铝、平板玻璃、船舶等行业产能严重过剩的矛盾，同时指导其他产能过剩行业化解工作。在意见中，针对产能过剩行业用地的供地、退出、搬迁等问题提出了具体政策措施要求。11月，国土资源部部长办公会提出："国土资源部将积极行动起来，重拳出击，采取加强国土资源开发利用统筹管控、严把新增产能项目建设用地供地闸门、开展违规项目用地清理等一系列政策措施，做好化解产能严重过剩相关配套工作"。

【4 金融政策】 金融改革步伐明显加快

2013年，我国金融改革步伐明显加快，国家陆续出台了一系列涉及金融改革的政策，并进入了金融改革的深水试验区。5月28日，国务院转发国家发展改革委《关于2013年深化经济体制改革重点工作的意见》，明确提出利率及汇率市场化、存款保险制度及资本项目可兑换等四项金融改革内容。7月5日，国务院办公厅发布的《关于金融支持经济结构调整和转型升级的指导意见》从多个角度阐释了如何"盘活存量、用好增量"，加强引导金融对经济结构调整和转型升级的支持作用，并突破性地提出探索设立民间资本发起自担风险的民营银行。党的十八届三中全会作出的《中共中央关于全面深化改革若干重大问题的决定》中，则更全面地从"完善金融市场体系"、"完善人民币汇率市场化形成机制，加快推进利率市场化，健全反映市场供求关系的国债收益率曲线"、"落实金融监管改革措施和稳健标准，完善监管协调机制，界定中央和地方金融监管职责和风险处置责任"三个方面对我国的金融改革提出要求。

2013年，我国金融改革已呈现出明显加快迹象：自7月20日起，中国人民银行全面放开金融机构贷款利率管制，存款保险制度已提上议事日程；8月28日召开的国务院常务会议提出，决定进一步扩大信贷资产证券化试点，盘活货币存量；9月6日，中国时隔18年重启国债期货交易；9月29日，上海自由贸易试验区正式挂牌，金融市场创新、金融业开放、内资外投及外资内投等将在上海自由贸易试验区优先试点，预示着我国金融改革进入深度试验阶段；10月8日，并购重组分道制审核将开始实施，提高企业并购重组效率。资产证券化和银行业务的推动正在加速金融脱媒的过程，金融机构业务合作和创新也在不断地深化，各个机构之间的业务边界正在日渐消解。

9月10日，国务院总理李克强在大连市会见出席2013年夏季达沃斯论坛的企业家代表时说："中国经济改革当中必然要包含金融改革，我们推进金融改革的决心是坚定的"。我国金融改革也备受世界关注。2013年10月11日发布的最新《亚太地区经济展望》中亦指出："中国当前的首要任务是推进金融改革，以防止风险进一步积累，促进投资的更有效分配"。

我国金融改革路线图已逐步清晰，2014年将是金融改革"脱虚向实"、有望提速的一年。

【5 居民消费】 居民消费价格指数与2012年持平，低于预期目标

居民消费价格指数（CPI）是反映居民家庭一般所购买的消费商品和服务价格水平变动情况的宏观经济指标，也是衡量一国通货膨胀水平的重要指标。2013年年初的《政府工作报告》指出，要将CPI涨幅控制在3.5%左右。

据国家统计局统计数据显示，2013年1～12月，我国的CPI涨幅控制在2.0%～3.2%之间，前三季度，除2月之外，CPI基本呈现温和上涨的趋势。2月CPI涨幅超过3%的温和通胀警戒线，主要是受到春节因素及物流成本上升导致食品类消费价格上涨等因素影响。四季度，虽然肉禽及其制品在经济规律作用下价格上涨，蔬菜、水果等价格进入季节性上涨阶段，但食品价格总体环比涨幅较低，因此四季度CPI涨幅呈现逐步回落的趋势。2013年四季度物价运行平稳收官，全年CPI同比上涨2.6%，涨幅与2012年持平，低于年初3.5%的调控目标。

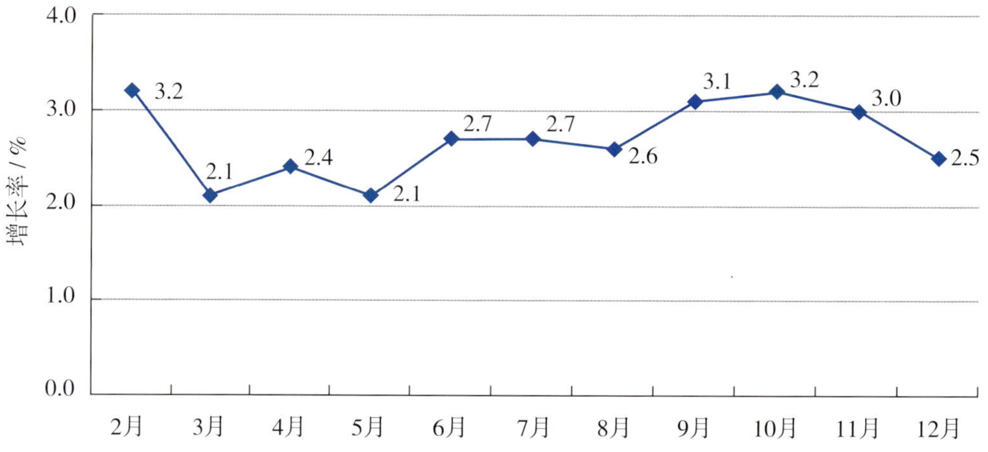

2013年居民消费价格指数（CPI）增长率

12月CPI环比涨幅较低，不仅拉低了2013年物价涨幅，也拉低了2014年通胀翘尾势头。2014年，国内经济增速放缓、产能过剩、输入性通胀压力减轻等因素将抑制物价上涨，但通胀预期增强、劳动力成本上升、蔬菜肉类等价格回升及货币环境相对偏松将推高物价涨幅。综合考虑上述因素，预计2014年CPI涨幅将在2.5%～3.0%之间。

【6 外贸环境】 进出口总体呈现低位企稳态势

2013年，国际经济环境有所改善，但仍存在下行风险。我国国内经济总体平稳运行，使得进出口总体呈现低位企稳态势，对外贸易在保持稳定增长的同时，在提升质量、提高效益、优化结构等方面也取得一定进展。

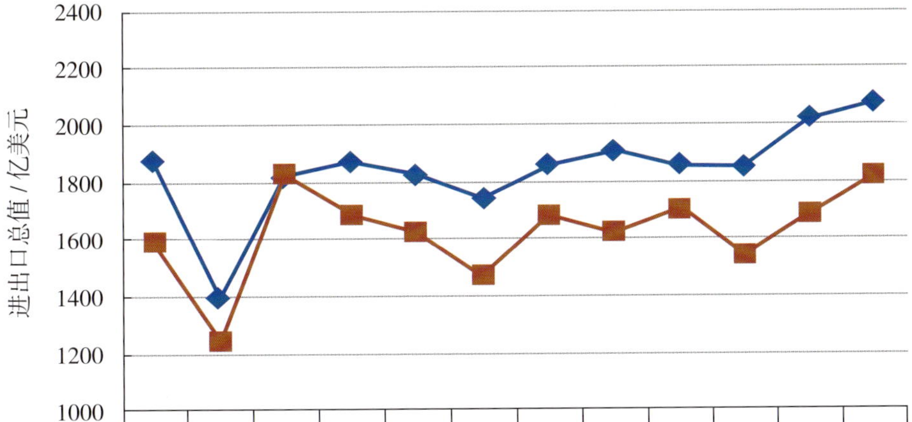

	1月	2月	3月	4月	5月	6月	7月	8月	9月	10月	11月	12月
出口总值	1873	1393	1821	1870	1827	1742	1859	1906	1856	1854	2022	2077
进口总值	1592	1244	1831	1687	1622	1470	1682	1623	1705	1543	1684	1821

2013年度我国月度进、出口美元值总值情况

据海关总署统计，2013年我国进出口总值折合4.16万亿美元，扣除汇率因素，同比增长7.6%，比2012年提高1.4个百分点，年度进出口总值首次突破4万亿美元的关口。其中，出口13.72万亿元人民币（折合2.21万亿美元），增长7.9%；进口12.11万亿元人民币（折合1.95万亿美元），增长7.3%；贸易顺差1.61万亿元人民币（折合2597.5亿美元），扩大12.8%。四季度，我国外贸进出口增长7.3%，表现好于二、三季度。

2013年世界经济温和增长、缓慢复苏，发达国家经济增速低于潜在增长率，新兴经济体增速回落。同时，全球范围内贸易保护主义加剧，造成国际市场需求低迷；从国内来看，汇率、劳动力工资等出口成本持续上升，加大了出口企业的出口难度。面对错综复杂的国内外经济形势，2013年7月国务院办公厅发布《关于促进进出口稳增长、调结构的若干意见》（国办发〔2013〕83号），提出12条政策措施。目前，政策效益已经显现。同时，下半年，世界经济复苏步伐有所加快，全球贸易增长有所回升，跨国投资缓慢回稳。我国“走出去”的步伐在加快，也带动了出口保持稳定增长。因此，2013年我国外贸进出口在二季度回落背景下，三季度实现低位企稳，全年呈现稳中有进、稳中向好的发展态势。

2013年我国对外开放力度明显加大，中国上海自由贸易试验区启动运行。分别与冰岛、瑞士签署了自由贸易协定，这是我国首次与欧洲国家签署自由贸易协定，具有很强的实际意义。中美投资协定谈判（BIT谈判）进入了实质性谈判阶段，中欧投资协定谈判也已经宣布启动。另外，我国宣布参加世贸组织服务贸易协定谈判，签署了《海峡两岸服务贸易协议》。种种迹象表明，新一届政府正在实施更加积极主动的开放战略，这将增强外经贸企业的信心，也给其他国家和地区加强与我国的经贸合作带来希望和信心。这些举措无论是对中国经济的发展，还是对世界经济的稳步复苏，都是有益的。

但是，综合考虑国际、国内各种因素，2014年外贸回升的基础尚不稳固，形势依然复杂多变，因此，我们判断，2014年外贸形势仍然会呈现低位企稳回升的态势。

二、国土资源改革形势

国土资源领域改革应当以党的十八大精神为指导，深入贯彻落实党的十八届三中全会和中央各项工作会议精神，围绕“三个定位”，即尽职尽责保护国土资源、节约集约利用国土资源和尽心尽力维护群众权益，坚持推进三项改革：积极稳妥推进土地管理制度改革，夯实土地权能、改革征地制度、推进城乡统一、维护群众权益；研究夯实自然资源管理制度和体制改革的基础，加快不动产统一登记、推进资源有偿使用改革、加强用途管制制度；加快行政审批制度改革，简政放权、改善服务、加强监管。

【1 改革前瞻】 改革将在相当长一段时期内成为我国发展的关键词

全面深化改革是改革开放政策的深化和延续。经过35年的改革开放，我国发生了翻天覆地的变化，经济社会快速发展，经济总量和人民生活水平有了显著提升，国际影响力不断扩大，充分证明了这一决策的科学性与合理性。改革开放是中国发展的强大动力，党的十八届三中全会作出的《中共中央关于全面深化改革若干重大问题的决定》明确指出：“改革开放是党在新的时代条件下带领全国各族人民进行的新的伟大革命。”此次三中全会确立的全面深化改革的重要任务，与改革开放以来历届三中全会主导思想相一致，是对改革开放这一工作重心的深化和延续。

党的十一届三中全会以来历次三中全会精神

名称	时间	通过文件	重大意义
十一届三中全会	1978年12月18～22日	《中共中央关于加快农业发展若干问题的决定》	把工作重心转移到社会主义现代化建设上来
十二届三中全会	1984年10月20日	《中共中央关于经济体制改革的决定》	改革从农村走向城市
十三届三中全会	1988年9月26～30日	《关于价格、工资改革的初步方案》、《中共中央关于加强和改进企业思想政治工作的通知》	为深化改革扫清道路
十四届三中全会	1993年11月11～14日	《中共中央关于建立社会主义市场经济体制若干问题的决定》	勾画社会主义市场经济体制的基本框架
十五届三中全会	1998年10月12～14日	《中共中央关于农业和农村工作若干重大问题的决定》	建设社会主义新农村

续表

名称	时间	通过文件	重大意义
十六届三中全会	2003年10月11～14日	《中共中央关于完善市场经济体制若干问题的决定》	完善社会主义市场经济体制
十七届三中全会	2008年10月9～12日	《中共中央关于推进农村改革发展若干重大问题的决定》	农村改革进一步深入
十八届三中全会	2013年11月9～12日	《中共中央关于全面深化改革若干重大问题的决定》	进入全面深化改革阶段

深水区的改革面临更为复杂的情况和阻力。我国在实施改革开放过程中，原有的经济体制曾经发挥了很大的作用，非均衡的发展战略使国民经济迅速发展壮大，经济总量显著增强，人民生活水平有了显著提高。但带来的副作用也是非常明显的，贫富悬殊、分配不公、土地问题、环境问题、腐败问题、社会冲突等问题。在充分肯定中国改革成就的同时，我们在资源环境、民生、收入分配差距、城乡二元结构等方面的问题接踵而来。当前面临的问题及影响因素很多，其中最重要的因素就是权力与市场混合的集权体制，政府权力较多地介入资源等生产要素的市场配置。改革已进入深水区，意味着利益博弈的复杂化和更大的阻力，必须有“壮士断腕”的决心和勇气。

中央指明了国土资源改革的方向和要求。党的十八届三中全会提出建立城乡统一的建设用地市场、健全自然资源资产产权制度和用途管制制度；中央经济工作会议要求区分情况、分类推进改革，明确将土地管理制度改革归类为认识还不深入、但又必须推进的改革，将自然资源管理制度和体制改革归类为需要推进的制度性建设；中央城镇化工作会议明确提出解决建设用地粗放利用问题，关键还是要靠制度；中央农村工作会议进一步强调必须审慎稳妥推进农村土地制度改革，坚守土地公有制不能变、耕地红线不能动、农民利益不能损的底线，在此基础上有序进行探索。

严峻形势迫切要求加快国土资源改革。资源保护压力空前加大，耕地占补平衡滥竽充数，占多补少、占优补劣、占近补远、占水田补旱田的现象在一些地方普遍存在，耕地质量堪忧；滥采乱挖矿产资源屡禁不止，优势战略矿产资源保护形势严峻。资源利用仍然总体粗放，一些地方大肆兴建大马路、大广场、大绿地、大园区，土地利用率很低；一些矿产资源采矿回采率、选矿回收率、综合利用率达不到标准，经济增长的矿耗能耗偏高。资源利益冲突有增无减，有的地方在农村违法违规征地，在城市强拆房屋，严重损害群众权益，有的地方对矿区采取掠夺性开采，严重破坏群众生产生活环境，造成矿群纠纷不断，因资源利益引发的群体性上访事件时有发生，国土资源部门形象持续因此受损。

【2 媒体评论】 国家领导层在复杂背景下全方位推动经济社会改革

《中共中央关于全面深化改革若干重大问题的决定》提出了全面深化改革的指导思

想、总体思路、目标任务，回答了全面深化改革的一系列重大理论和实践问题，对指导今后一段时期的国土资源工作，有着深远影响和重大意义。对此，中外媒体普遍给予肯定评价，并对改革给予很高的期望。

《人民日报》评论称，全面深化改革“必须以促进社会公平正义、增进人民福祉为出发点和落脚点。制度安排是社会公平正义的重要保证，也是全面深化改革的突破口和着力点”。《光明日报》认为，《中共中央关于全面深化改革若干重大问题的决定》解决了在资源配置中市场起决定性作用还是政府起决定性作用这个问题。经济发展就是要提高资源的配置效率，以尽可能少的资源投入，获得尽可能大的效益。新华网撰文称，在发展中壮大经济稳住就业，在转型中提升经济质量和效益，进一步完善土地、金融、财税、价格等体制机制，才能实现经济升级转型，推动深化改革发展。《中国国土资源报》报道，党的十八届三中全会作出的《中共中央关于全面深化改革若干重大问题的决定》触发国土资源管理改革“兴奋点”，在国土资源管理系统内引发热烈反响。围绕着《中共中央关于全面深化改革若干重大问题的决定》所涉及的国土资源管理社会热点、难点问题，对下一步国土资源管理相关制度的全面深化改革表示出关切和期待。

国际媒体也纷纷发表文章评论此次改革，对中国领导层在复杂背景下，通过解决政府与市场关系、理顺价格形成机制、建设城乡统一用地市场、鼓励民间资本市场等重大举措，雄心勃勃地推动经济社会改革，给予积极评价。

国际媒体评论中国改革

- 美国《华盛顿邮报》：中国领导层决定成立全面深化改革领导小组，在一定程度上反映出中国改革形势的复杂性和长期性。
- 日本《每日新闻》：中国今后将通过理顺价格形成机制、进一步向外资开放市场、激发民间企业参与、创造新的就业等方式，进一步拉动经济增长。
- 新加坡《联合早报》：完善由市场决定价格的机制，建立城乡统一的建设用地市场及完善的金融市场体系，这在一定程度上回应了外界对市场化改革的期盼。
- 泰国《曼谷邮报》：承诺在10年内使市场在资源配置中起决定性作用，市场角色的转变，意味着中国寻求进一步释放市场活力，这是一个革命性突破。
- 澳大利亚《悉尼先驱晨报》：中国领导层在具有里程碑意义的十八届三中全会上启动了雄心勃勃的经济社会改革，核心是处理好政府与市场的关系。
- 西班牙《国家报》：十八届三中全会让中国向前迈出关键一步，加速推动这个国家30多年前开始的改革开放事业。中国领导人承诺确保市场在资源配置中的决定性作用及私人企业在国民经济中的重要作用。

【3 改革思路】 明确方向、守住底线、试点先行、稳步推进

改革总基调：坚持稳中求进、改革创新；区分情况，分类推进。转变增长模式的出路在于体制改革，改革的突破口就在于政府自身，在于通过精简机构、规范政府职能、让利放权，实现政府部门与既得利益和利益集团的彻底切割，从而达到以政府转型为主线的全面深化改革。中央经济工作会议进一步强调了全面深化改革的总基调：坚持稳中求进、改革创新，区分情况、分类推进。

改革面临四个方面的问题

- 劳资关系。工资上不去，怎么提高消费的比例？新《中华人民共和国劳动合同法》没有得到落实，劳资关系不调整，问题很大。
- 中央和地方的关系。也包括各级政府之间的关系。如果这个关系法治化，整个经济运行的风险就会降低。比如房产税，一定是地方税，中央放手，由地方决定。
- 国家和社会的关系。实际上就是该国家管的国家管，该社会办的社会办。
- 公共领域和私人领域的关系。土地使用，有私人层面，也有公共性层面。公共性问题靠规划和用途管制来解决，不涉及狭义的产权；私人层面的事情就不要干涉。

——中国社会科学院 党国英

中央经济工作会议绘就全面深化改革“元年”蓝图

- **总基调——“稳中求进，改革创新”**
  - 无论是实施积极财政政策和稳健货币政策，还是其他各项政策，都要同全面深化改革紧密结合；全面认识持续健康发展和生产总值增长的关系，努力实现经济发展质量和效益得到提高又不会带来后遗症的速度；充分发挥消费的基础作用、投资的关键作用、出口的支撑作用，把“三驾马车”掌控好。
- **区分情况、分类推进：**
  - 对方向明、见效快的改革，属于地方和部门可以授权操作的改革，2014 年和近期就可以加快推进。
  - 对涉及面广、需要中央决策的改革，加快研究提出方案，制定具体改革策略。
  - 对认识还不深入、但又必须推进的改革，要大胆探索、试点先行。
  - 对全会提出的制度性建设，需要修改完善法律的也要加快研究、尽快启动。

国土资源领域改革的总要求是：围绕“三个定位”，深化“三项改革”。国土资源领域改革应当以党的十八大精神为指导，深入贯彻落实十八届三中全会和中央经济工作会议、城镇化工作会议、农村工作会议精神，围绕“三个定位”，即尽职尽责保护国土资源、节约集约利用国土资源和尽心尽力维护群众权益，深化“三项改革”，即土地管理制度改革、自然资源管理制度和体制改革、行政审批制度改革，以改革统领全局，不断提高资源保障和社会服务水平，为经济社会持续健康发展作出更大贡献。

【4 改革重点】 土地管理制度改革、自然资源管理制度和体制改革、行政审批制度改革

1. 积极稳妥推进土地管理制度改革

党的十八届三中全会关于土地管理制度改革的要求可以概括为四句话：夯实权能是基础，征地改革是关键，城乡统一是方向，维护权益是目的。

夯实权能是基础。党的十八届三中全会提出，“允许农村集体经营性建设用地出让、租赁、入股”，“完善土地租赁、转让、抵押二级市场”，“保障农户宅基地用益物权”。落实这些权能，需要我们加快推进包括宅基地在内的集体建设用地和农用地使用权的确权登记发证工作，同时深化细化集体土地所有权确权登记发证；改革完善宅基地制度，探索宅基地指标先使用后核销制度，积极配合有关部门，慎重稳妥开展农民住房财产权抵押、担保、转让试点，研究宅基地有序退出的方式和途径，在实践探索中逐步夯实这些权能。

征地改革是关键。按照党的十八届三中全会要求，缩小征地范围，就是要探索界定“公共利益”界限，将征地界定在“公共利益”范围内。规范征地程序，就是要探索建立征地争议调处裁决机制，维护农民的知情权、参与权、申诉权、监督权。完善对被征地农民合理、规范、多元的保障机制，就是要实行货币补偿和实物、社保、就业补偿相结合，探索留地、换地、留物业、入股等安置方式，让被征地农民长远生计有保障。

城乡统一是方向。对城市国有土地，改革的方向是进一步扩大土地有偿使用范围，探索推进国有经营性基础设施和各类社会事业用地的有偿使用。集体经营性建设用地入市是改革的核心，要加快建立集体经营性建设用地产权流转和增值收益分配制度，并同步推进征地制度、税费制度等相关领域改革。

维护权益是目的。党的十八届三中全会提出“建立兼顾国家、集体、个人的土地增值收益分配机制，合理提高个人收益”，“建立公共资源出让收益合理共享机制”等，指出了合理分配资源收益，特别是维护群众资源权益的改革方向，但还需要我们进一步研究探索改革的路径，搭起过河的桥梁。

2. 研究夯实自然资源管理制度和体制改革的基础

党的十八届三中全会明确了改革的方向和任务，我们要在夯实工作基础的同时，抓紧研究提出改革的思路框架，并及时向中央建言献策，在下一轮大部制改革中抢先争取话语权、赢得主动权。

加快推进落实以土地为核心的不动产统一登记制度。加快组建不动产登记局，全面完成土地、房屋、草原、林地、海域等不动产登记的职能整合，为进一步扩大到水域等其他自然资源登记奠定坚实基础。

国务院决定整合不动产登记职责

- 由国土资源部负责指导监督全国土地、房屋、草原、林地、海域等不动产统一登记职责，基本做到登记机构、登记簿册、登记依据和信息平台“四统一”。
- 建立不动产登记信息管理基础平台，实现不动产审批、交易和登记信息在有关部门间依法依规互通共享，消除“信息孤岛”。
- 推动建立不动产登记信息依法公开查询系统，保证不动产交易安全，保护群众合法权益。

全面推进资源有偿使用制度改革。适时推进农村集体土地有偿使用制度改革。按照《中共中央关于全面深化改革若干重大问题的决定》中“实行资源有偿使用制度和生态补偿制度”、“健全自然资源资产产权制度和用途管制制度”要求，遵循财产性原则、资源稀缺性原则、耗竭性原则和外部性原则，推进矿产资源税费改革，完善矿产资源有偿使用制度。

全面落实用途管制制度。充分发挥规划在“保护资源”和“促进生态文明建设”中的约束管控作用，在“保障科学发展”中的宏观指导作用，以及在“保证群众权益”中的综合协调作用。将国土空间用途管制与资源优化配置相结合，以国土规划为龙头，由土地、矿产等资源规划组成，建立空间规划体系，划定生产、生活、生态空间开发管制界限，落实用途管制，重点对国土空间优化、资源节约利用等生态文明建设任务作出长远布局。以国土资源“十三五”规划为核心，由国土资源调查评价五年规划、地质灾害防治规划、国土资源科技发展规划等组成，主要对国土资源管理工作进行统筹谋划。

开展国土综合整治。加强城市低效土地二次开发，完善城乡建设用地增减挂钩政策，推动城乡建设用地优化结构、提升效率。扩大耕地保护补偿试点范围，推动纳入生态补偿范畴。探索编制自然资源资产负债表，可率先在耕地数量较多、矿产资源丰富、森林覆盖率高的区域开展试点。

3. 深入推进行政审批制度改革

按照“简政放权、改善服务、加强监管”的总体要求，强化制度建设，明确保留的审批事项与取消的审批事项，研究提出深化行政审批制度改革、健全监督监管制度的政策建议和实施路径。进一步梳理建设用地预审、城市批次建设用地、单独选址建设用地、探矿权、采矿权等国土资源行政审批事项。试点探索用地计划指标市场配置机制，逐步建立政府引导与市场调节相结合的计划指标分配模式，下放计划指标使用分配权，增强计划调控的灵活性。同时，更好地发挥政府的作用，加强土地、矿产信息的公开力度，把权力和责任真正放下去，把服务和监管切实抓起来。

三、土地经济形势

2013年，土地供应总量持续增加，土地供应结构与布局不断优化。单位新增土地产出效益持续降低，通过扩大土地供应推动经济发展的模式仍未根本改变。土地市场升温迅速，土地出让均价再创新高。土地抵押贷款额持续上升，土地金融风险日趋增大。土地财政高温不下，地方政府性债务对土地出让收入依赖程度较高。房地产投资保持增长，销售稳中有升，房价上涨速度出现分化，一线城市涨幅远高于二、三线城市。土地违法现象呈好转趋势，耕地增量提质成效显著，但形势依然严峻。

【1总体形势】 土地管理与调控难度加大

虽然中国经济的潜在增速下降，2014年GDP增速低于2013年或将成为趋势，但新一届政府的思路本质是抵触短期刺激，稳增长更多靠的是定向投资和稳健货币。在这个背景下，不会出现第二个“4万亿”，也不会出现大规模的重大项目建设用地需求。但一方面，党的十八大把城镇化作为“四化同步”的重要内容，而不少人对推进新型城镇化建设存在模糊认识，对新型城镇化“新”在哪里缺乏全面理解，片面认为推进新型城镇化就是圈地修路建厂，盲目搞城市扩张，进一步加大了建设用地供需矛盾；另一方面，土地市场的持续升温，引发地方政府和房地产商的土地抵押贷款量的持续增加，进一步激化地方政府的“卖地”冲动。

长远来看，尤其是2013年12月6日中央组织部下发了以去GDP化为核心的《关于改进地方党政领导班子和领导干部政绩考核工作的通知》之后，地方政府的发展观和用地观会有很大改变，但是要扭转地方政府以地谋财的发展之路，2014年还有很多工作要做。

为实现2020年前“约1亿人口在中西部地区的城镇化”的目标，要求下一步继续加大对中西部地区土地供应的倾斜。促进产业升级，需要进一步加大产业升级用地和新兴战略产业用地供应，人口老龄化的加剧，需要保障养老用地供应，2014年，随着相关政策逐一落地，产业升级用地和养老地产或出现爆发式增长，但由于定位不明，现阶段战略新兴产业和养老地产等只是被贴上了不同的标签，以不同形式卖房，并没有摆脱变相圈地和传统房地产开发的本质，如何进一步加强土地政策与产业政策的协调与配合，细化土地利用分类管理，面临新的挑战。

房地产方面，随着在全国范围内推进土地市场诚信体系建设（包括企业用地诚信体系和政府供地诚信体系），土地市场秩序将进一步规范，不断促进房地产市场健康发展。为实现2020年前“约1亿人口的城镇棚户区和城中村改造”的目标，会进一步加强保障性住房用地供应。根据中国银行于2013年12月20日在北京发布的《2014年宏观经济金融展望报告》，展望2014年，货币政策走向、调控政策加码及房产税等改革的推进速度将成为影响房地产短期走势的关键因素。预计中国房地产市场将呈现“中速增长、结构分化”特征。房地产投资有望保持稳定，但是销售增速会有所放缓，房价上涨速度加快分化，不排除房价下跌城市数量进一步增加。

【2土地供应】 土地供应量持续增加，基础设施等其他用地自2008年以来首次下降

从土地供应总量看，2013年全国国有建设用地供应总量为73.05万公顷，同比增长5.8%。虽然与2012年相比，2013年土地供应量呈小幅增长趋势，但增长幅度有所降低。全年来看，除2月受春节影响，土地供应量较小外，其他月份土地供应量都比较平稳，相比上半年，下半年土地供应量较大。

从土地供应的用途看，房地产用地需求得到充分保障，商服用地和工矿仓储用地供应持续稳定增长，基础设施等其他用地或自2008年以来首次下降。

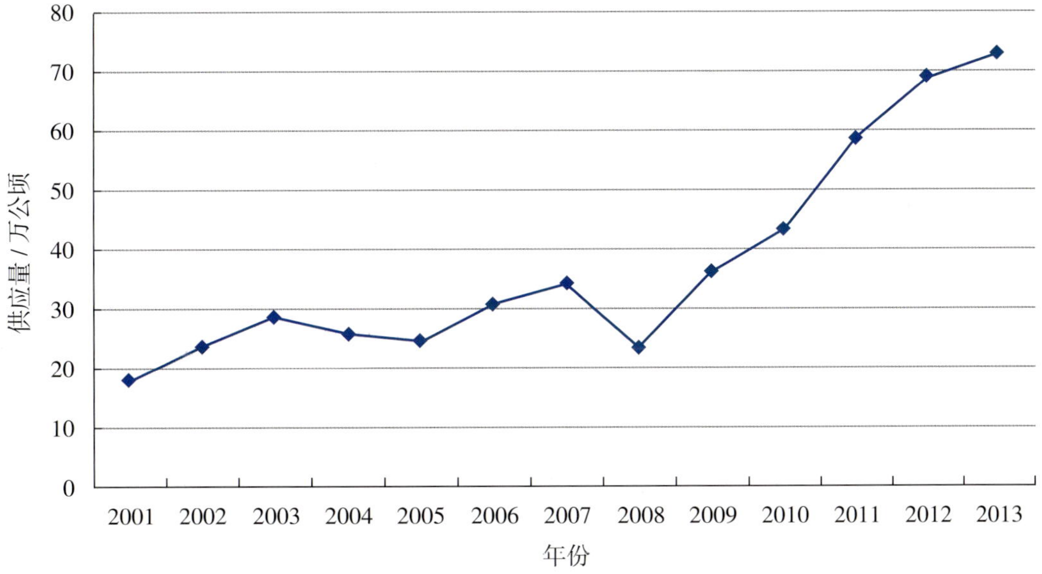

2001—2013年国有建设用地供应量

数据来源：《中国国土资源年鉴》（2011年），国土资源综合统计报告（2013年）

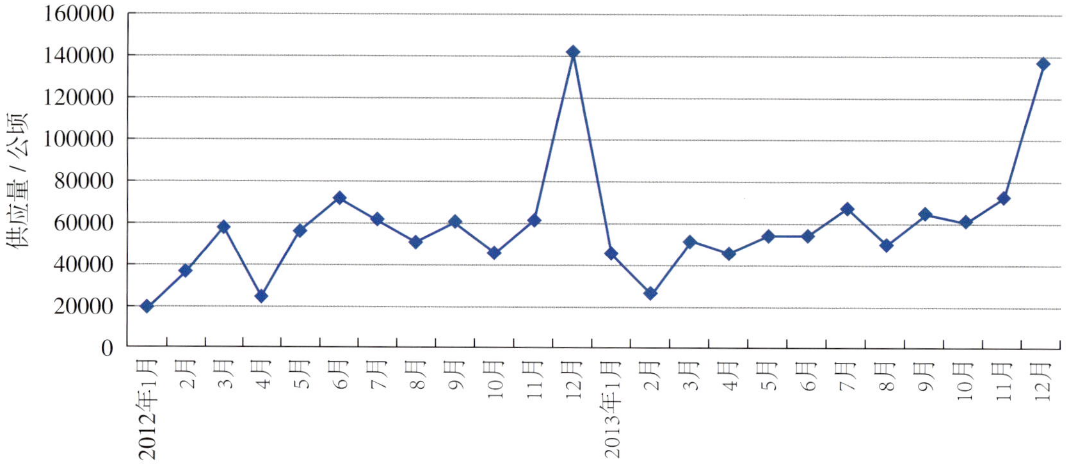

2012—2013 年国有建设用地供应变化情况

数据来源：国土资源综合统计报告（2013 年）

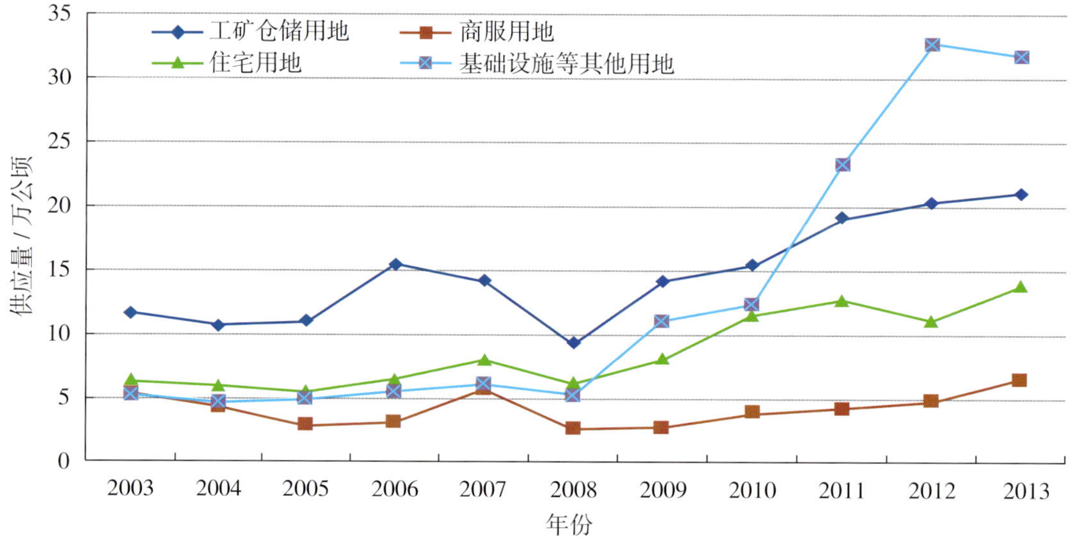

2003—2013 年国有建设用地供应结构变化情况

数据来源：《中国国土资源年鉴》（2011 年），国土资源综合统计报告（2013 年）

2013 年，工矿仓储用地供应 21.00 万公顷，同比增长 3.2%，增速同比下降 2.4 个百分点。各级国土资源主管部门采取有效措施，对 2013 年“新开工 630 万套”保障性安居工程用地实现应保尽保，同时稳步推进商品住房用地供应；全国房地产用地供应 20.31 万公顷，超额完成 2013 年全国住房用地计划（15.08 万公顷），有力保障了住房建设的用地需求；相应的基础设施及其他用地自 2010 年来减少，供应量为 31.73 万公顷，同比下降 2.9%。

2008 年受金融危机影响，商服用地供应大幅下降，但此后稳定持续增长，截至 2013 年年底，为 6.51 万公顷。商服用地为经营性用地，供应方式多为出让，是反映土地市场运行状况的“晴雨表”，其持续增加表明了市场对2014年经济发展有信心。

从土地供应的不同地区看，1～12月，东部地区供地总量为27.69万公顷，中部地区供地总量为20.97万公顷，西部地区供地总量为24.40万公顷，分别占全国建设用地供应总量的37.9%、28.7%和33.4%；东部地区同比增长14.5%，中部地区同比增长12.2%，而西部地区供地同比下降6.8%。

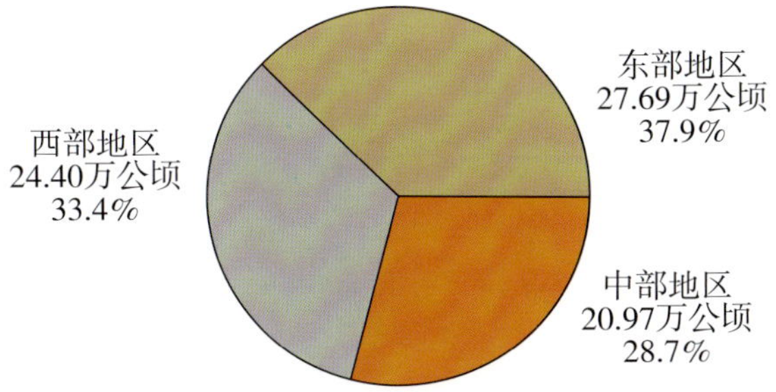

2013年东、中、西部地区国有建设用地供应面积与比例
数据来源：国土资源综合统计报告（2013年）

从存量用地供应看，以安徽省2007－2012年存量建设用地变化情况为例，2011年以来，存量建设用地占土地供应总量的比例大幅上升，平均有七成的土地供应是存量建设用地。虽然暂时没有全国层面的存量建设用地供应的统计数据，但无论是西部欠发达地区还是东部发达地区，新增建设用地指标有限与实际用地需求很大的矛盾普遍存在，各地也在不断加大存量建设用地的挖潜力度。

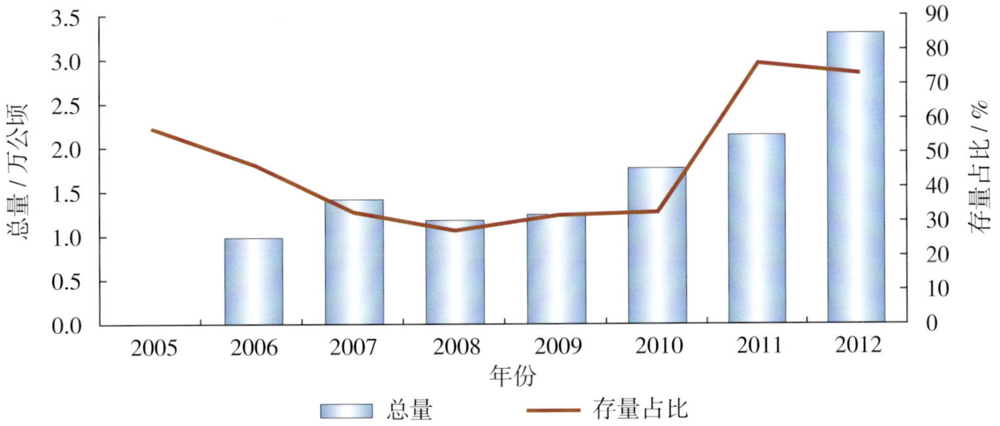

2005—2012年安徽省存量建设用地变化情况
数据来源：2007－2012年安徽省土地市场动态监测分析报告

2014年，政府将通过深化改革，坚持稳健的货币政策，保持适度流动性，实现货币信贷、社会融资规模合理增长，保持物价总水平基本稳定，盘活存量、优化增量，支持经济结构调整和产业转型升级。在此背景下，土地供应总量不会大幅增加，但也不会大幅减少，预计2014年会与2013年持平或小幅增加。考虑到2014年和未来几年，我国仍会坚持最严格的节约用地制度，落实严控增量、盘活存量、优化结构等措施，并且随着实施“总量控制和减量化、优化布局和格局调整、国土综合整治”三大节约集约用地战略，新增建设用地供应将不断减少，存量建设用地供应将不断增大。

土地供应结构上，由于新一届中央政府更加注重培养经济内生动力，纠正单纯以经济增长速度评定政绩的偏向，通过大量供应工矿仓储用地和基础设施用地，拉动GDP增长的传统土地供应模式预计不会再继续，相应的这两类用地供应量也会减少；住宅用地事关民生，其供应量预计不会减少，保障性安居工程用地及商品住房用地供应仍会持续增加；商服用地为经营性用地，供应方式多为出让，对经济形势反应最为灵敏。2014年经济发展虽然面临诸多不确定因素，但仍较稳定，商服用地供应预计仍会持续增加。

土地供应区域布局上，由于东部及中部地区已有较强的开发力度，不宜继续增加新增建设用地供应；同时面临化解过剩产能和促进经济结构升级的新形势，未来将会进一步加大中、西部地区土地供应，减少东部地区新增建设用地供应。

【3 土地利用效率】 通过扩大土地供应推动经济发展的模式仍未根本改变，新增土地单位面积产出持续减少

国有建设用地供应对二、三产业增加值的弹性自2009年以来大幅增加，2011年稍有下降，此后呈持续小幅上升趋势，2013年超过1，达到1.80，表明国有建设用地供应每增加1%，相应的二、三产业增加值增加1.80%。这说明虽然党的十八大以来，我国推动经济增长更多靠的是简政放权、给经济松绑、加快开放、培养经济内生动力，但通过扩大土地供应来保障经济发展的扩张式发展模式仍然没有从根本上改变。

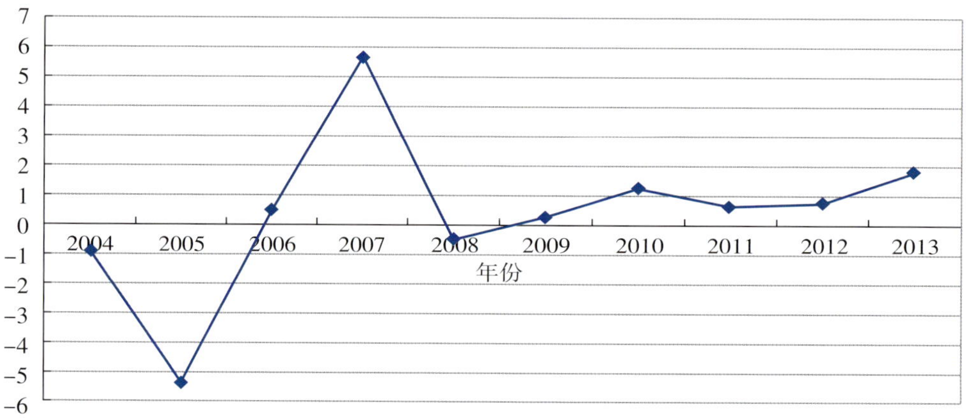

土地要素投入对二、三产业增加值的弹性变化

数据来源：土地供应数据来自《中国国土资源年鉴》(2011年)、国土资源综合统计报告（2013年）；经济数据来自2013年国民经济和社会发展统计公报

自2008年以来，新增土地单位面积产出持续降低，2013年为7007.36万元/公顷，耗地率较2012年有所下降，为1.43公顷/亿元。但我国建设用地利用效率低的基本现状仍未改变，同时，反映出土地节约集约利用潜力仍然很大。在调结构的经济增长发展思路驱动下，未来土地利用效率将进入提升通道。

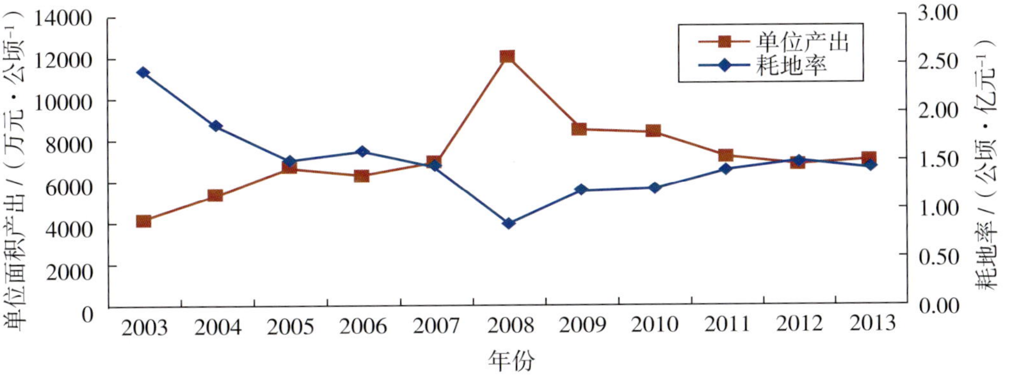

2003—2013年新增土地单位面积产出和耗地率

数据来源：土地供应数据来自《中国国土资源年鉴》(2011年)、国土资源综合统计报告（2013年）；经济数据来自2013年国民经济和社会发展统计公报

【4 土地市场】 土地出让均价创新高，土地市场升温迅速

2013年，国有建设用地出让面积为36.70万公顷，与2012年相比增加了4.42万公顷。在土地出让规模增加的基础上，出让均价却持续提高，全年土地出让均价为1140.4元/米^2，比2012年提高37.33%，超过2008年的平均最高出让均价（1111.1元/米^2），土地市场升温迅速。

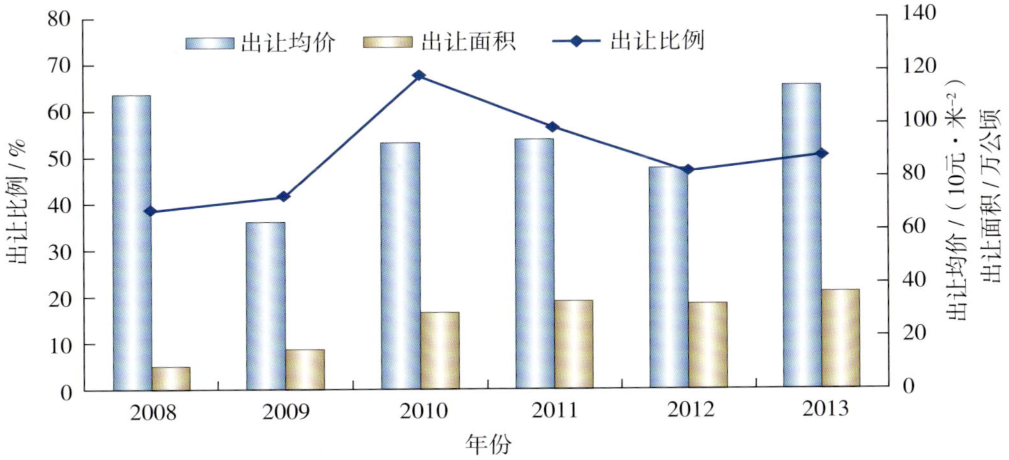

2008—2013年国有建设用地出让情况

数据来源：《中国国土资源年鉴》(2011年)、国土资源综合统计报告（2013年）

从2013年全年来看，2月土地出让面积最小，但出让均价最高，此后土地出让面积一直较平稳，但出让均价持续升高，到11月达到最高值，为1401.7元/米^2。

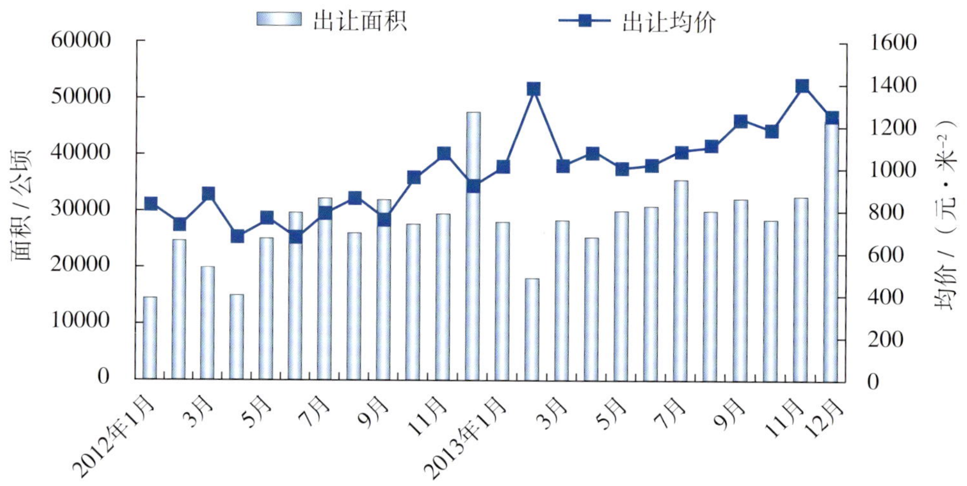

2012—2013年国有建设用地出让情况

数据来源：国土资源综合统计报告（2013年）

2013年大中城市房价一直处于涨势，年中之后更为明显，北京、上海、广州、深圳4个一线城市房价已经数月同比涨幅超过20%。5～8月，广州、深圳高价地块频出，拉开地价大涨的序幕。9月，高潮不断，上海、杭州、苏州年内“地王”纪录在一日之内同时被刷新，北京高达7.31万元/米^{2}的楼面地价震惊业内。11月下旬，北京总价“地王”、上海单价“地王”分别再度易主，年末翘尾。截至12月12日，上海土地出让收入突破2000亿元；至11月底北京土地出让收入则超过1600亿元，同比均大幅增长。2014年，如果没有强有力的调控政策，预计土地市场仍会持续升温，防止土地市场出现泡沫的压力加大。

【5 土地财政】 土地金融风险日趋增大，土地财政高温不下，地方政府性债务对土地出让收入的依赖程度较高

2009年以来，84个重点城市的土地抵押贷款额占全国人民币贷款总额的比例逐渐增大，到2012年时已达9.44%，如果按照全国土地抵押贷款额计算，这个比例则会更大。这说明，土地仍然是地方政府和开发商融资的主要工具。虽然没有全国土地抵押贷款额统计数据，但在土地市场迅速升温的背景下，土地抵押贷款量势必会大幅上升，土地金融风险日趋增大。

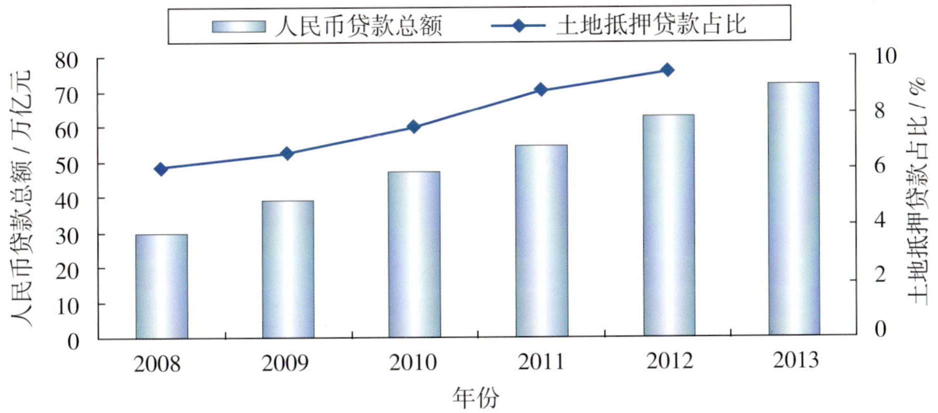

2008—2013 年土地抵押贷款占人民币贷款比例变化

数据来源：土地抵押贷款占比为全国 84 个重点城市土地抵押贷款额与全国人民币贷款总额之比。土地抵押贷款数据来自《中国国土资源年鉴》(2006 － 2012 年)，人民币贷款数据来自 http://calendar.hexun.com/global504_1.shtml，数据截至 2013 年 12 月

2008 年至今，因受金融危机影响，土地出让收入占地方财政收入的比例在 2008 年和 2009 年较低外，2010 年已近 65%，之后有所下降，但随着地价的持续走高，尤其是 2013 年土地市场的强势表现，2013 年土地出让收入占比反弹至 60.90%。可见，土地出让收益仍是地方政府的重要收入来源，也是解决财政收支矛盾的关键。

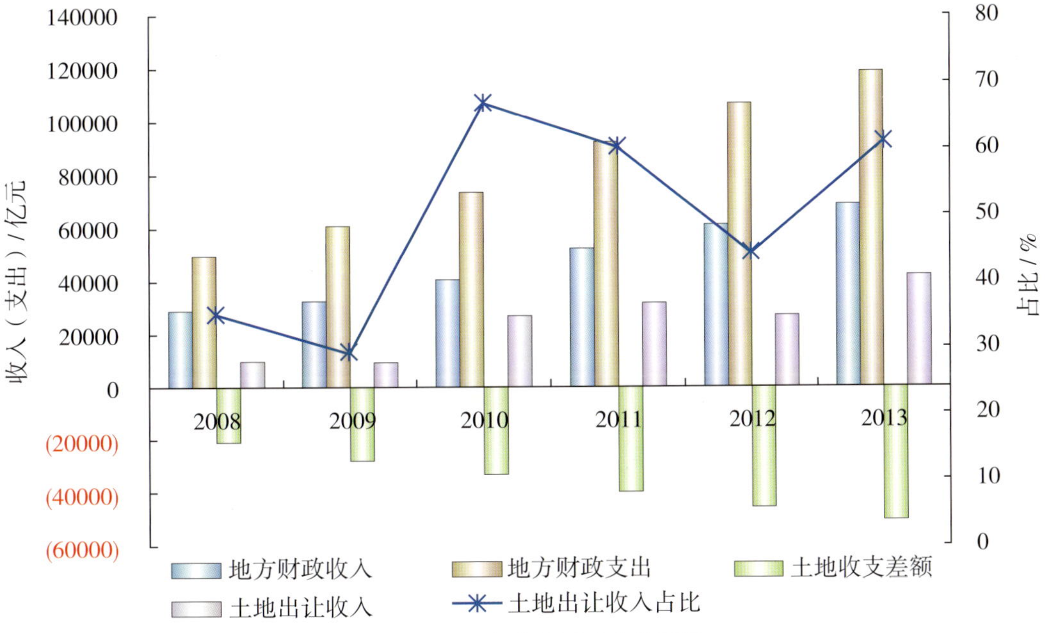

2008—2013 年土地财政变化情况

数据来源：财政收入（包括税收收入和非税收入）与支出数据来自财政部网站，截至 2013 年 12 月；土地出让收入来自《中国国土资源年鉴》(2006 － 2012 年)、国土资源综合统计报告（2013 年）

2013年12月30日审计署公布的数据显示，截至2013年6月底，地方政府负有偿还责任的债务为108859.17亿元，与2011年的审计结果相比，政府负有偿还责任的债务余额增加38679.54亿元，年均增长19.97%。地方政府债务风险不在于规模，而在于接下来能否控制住汹涌的债务增量。由于土地出让收入是地方政府财政收入中最具弹性的部分，地方政府性债务偿还对土地出让收入的依赖程度较高。从1979年至今，土地出让收入一直是地方政府主要偿债来源，但“卖地还债”会推高地价和房价，导致房价快速上涨。

2008年全球金融危机爆发，为了应对由全球金融危机引起的中国经济快速下滑，中央政府推出大规模的经济刺激计划，地方政府也顺势推出各种基础设施建设计划。由于地方政府盲目举债，部分投资收益较低，没有盈利项目来归还债务。随着地方政府负债规模膨胀，地方政府债务额居高不下，部分地方政府一方面靠借新债还旧债，另一方面依靠出让土地的收入来偿还。

2014年，如果地方政府的收入来源维持现状，且地方政府继续追求短期GDP和政绩，那么他们对土地财政的追求仍然不会停止，为了偿还巨额的政府债务，“卖地还债”仍然会继续。

【6 耕地保护】 耕地数量与质量的保护形势仍十分严峻

虽然根据第二次全国土地调查数据，我国耕地面积达20.31亿亩，但扣除坡度大于25°、受污染不能耕种、退耕还林等难以耕种土地后，我国人均耕地少、耕地质量总体不高、耕地后备资源不足的基本国情没有改变，耕地保护形势仍十分严峻。

各地不断有“耕地占补平衡突破省、增减挂钩突破县”的呼声，这对耕地保护工作带来很大挑战。根据中央农村工作会议精神，下一步的政策走向，仍会毫不动摇地坚持最严格的耕地保护制度，进一步发挥规划、计划的管控作用，完善占补平衡补充耕地的质量评价与管理，加大高标准基本农田建设力度，划定永久性基本农田，加强土地执法监察，坚决守住耕地保护红线和粮食安全底线，确保我国实有耕地数量基本稳定，同时注重耕地质量的保护与提高。对于我国5000万亩左右中重度污染的耕地，国家每年将拿出几百亿元，启动重金属污染耕地修复、地下水严重超采综合治理的试点。

【7 土地违法】 土地违法局面呈好转趋势，审核力度加大导致违法面积年底激增

从各月份来看，2013年除1月、9月、10月、11月外，其余月份的土地违法面积和件数都较2012年有所减少，但随着2012年度土地矿产卫片执法检查进入数据上报阶段，各地普遍加大了数据审核力度，将卫片执法检查发现而往年未统计的违法行为作为历年

隐漏案件，全部纳入土地违法案件统计，其中纳入10月份比较集中，导致2013年共发现土地违法案件83450起，涉及土地面积41050公顷，同比分别增长35.0%和28.2%。

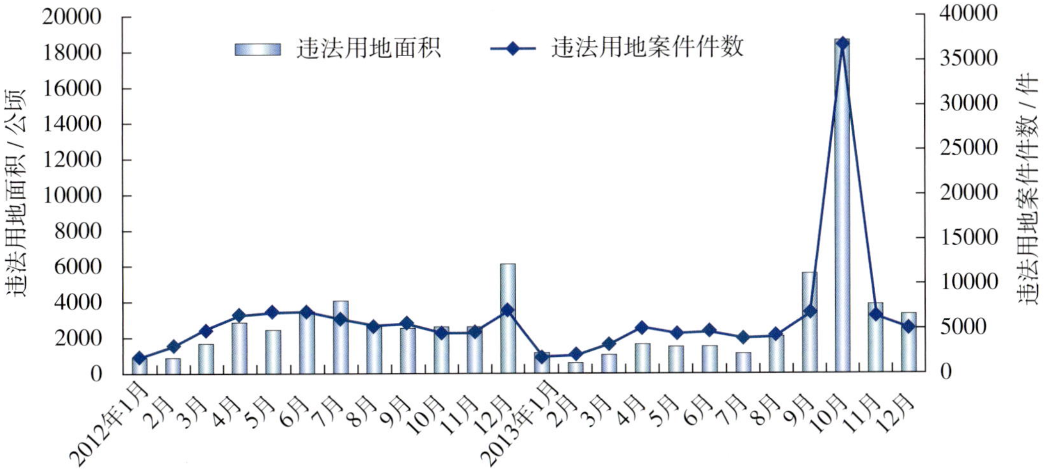

2012—2013年土地违法案件件数与面积统计

数据来源：国土资源综合统计报告（2013年）

【8 房地产市场】 房价涨势年末有所放缓，楼市因地方政府收紧调控而趋于平稳

1. 国房景气指数年末反弹

自2011年6月以来，国房景气指数呈现持续下滑态势。2013年2月起有小幅回升，8月开始连续4个月下滑，12月出现反弹。

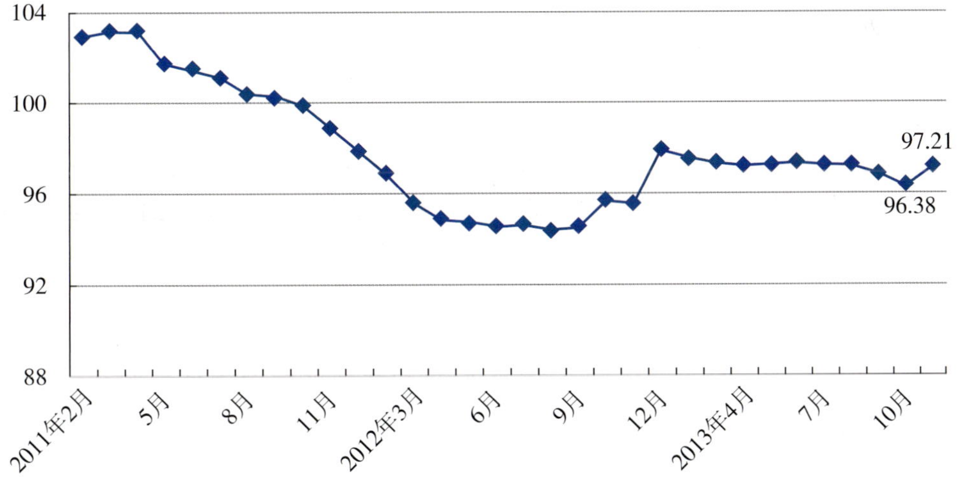

2011—2013年国房景气指数变化情况

数据来源：国家统计局

2. 房地产开发投资增速平稳，中西部地区依然是投资热点

2013年1～12月，全国房地产开发投资86013亿元，比上年名义增长19.8%（扣除价格因素，实际增长19.4%），增速比1～11月提高0.3个百分点。

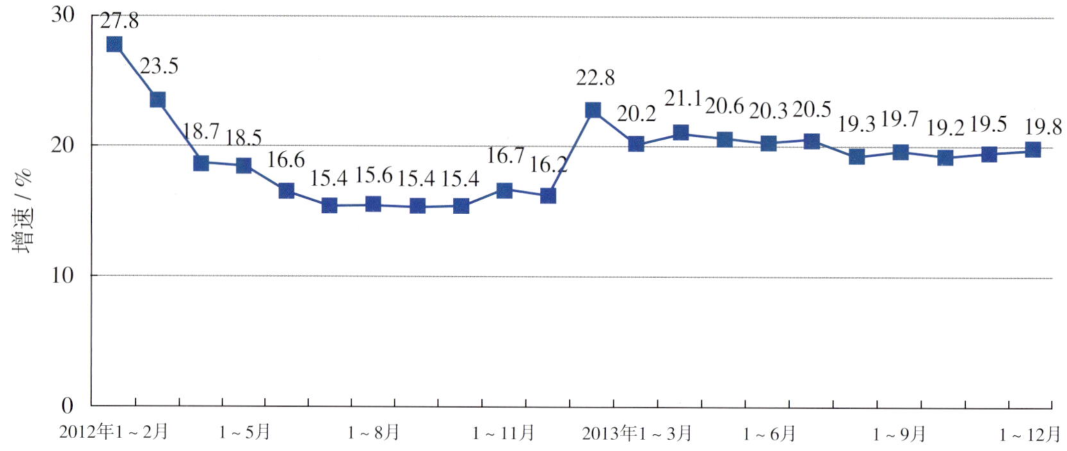

全国房地产开发投资增速情况

数据来源：国家统计局

分区域来看，截至12月，东部地区房地产开发投资47972亿元，比上年增长18.3%；中部地区投资19045亿元，增长20.8%；西部地区投资18997亿元，增长22.6%。中西部地区投资增速明显高于全国，中西部地区依然是投资热点。

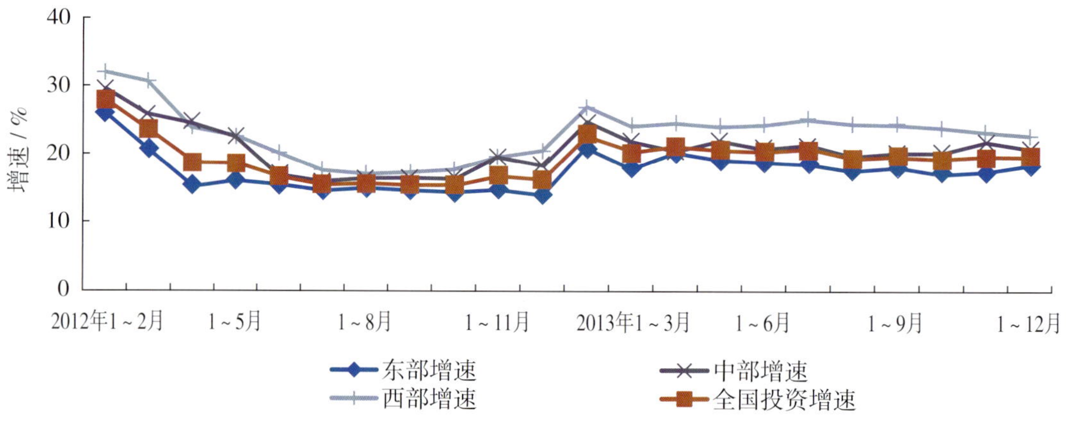

2012－2013年全国及东、中、西部地区房地产开发投资增速变化情况

数据来源：国家统计局

3. 商品房销售量价齐涨，房企资金压力继续缓解

2013年1～12月，商品房销售面积为130551万平方米，比上年增长17.3%，增速比1～11月回落3.5个百分点；商品房销售额81428亿元，增长26.3%，增速比1～11

月回落4.4个百分点，全国商品房销售面积和销售额的增速处于连续回落态势。

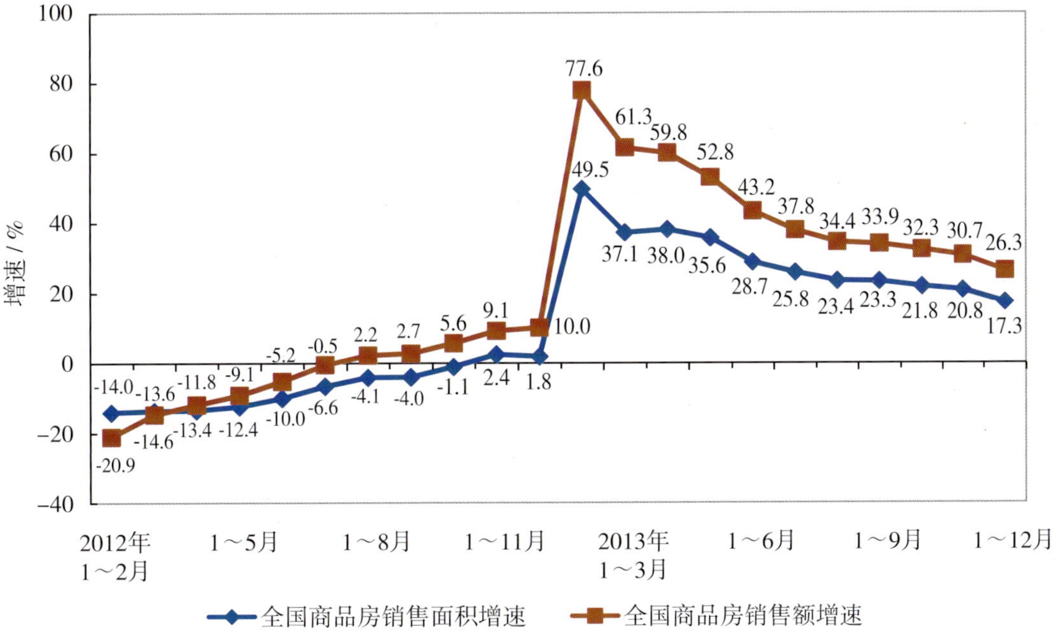

全国商品房销售面积、销售额增速情况

数据来源：国家统计局

4. 土地成交量价齐升

2013年，我国计划供应土地15.08万公顷，其中保障性住房用地4.15万公顷，占27.5%。2013年1～12月，房地产开发企业购置土地面积38814万平方米，比上年增长8.8%，增速比1～11月回落1.1个百分点；土地成交价款9918亿元，增长33.9%，增速提高2.4个百分点。

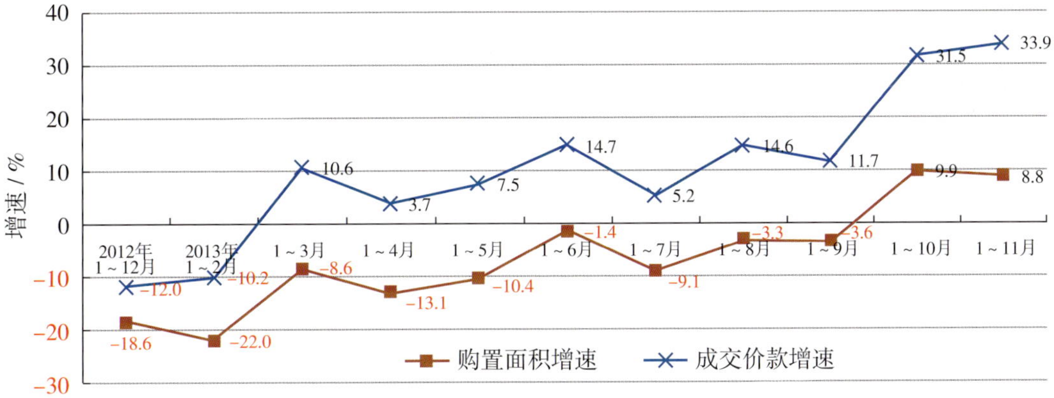

全国房地产开发企业购置土地面积增速

数据来源：国家统计局

从商品房价格来看，2013年12月，70个大中城市的新建商品住宅价格同比平均涨幅尽管比11月扩大0.1个百分点，但扩大幅度比11月有所缩小。近几个月房价同比涨幅扩大的势头有所缓解，呈现逐月缩小的态势。由于第四季度多个城市出台调控措施，年末房价涨势将继续放缓。自2012年年末楼市出现翘尾行情以来，2013年楼市经历了由热涨到趋稳的转变。党的十八届三中全会以后，房地产调控将由行政手段转向市场手段，市场起决定性作用将形成房地产调控长效机制。

临近年底，为完成年度供地计划，全国各地加快了推地步伐，有实力的房企纷纷增加土地储备，推动了土地成交量的大幅上升。11月，全国40个主要城市土地成交额相比2012年同期上涨68%。其中，10个典型城市的土地出让收入同比增长121.8%。

根据中国银行12月20日在北京发布的《2014年宏观经济金融展望报告》，展望2014年，货币政策走向、调控政策加码及房产税等改革的推进速度将成为影响房地产市场短期走势的关键因素。预计中国房地产市场将呈现“中速增长、结构分化”特征。房地产投资有望保持稳定，但是销售增速会有所放缓，房价上涨速度加快分化，不排除房价下跌城市数目进一步增加的可能性。2014年一线城市房地产市场总体走势如下：从供应角度看，应是稳中有增；从成交角度看，上海、广州、深圳三个城市的市场成交量将与2013年基本持平，而北京由于受年度供应短缺而积压需求或有释放的影响，推动成交量小幅增长；从房价角度看，将呈现先涨后稳的趋势。

2013年11月召开的党的十八届三中全会作出的《中共中央关于全面深化改革若干重大问题的决定》中提到了有关房产税、增加土地供应等应对当下楼市问题的很多措施，房价回归平稳抑或持续上涨取决于楼市相关政策的落地执行及其长效机制的真正形成。为促进房地产市场价格理性回归，抑制投机投资购房需求，在坚持去投资化政策的同时，应继续加大对保障性安居工程建设的推进力度，加快普通商品住房开工建设，支持居民家庭首套自住购房需求。进一步收紧货币供应增长及增收房产税，逐步形成房地产调控的长效机制。

四、矿产资源经济形势

2013年，我国矿产资源经济形势复杂多变，市场监测指数呈现先抑后扬走势，整体延续近年来逐渐下行的格局；煤炭、油气、铁矿石和有色金属等主要矿产品产量持续增长，但增速有所减缓；大宗矿产品进口继续增长，对外依存度居高不下，但氧化铝进口大幅减少；大宗矿产品价格整体上处于下跌态势，但仍属价格高位振荡范畴；采矿业固定资产投资增长平稳，但投资增速低于全国固定资产投资增速；国际、国内资本市场矿业板块表现欠佳，涉矿企业股票市值明显缩水；资源税稳步提升，探矿权出让价款大幅上升，而采矿权出让价款明显下滑。

【1 矿产资源市场监测指数】 全年呈现先抑后扬走势，整体延续近年来逐渐下行的格局

中国国土资源经济研究院重要矿产资源市场监测指数系统显示，2013年一致指数先抑后扬，与2012年相比振荡幅度加大，整体延续近年来逐渐下行的格局。中国国土资源经济研究院重要矿产资源市场监测指数研究采用美国全国经济研究局（NBER）的合成指数方法（CI）计算指数，经过季节调整和增长率计算处理。该指数基期为

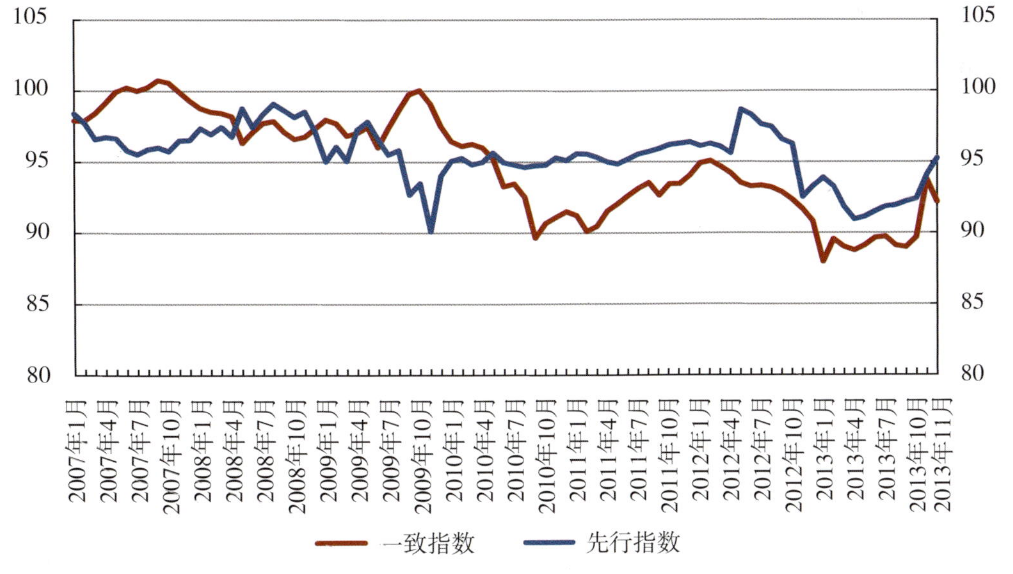

2007—2013年我国重要矿产资源市场监测指数

2006年。主要由先行指数和一致指数构成指数体系。先行指数指12个月以后的市场监测预测情况，一致指数指当前市场监测情况。每个月初发布指数，但受数据收集处理时间影响，该指数具有滞后性，发布时间比指数对应时间滞后两个月。该指数受六大因子的影响，包括有色金属矿采选业主营业务收入、有色金属矿采矿业固定资产投资完成额、有色金属矿采选业主营业务税金及附加、房地产新增固定资产投资完成额、有色金属矿采选业规模以上工业增加值、沪深有色金属行业价格指数。

【2 矿产品供需】 我国煤炭、油气、铁矿石和有色金属等主要矿产品产量持续增长，但增速有所减缓

2013年，我国主要矿产品产量持续增长，其中1～11月全国煤炭产量累计34.2亿吨，1～12月铁矿石产量累计14.5亿吨，原油产量累计2.1亿吨，天然气产量累计1129亿立方米，10种有色金属产量累计4029万吨。虽然比上年全年累计值均有所增长，但增速有所放缓，增速最快为铁矿石，达9.94%；增速最慢为煤炭，直至11月才转为正值，其增速仅为0.3%，而2012年同期煤炭累计增速为4.9%。

1. 煤炭

煤炭产量增幅由负转正；煤炭运量由降转升；煤炭库存减少但仍处高位。据煤炭运销协会统计，2013年1～11月，全国煤炭产量为34.2亿吨，累计同比增长0.3%，增幅2013年以来首次转正。其中，11月煤炭产量3.3亿吨，同比增长2.5%，比10月增幅上升0.9个百分点。截至2013年5月，全国铁路煤炭运量连续12个月负增长；6月之后，铁路发送煤炭运量转为正增长。1～12月，全国铁路累计发运煤炭16.8亿吨，同比减少0.4%。其中，12月发运煤炭1.48亿吨，增长0.2%。总体来看，2013年煤炭市场供需总量宽松、结构性过剩。

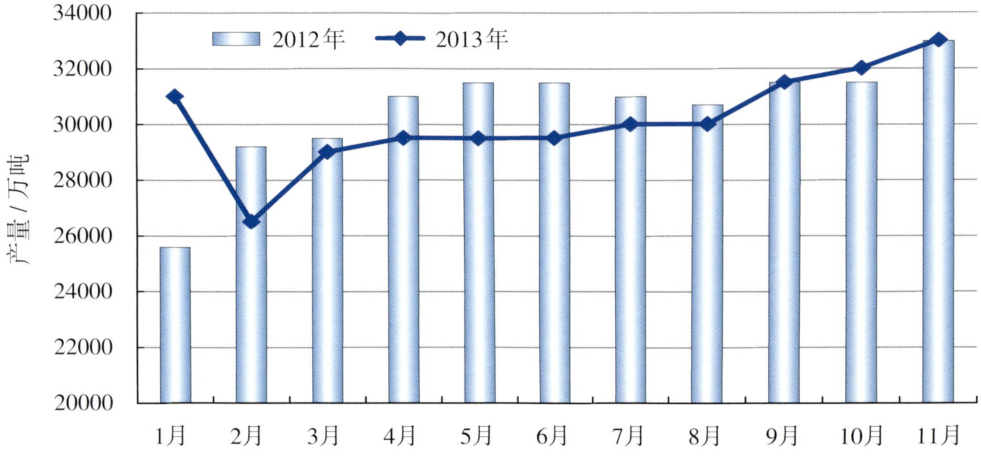

2012年—2013年1～11月全国原煤月度产量情况
数据来源：煤炭运销协会

2. 油气

原油供应量稳步增长，天然气供应增速加快。2013年，全国原油产量累计2.1亿吨，累计同比增长1.65%，月度产量均保持在1700万吨以上。天然气产量1129亿立方米，累计同比增长9.10%。原油产量不断攀升，主要得益于东部老油区保持高产稳产、西部油区产量快速增加、海域油气产量全面恢复三大因素。尤其是长庆油田全年油气当量突破5000万吨，天然气产量超过200亿立方米，成为我国最大的天然气生产、集输中心。

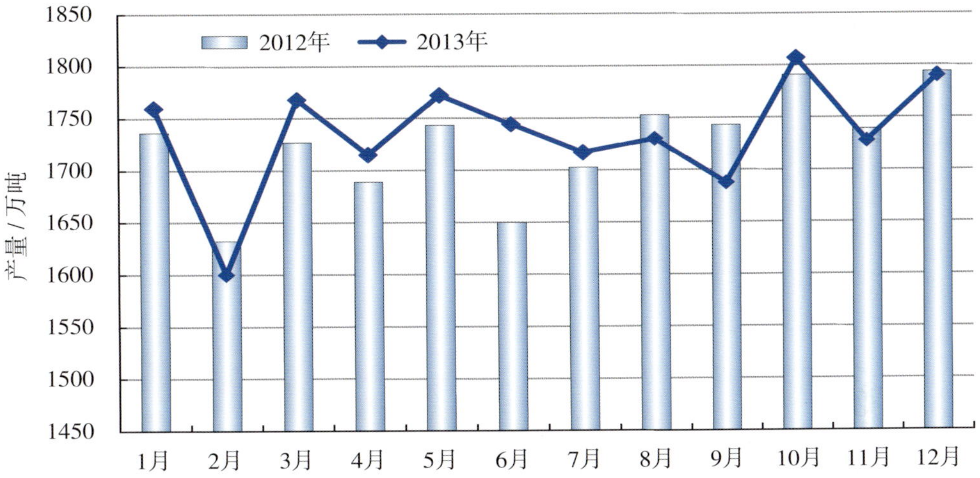

2012—2013年全国原油月度产量情况

数据来源：中国国家统计局

3. 铁矿石

下游需求增加拉动铁矿石产量持续增加。2013年，我国生铁总产量为7.1亿吨，累计同比增长6.24%；国内铁矿石原矿产量为14.5亿吨，累计同比增长9.94%。

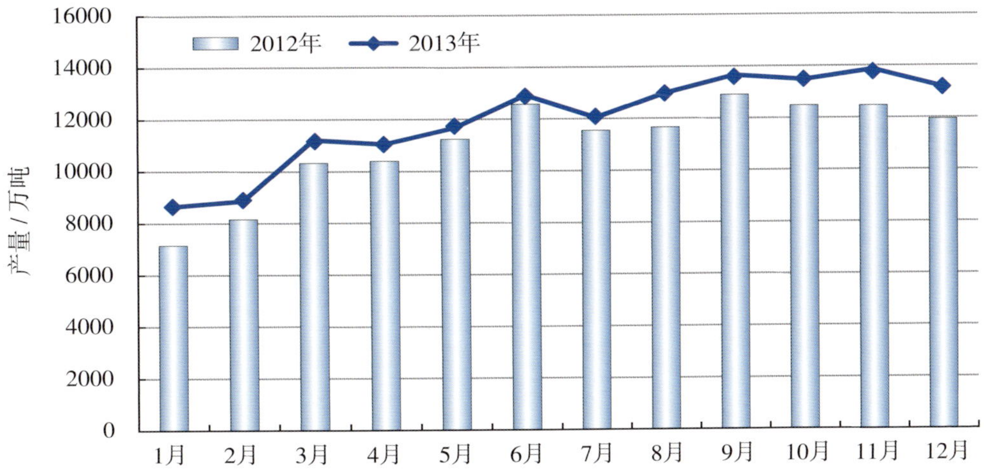

2012—2013年全国铁矿石月度产量情况

数据来源：中国国家统计局

4. 有色金属

有色金属产量持续增长。2013年，全国10种有色金属累计产量4029万吨，同比增长9.91%，月度产量均保持在330万吨以上。2013年，电解铝累计产量2204.61万吨，同比累计增长9.65%；精炼铜产量683.88万吨，同比累计增长13.58%；精炼锌产量530.22万吨，同比累计增长11.14%；精炼铅产量447.51万吨，同比累计增长5.00%。

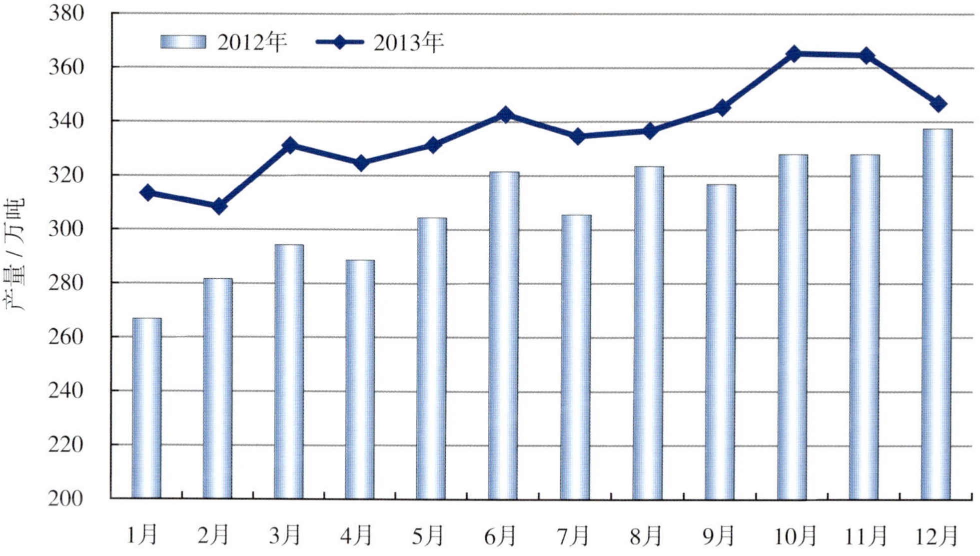

2012—2013年全国10种有色金属月产量情况
数据来源：中国国家统计局

【3 矿产品贸易】 主要大宗矿产品进口继续增长，但氧化铝进口大幅减少

2013年，我国主要矿产品进口继续增长，其中，全国铁矿石进口累计8.19亿吨，煤炭（指煤及褐煤，下同）进口累计3.27亿吨，原油进口累计2.82亿吨，铜精矿进口累计1007.44万吨，氧化铝进口累计383.1万吨。虽然比上年累计值大多数有所增长，但增速有所放缓，增速最快为铜精矿，增速达36.70%，增速最慢为原油，增速仅为4.00%。氧化铝进口比上年同期累计大幅下降，同比减少23.70%。

1. 煤炭

煤炭进口持续增长。2013年，全国煤炭进口3.27亿吨，同比增长13.40%，其中，12月进口煤炭3546万吨，同比上涨1.00%。从煤种看，2013年炼焦煤进口7540万吨，无烟煤进口3960万吨，褐煤进口5983万吨。

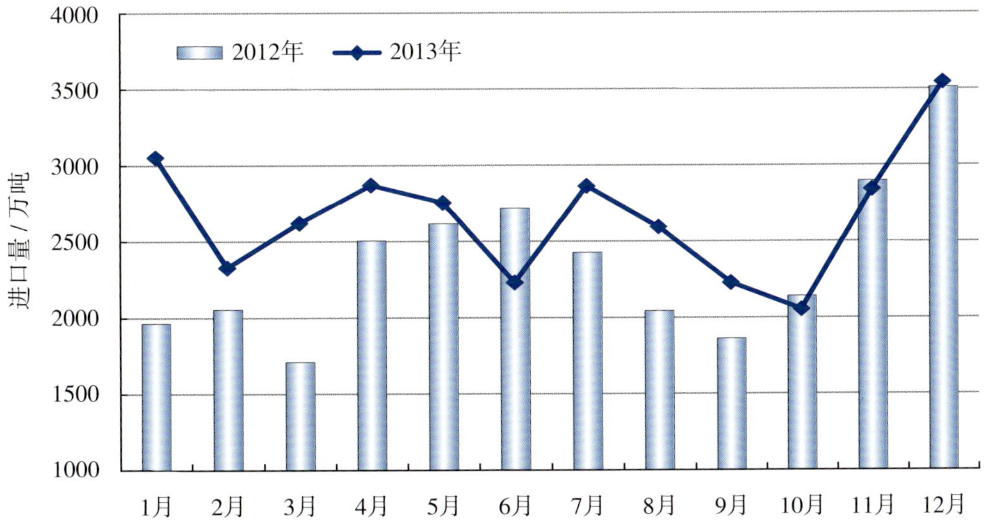

2012—2013 年全国原煤月度进口情况
数据来源：海关信息网

2. 石油

原油和成品油进口继续增长，出口稳中有降。2013 年，全国进口原油 2.82 亿吨，同比增长 4.0%；出口原油 162 万吨，同比下降 33.5%。原油进口金额 2197.54 亿美元，同比下降 0.50%；原油出口金额 14.7 亿美元，同比下降 34.6%。进口成品油 3959 万吨，同比下降 0.6%；出口成品油 2851 万吨，同比增长 17.50%。成品油进口金额 319.3 亿美元，同比下降 3.50%；成品油出口金额 245.1 亿美元，同比增加 15.00%。

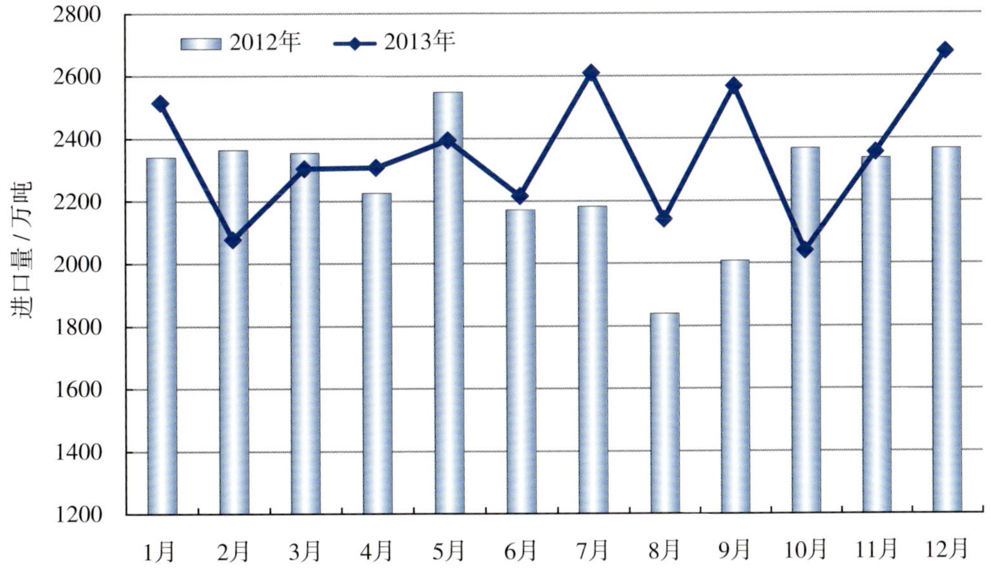

2012—2013 年全国原油进口情况
数据来源：海关信息网

3. 铁矿石

铁矿石进口量持续增长。2013年，我国进口铁矿石8.19亿吨，同比增长10.20%；进口金额为1057.28亿美元，同比增长10.6%。12月，铁矿石进口量为7338万吨，进口金额达93.7亿美元。

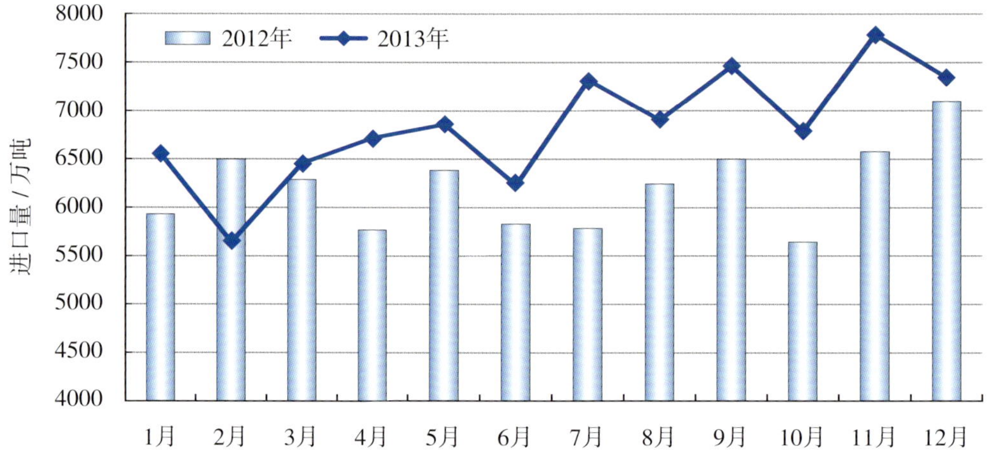

2012—2013年全国铁矿石月度进口变化情况

数据来源：海关信息网

4. 有色金属

铜精矿进口增幅加大。2013年，进口铜精矿1007.44万吨，同比增长28.70%；11月进口铜精矿103.98万吨，同比2012年增幅达11.20%。国际废铜供应收紧，价格上涨。2013年我国废铜进口量为437.3万吨。

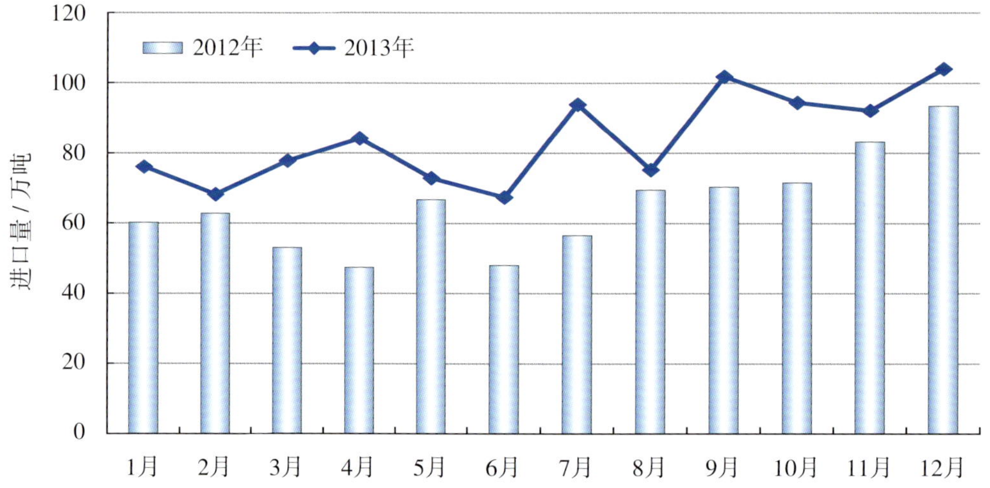

2012—2013年铜精矿进口情况

数据来源：海关信息网

氧化铝进口放缓。2013年，我国氧化铝进口量为383.1万吨，同比下降23.70%，其中，9月进口量开始接近去年同期。由于新疆、青海、内蒙古等地新增电解铝产能投放，而国内新增氧化铝产能投放速度慢于电解铝产能投放，国内氧化铝企业对进口矿石需求为三水铝土矿，国产矿石主要是一水硬铝土矿，两种矿石加工工艺不同。

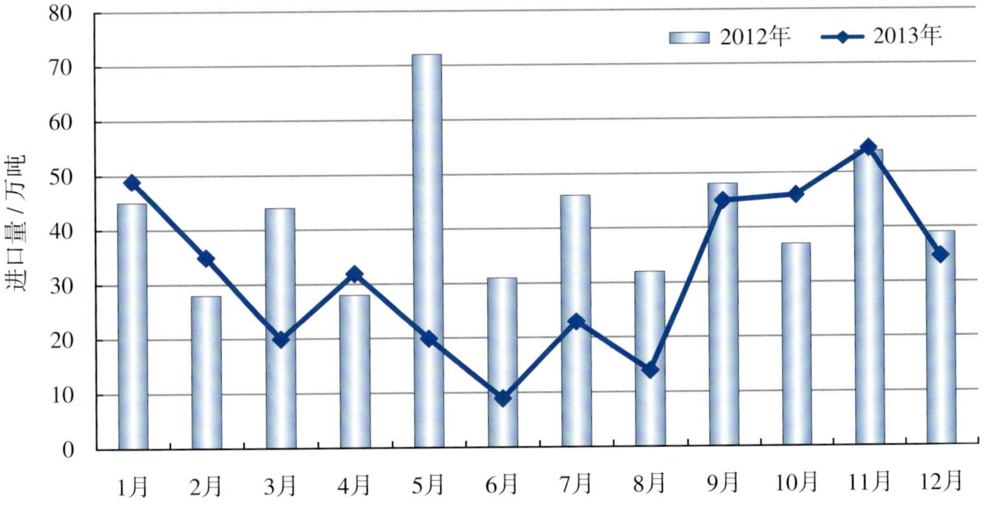

2012—2013年氧化铝进口情况

数据来源：海关信息网

【4矿产品价格】 大宗矿产品价格整体上处于下跌状态

2013年，除原油及铁矿石价格保持稳定高位外，国际金属产品和能源产品价格延续2012年的下行态势。2013年11月与1月相比，铜、铝、锡、镍、铅、锌价格均有所下跌，其中镍价格下跌幅度最大，达21.8%，锡价格下跌幅度最小，达7.2%，其他金属价格跌幅在10%以上。进口铁精粉（62%品位，天津港）价格下跌9.4%。2013年黄金价格跌幅较大，12月20日伦敦商品交易所黄金价格为1195美元/盎司，相比1月2日下跌28.93%。

1. 国内外煤炭价差缩小，进口煤价优势不再明显

国际市场动力煤价格低位振荡。澳大利亚BJ标准动力煤价格从2013年1月高峰值94.5美元/吨跌至8月低谷值77.15美元/吨，下降18.4%，已触及2009年时最低点。随后其价格弱势反弹，12月16日达到84.95美元/吨，较年初高峰值下降10%。

2008—2013年国外动力煤价格变化

国内动力煤价格弱势反弹。大同优混、山西大混和普通混煤价格从2013年1月9日的670元/吨、545元/吨和450元/吨跌至9月23日的580元/吨、445元/吨和385元/吨，创2009年12月以来新低，分别下降13.43%、18.35%和14.4%。随后其价格弱势反弹，12月16日，大同优混、山西大混和普通混煤价格分别为615元/吨、570元/吨和480元/吨，较年初上升-8.21%、4.59%和6.67%。

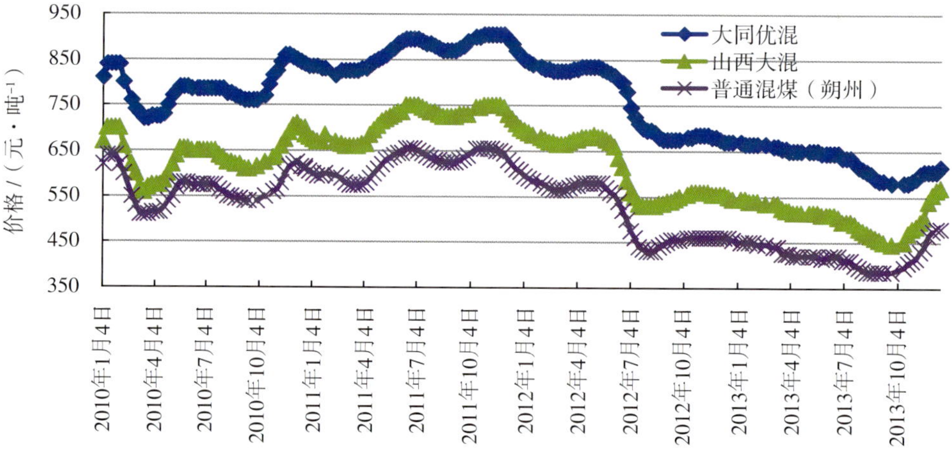

2010—2013年国内动力煤价格变化

2. 国际原油价格小幅下行，处于高位振荡

2013年，布伦特原油价格（Brent）波动范围为99.1～118.9美元/桶，均价为108.7美元/桶，同比下降3.3美元/桶，降幅约3%。纽约商品交易所西得克萨斯中质原油指数（WTI）波动范围为86.7～110.5美元/桶，均价为98.3美元/桶，同比上涨

4.3美元/桶，增幅约4%。布伦特油价主要由流动需求和投资需求共同驱动。西得克萨斯中质原油指数价格更多受到来自全球供给条件特别是始于2009年的北美能源供应潮和原油运输限值的影响。近年来，两个指数价格之间的差距缩小。

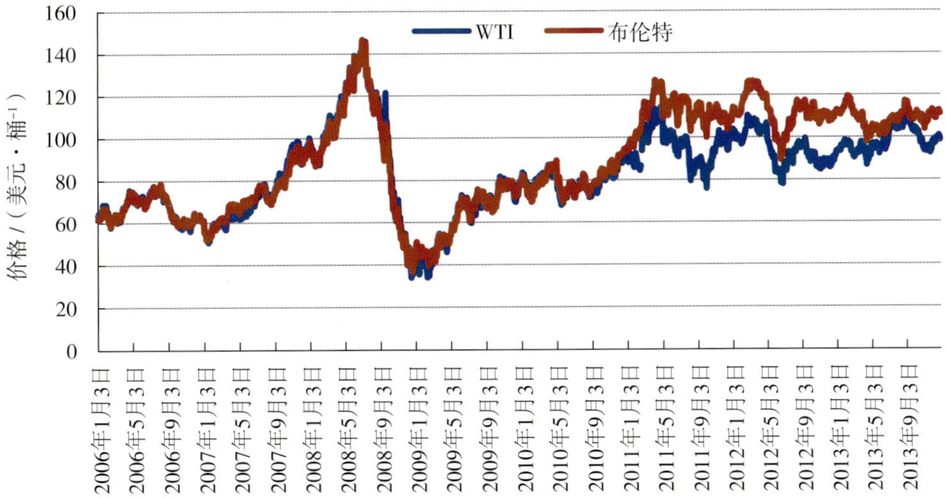

2006—2013年国际原油现货价格变化

3. 铁矿石价格先抑后扬，全年整体小幅上扬

2013年2～8月，进口铁精粉（62%品位，天津港）价格呈现下跌态势，从2月15日的1166.7元/吨跌至8月2日的838.98元/吨，跌幅达28.1%。进入第三季度，铁精矿价格上扬，12月20日价格上升到1013.77元/吨，较8月增幅为20.8%，全年整体小幅上扬8.5%。

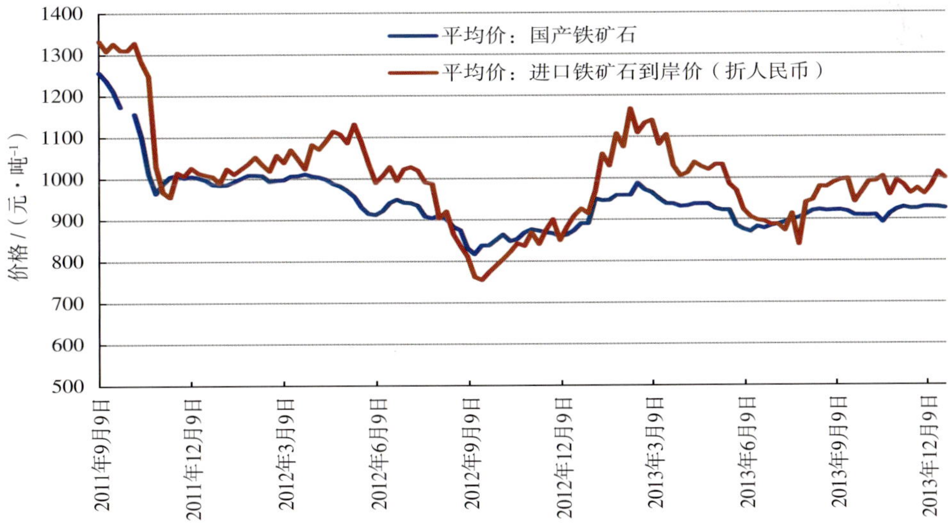

2011—2013年铁矿石价格变化

4. 国际铜价下行

LME 铜现货价格从 2013 年 1 月的 8077 美元 / 吨跌至 12 月底的 7214.91 美元 / 吨，跌幅达 10.67%，2013 年 LME 铜价整体低于 2012 年水平，12 月同比下降 9.43%。

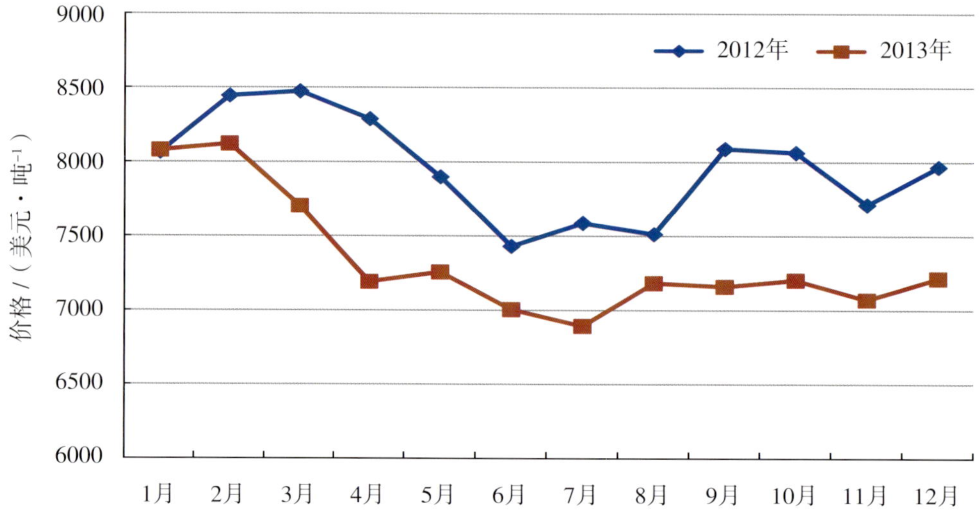

2012—2013 年国际铜金属现货月度价格

5. 基本金属价格持续低迷

LME 铝、锡、镍、铅、锌从 2013 年 1 月的 2038 美元 / 吨、24599 美元 / 吨、17494 美元 / 吨、2334 美元 / 吨和 2031 美元 / 吨跌至 12 月底的 1740 美元 / 吨、22762 美元 / 吨、13925 美元 / 吨、2137 美元 / 吨和 1975 美元 / 吨，分别下跌 14.6%、8.5%、20.4%、8.5% 和 2.8%。

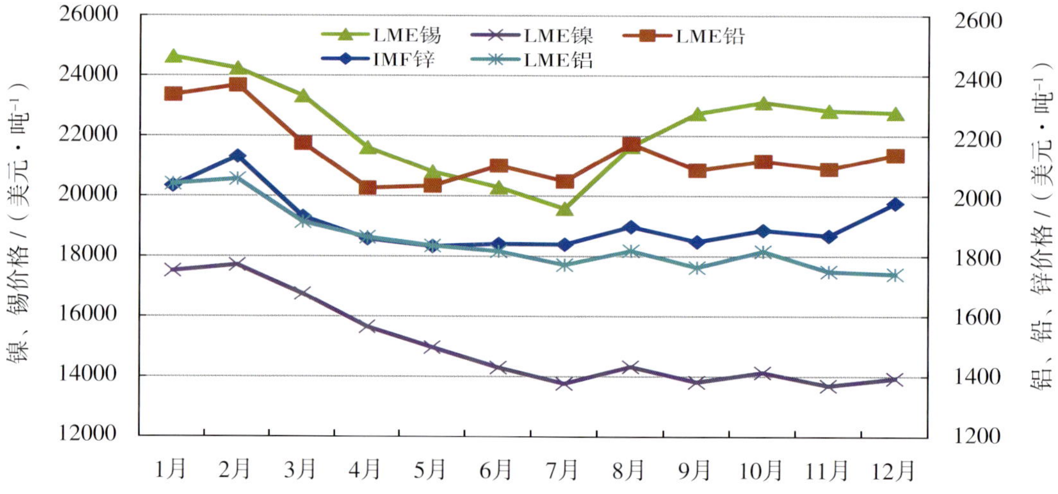

2013 年铝锡镍铅锌国际基本现货价格走势

6. 稀土价格弱势运行

2013年，稀土价格延续2011年下半年以来的低迷状况。进入第三季度，稀土价格开始反弹，12月23日，氧化钕、金属钕、氧化铈和四川稀土精矿价格分别为34.5万元/吨、43万元/吨、2.35万元/吨和1.9万元/吨。

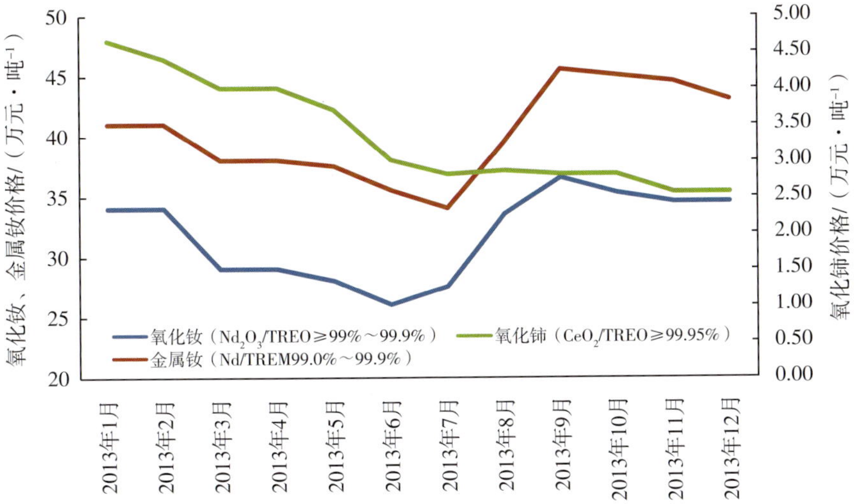

2013年主要稀土产品月度价格变化

7. 贵金属价格持续走低

2013年4月，金价暴跌，第二季度贵金属价格持续下跌，第三季度价格回升，第四季度价格再次探底。12月20日伦敦商品交易所黄金、银、铂金、钯金价格分别为1195美元/盎司、19.33美元/盎司、1325美元/盎司、698美元/盎司，相比1月2日分别下跌28.93%、37.38%、15.01%、1.27%。

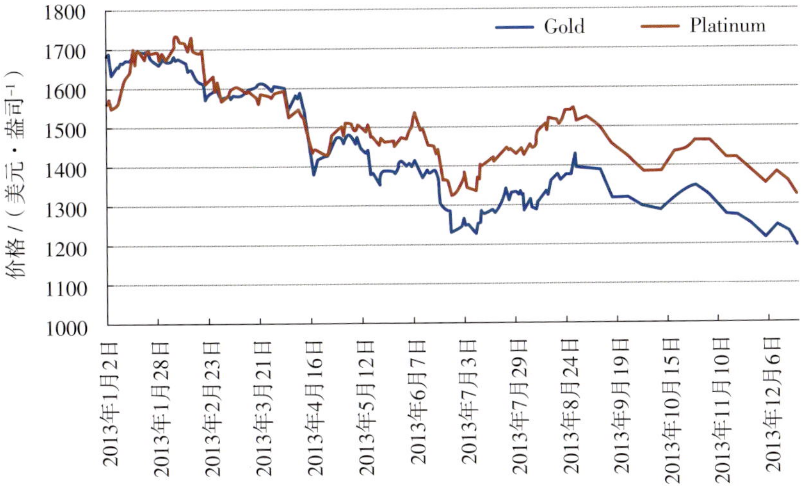

2013年国际贵金属价格变化

【5 矿业投资】 采矿业固定资产投资增长平稳，但投资增速低于全国固定资产投资增速

采矿业固定资产投资增长平稳。2013 年，采矿业固定资产投资 14750.23 亿元，同比增长 10.91%，增速与上年基本持平，比全社会固定资产投资增长率低 8.69 个百分点。采矿业固定资产投资占全社会固定资产投资的比例下降到 3.38%，比 2008 年的 4.5% 下降 1.12 个百分点，从国际上通行占比情况来看，我国采矿业投资比例逐渐趋于适度。

油气开采业固定资产投资增速加快，其他矿业投资增速趋缓。2013 年，全国煤炭开采及洗选业固定资产投资 5262.76 亿元，同比下降 2.00%；石油和天然气开采业固定资产投资 3805.17 亿元，同比增长 23.68%；黑色金属矿采选业固定资产投资 1666.07 亿元，同比增长 10.39%；有色金属矿采选业固定资产投资 1658.65 亿元，同比增长 19.72%；非金属矿采选业固定资产投资 1833.45 亿元，同比增长 14.43%。

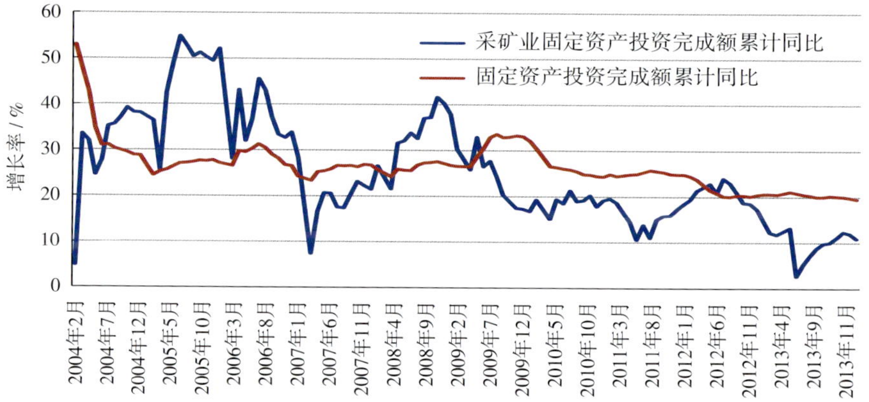

2004—2013 年我国采矿业固定资产投资与全社会固定资产投资同比增长
数据来源：国家统计局

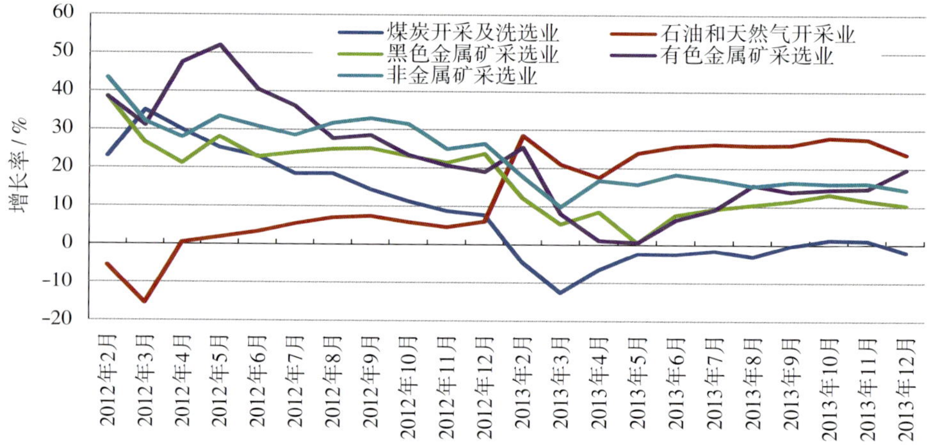

2012—2013 年我国各类采矿业固定资产投资同比增长
数据来源：国家统计局

【6 矿业股市】 国际国内资本市场矿业板块表现欠佳，涉矿股票市值明显缩水

1. 国际股市矿业指数持续下跌

据加拿大和美国证券交易所（S&P/TSX）110 家矿业上市企业数据，2013 年 12 月 23 日矿业板块市值与 1 月 2 日（年内峰值）相比跌幅达 24.1%，与 2011 年年初（峰值）相比跌幅达 44%。

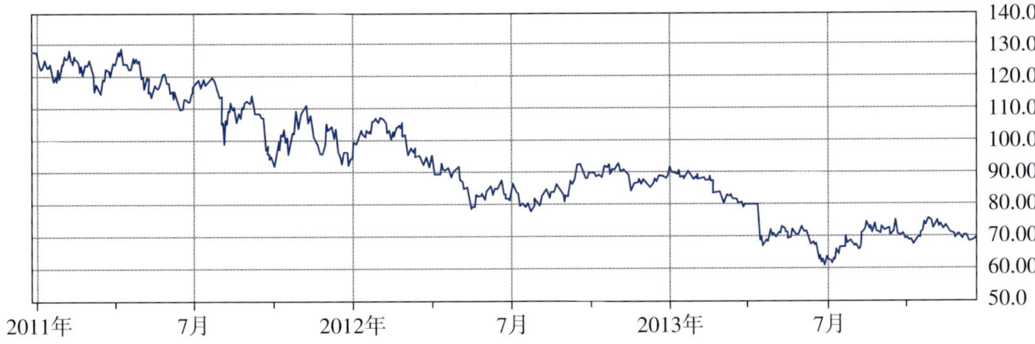

2011—2013 年 S&P/TSX 全球矿业指数走势

2. 国内股市矿业板块明显下跌

据深、沪两市有色、煤炭等矿业上市企业数据，矿业股票波动与大盘走势有关，但受企业利润下降等因素影响，2013 年矿业上市企业市值均大幅下跌，与年初相比，根据中信证券行业分类，2013 年 12 月煤炭开采选洗（30 家）市值下跌 41.36%、有色金属（80 家）市值下跌 29.75%。

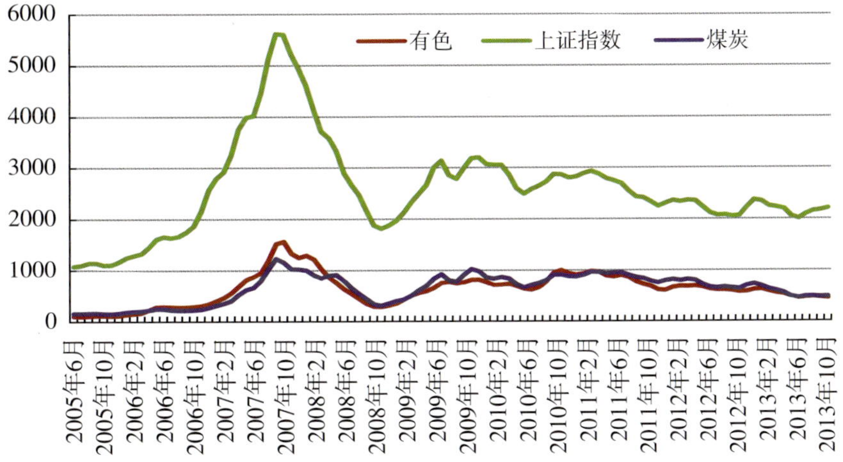

2005—2013 年各类矿业股市及上证指数情况

3. 矿业股行情收益普遍欠佳

2013年前三季度，我国多数矿业股行情收益率为负值，第四季度情况有所好转，但是，煤炭行业和有色金属行业依旧不容乐观。其中，铜陵有色行情收益率跌幅达1.191%，兖州煤业行情收益率跌幅为0.664%。

2013年矿业板块的主要企业行情收益情况

板块	股票名称	基期股价（元·股$^{-1}$）1月4日	监测股价（元·股$^{-1}$）12月20日	股价变化（元·股$^{-1}$）	流通股本 亿元	总股本 亿元	每股净资产	行情收益率
煤炭板块	中国神华	25.17	15.62	−9.55	165.0	199.0	13.43	−0.590
	中煤能源	7.77	4.69	−3.08	90.1	133.0	6.58	−0.317
	兖州煤业	18.14	9.24	−8.90	29.6	49.2	8.07	−0.664
石油板块	中国石油	9.05	7.69	−1.36	1619.0	1830.0	6.03	−0.200
	中海油服	16.53	20.44	3.91	29.1	45.0	8.01	0.316
	中国石化	6.96	4.55	−2.41	911	1166.0	4.78	−0.394
钢铁板块	首钢股份	2.78	2.03	−0.75	12.1	29.7	2.35	−0.130
	武钢股份	2.83	2.20	−0.63	101.0	101.0	3.58	−0.176
	包钢股份	5.44	–	–	64.2	80.0	2.37	–
有色板块	江西铜业	25.21	14.06	−11.15	20.8	34.6	12.59	−0.532
	铜陵有色	19.19	9.96	−9.23	14.2	14.2	7.75	−1.191
	中国铝业	5.20	3.56	−1.64	95.8	135.0	3.09	−0.377

【7 资源税费】 资源税稳步提升，探矿权出让价款大幅上升，但采矿权出让价款明显下滑

1. 资源税稳步提升

《中华人民共和国资源税暂行条例》及《中华人民共和国资源税暂行条例实施细则》修订后，从2011年11月1日开始施行，原油和天然气采取从价计税，我国资源税税收大幅度上升，2012年全年征收832.43亿元，同比增长66.58%，2013年1～11月累计征收900.99亿元，同比增长8.24%，其中2013年6月达到2007年以来的峰值119.18亿元。

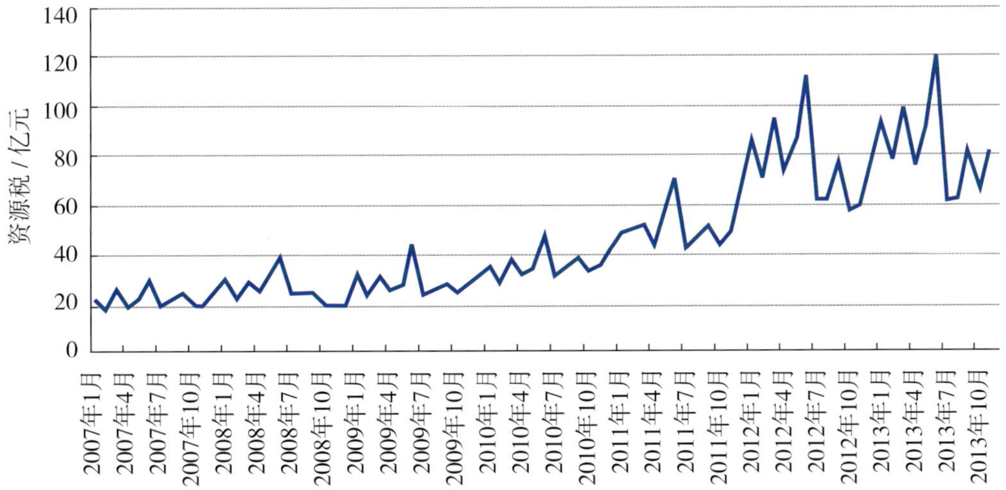

2007—2013 年资源税征收情况

数据来源：国家统计局

2. 探矿权出让价款大幅上升

2013 年，探矿权出让价款累计金额为 13.8 亿元，同比增长 17.7%；6 月为全年的峰值，价款金额为 3.9 亿元。

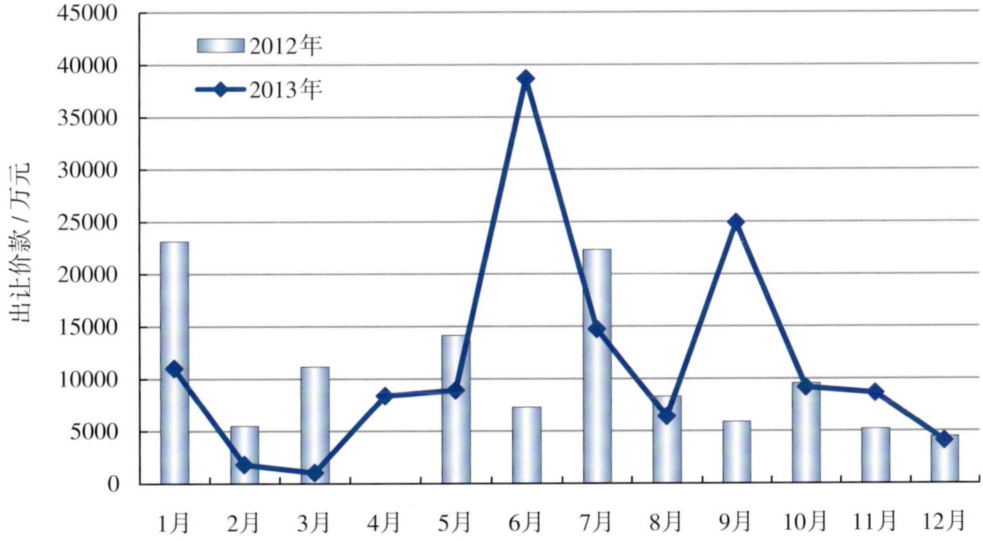

2012 —2013 年探矿权出让价款情况

数据来源：统计公报

3. 采矿权出让价款明显下滑

2013 年，采矿权出让价款累计金额为 52.9 亿元，同比减少 31 %；7 月为全年的峰值，价款金额为 12.5 亿元。

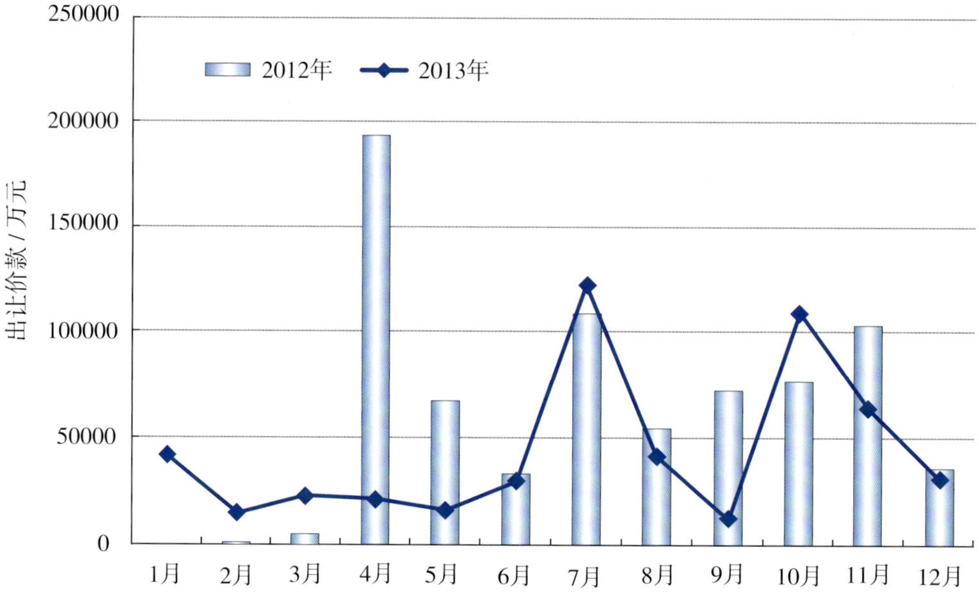

2012—2013 年采矿权出让价款情况

数据来源：统计公报

五、地质勘查经济形势

当前多数发达国家经济增长趋稳，部分新兴经济体增速显现放缓迹象，主要矿产品价格一路走低，中小勘查企业融资困难，全球固体矿产勘查投入同比下降30%；国内经济增速放缓，固体矿产勘查投入结束了多年来的连续增长。全球勘查活动指数急剧下降后趋于平稳，我国地质勘查活动指数整体上呈下降趋势。国内新立探矿权出现量价齐升局面，有效探矿权数量逐步趋于稳定，月度环比变化幅度微弱。2013年地勘经济形势不容乐观，多数地勘单位近年来高速增长的势头难以延续。受宏观经济与矿业市场影响，预计2014年社会资金投入地质勘查将继续下滑，整体投入小幅降低，地质找矿工作进度开始放缓。

【1 地勘投入】 固体矿产勘查投入大幅下降

全球固体矿产[1]勘查投入保持连续4年增长后，在2013年大幅下跌，初级勘查公司的投资比例严重下滑。受矿产品价格下降的传导及省级地勘基金规模缩水等因素影响，我国地质勘查投入出现10多年来的首次下降。

全球地质勘查投入大幅下降。当前全球经济复苏困难，矿业企业面临矿产品价格下跌、成本上升、利润下滑等多重困难，地质勘查投入出现大幅下降。SNL MEG发布报告显示，2013年全球固体矿产勘查预算估计为144.3亿美元，较2012年下降30%。2013年，勘查投入10万美元以上的勘查公司有2129家，数量同比下降17%，其中包括1781家初级公司[2]、98家高级公司和167家中级公司，勘查投资预算分别为49亿美元、69亿美元和17亿美元；另外有32家国有公司（投入4.3亿美元）和51家其他类型的公司（投入4.9亿美元）。由于股东压力、投资策略变化，勘查预算预期今后一段时期会继续下降。

初级勘查公司投资比例持续下滑。自2012年年初起，初级勘查公司由于资金短缺而不断缩减开支，并努力寻找投资。2013年初级勘查公司在全球勘查预算中的投资比例已经由2007年的55%下跌到了34%。尽管当前多数金属价格维持在近10年的平均水平，高级勘查公司在较高的经营成本和资本成本以及股东的压力下，投资开始逐步

---

[1] 数据来源：MEG，不包括煤炭与铁矿的勘查投入。

[2] 年勘查投资50亿美元及以上为大型，5000万～50亿美元之间为中型，5000万～10万美元之间为小型勘查公司。

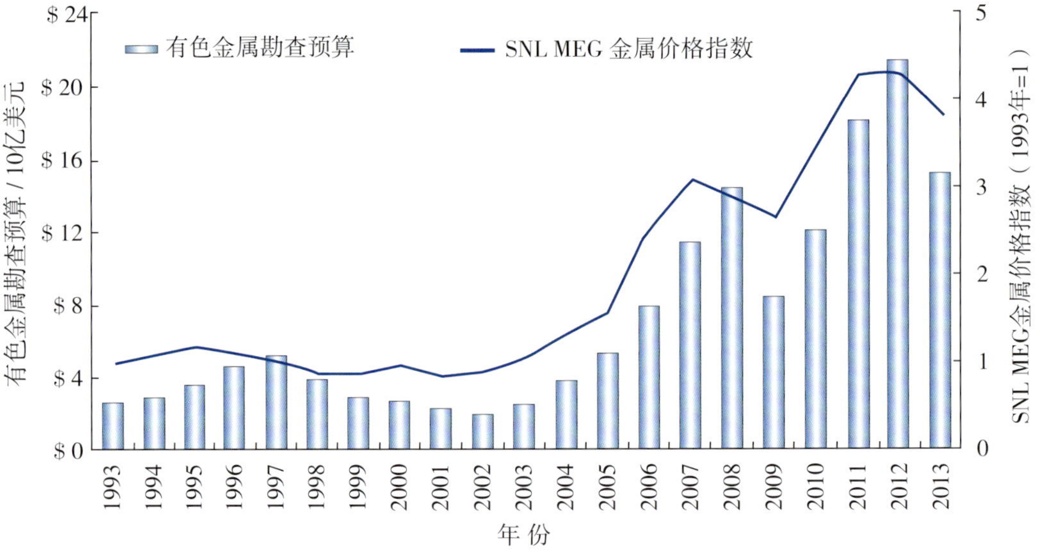

1993—2013 年全球有色金属勘查预算与金属价格指数走势
数据来源：SNL MEG

由原来的增长性支出回归到健康的利润率上来。高级勘查公司 2013 年勘查预算同比下降 24%。

各矿种勘查投入不同程度下滑。 2013 年所有矿种勘查投入均下降，所占比例变化不同。金矿勘查投入连续 4 年超过总预算的一半，为 66.46 亿美元；贱金属和金刚石的勘查投入比例达到 2009 年以来的最高点；铂族元素勘查投入的比例低于 1%，仅为 1.19 亿美元；铀矿勘查投入比例依然保持在 4%，为 6.16 亿美元；其他矿种的勘查投入从 2012 年的 27.2 亿美元下降到 18.5 亿美元。

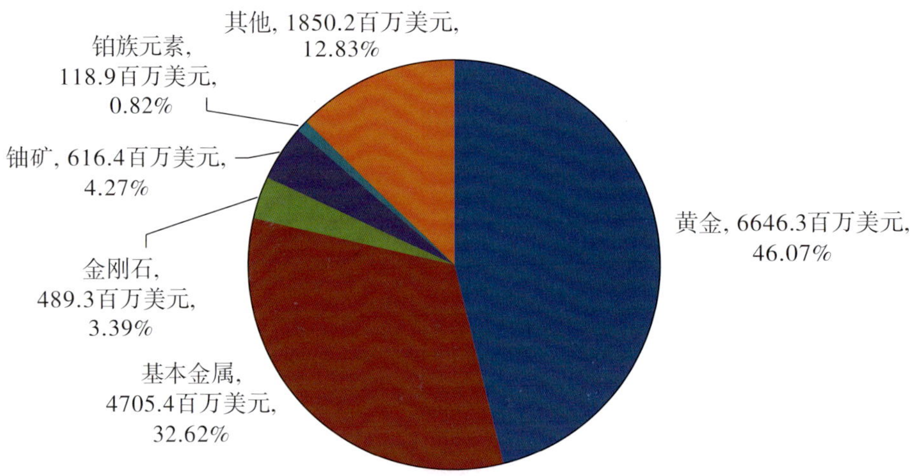

2013 年分矿种勘查投入情况
数据来源：SNL MEG

传统勘查投资热点地区变化不大。2013年，有勘查投资计划的国家范围为127个，比2012年少了2个国家。在国家安全、政策、税收、资源保护主义等因素不确定的情况下，投资者在高至中风险地区的勘查投资预算还是超过了50%。相比之下，加拿大、美国等成熟的矿区勘查投资预算反而有所降低。23个拉丁美洲国家共吸引勘查投资38.47万美元，同比下降26%；而加拿大吸引勘查投资19.17亿美元，同比减少41%。尽管如此，加拿大和澳大利亚仍然是勘查投资最高的两个国家，排名前五位的还有美国、墨西哥、智利。而非洲和拉丁美洲地区在2013年创下最高勘探投资增幅。

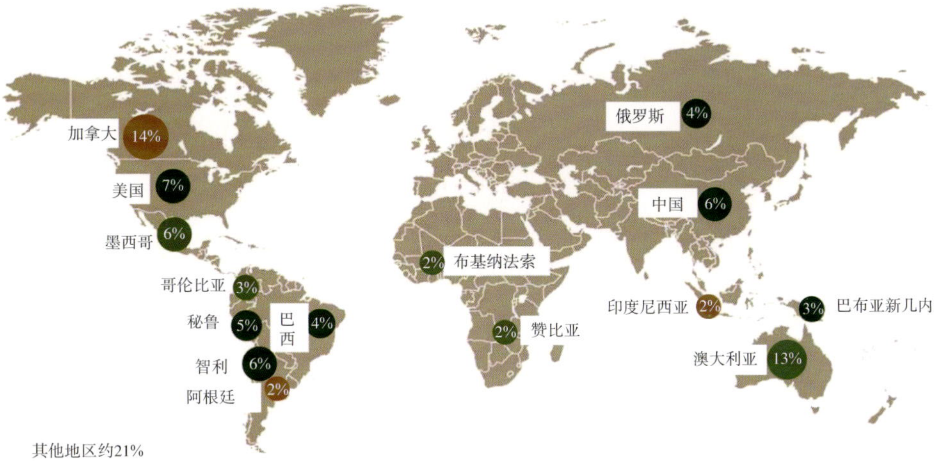

2013年草根勘查投入预算地区分布
数据来源：SNL MEG

勘查投资更偏好于矿山项目。受矿产品价格下跌影响，许多初级勘查公司为了保存现金流而大幅缩减对前景欠佳的后期勘探项目和可行性研究项目投入，而部分高级勘查公司出于对未来的不确定因素考虑而采取缩减后期勘探项目预算战略，2013年后期阶段勘查投入同比下降幅度高达39%，但所占比例依然超过草根勘查，为38%。草根勘查投入同比下降24%，其投资比例在2012年降到历史低点后上涨到33%。从同比降幅来看，所有勘查投入矿种无一例外减少，其中金矿草根勘查投入同比下降27%，贱金属同比下降16%。鉴于许多中小勘查公司面临严峻的经济形势和战略选择，对于投资者来说，目前是收购市场上一些勘查项目的好时机。

2013年勘查投资按阶段划分

勘查阶段	公司数量 个	勘查预算 亿美元	公司平均投入 万美元
草根勘查	1476	47.67	320
后期勘探及可行性研究	927	54.92	590
矿山勘探	390	41.66	1070

国内地质勘查投入近年来首次下降。2013年，我国非油气固体矿产勘查投入460亿元，同比减少10%，出现十几年来国内地质勘查投入的首次下降，全国实施的勘查项目数和钻探工作量也相应地下降。究其原因，一方面，地方“两权”价款收入下降导致省级地勘基金规模缩水，影响勘查投入；另一方面，矿业公司对矿产品价格下跌反应敏感，放缓了勘查投入节奏。如果2014年矿产品价格继续走低，国内经济增长放缓，我国地质勘查投入将难以回暖；但是在找矿突破战略行动带动下，通过加速简政放权、加强服务等，进一步释放改革红利，激发地勘市场主体发展的活力和创造力，可以在一定程度上平抑勘查市场的负面因素影响。

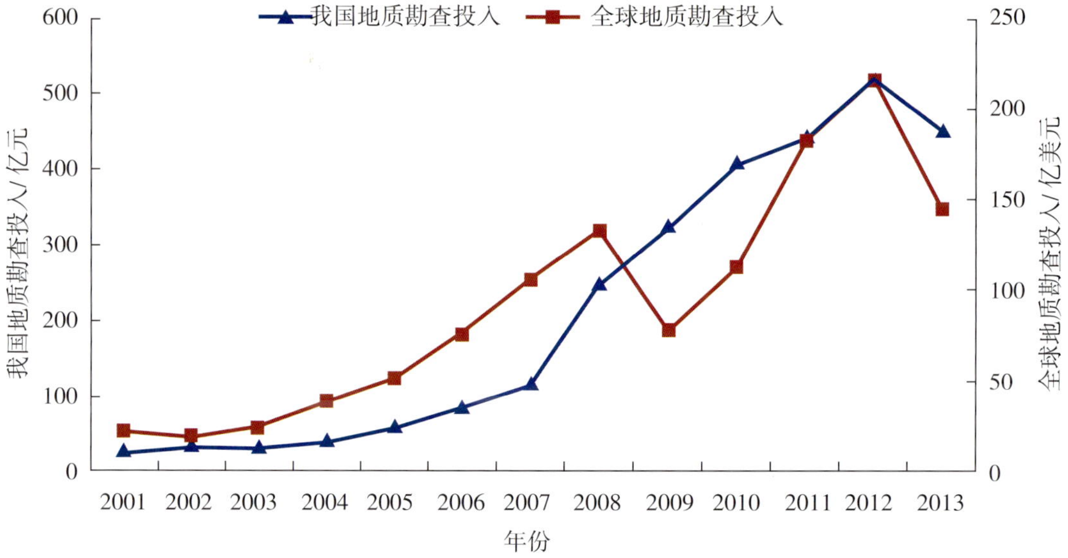

2001—2013年地质勘查投入变化情况

数据来源：全球数据来自SNL MEG，不包含铁矿和煤炭

主要矿种勘查投入比例明显偏高。2011年至2013年上半年，我国矿产勘查投入893亿元，其中煤炭勘查投入274亿元，铁矿勘查投入100亿元，铜矿勘查投入115亿元，三矿种合计占矿产勘查投入比例达55%，其中煤炭占矿产勘查投入的比例平均为31%。煤炭勘查表现出上半年投入高、下半年投入少的特征，铜矿勘查与此相反，铁矿勘查投入变化不明显。受宏观经济形势及矿业市场变化影响，2013年煤炭勘查投入同比减少37%，勘查投入占比由2012年上半年的33%下降到2013年下半年的28%。

矿产勘查投入偏向于西部分布。2011—2013年，我国矿产勘查投入向西部倾斜明显，其中新疆、内蒙古、青海等10省（自治区）的投入占全国比例为70%左右。随着我国东部地区地质勘查工作程度不断加深，矿产勘查工作难度逐步加大，而西部地区矿产资源丰富，勘查工作程度低，为提高找矿成功率，保障资源充分供给，我国矿产勘查工作开始向西部迁移。预期未来我国西部地区将继续保持较高的矿产勘查投入。

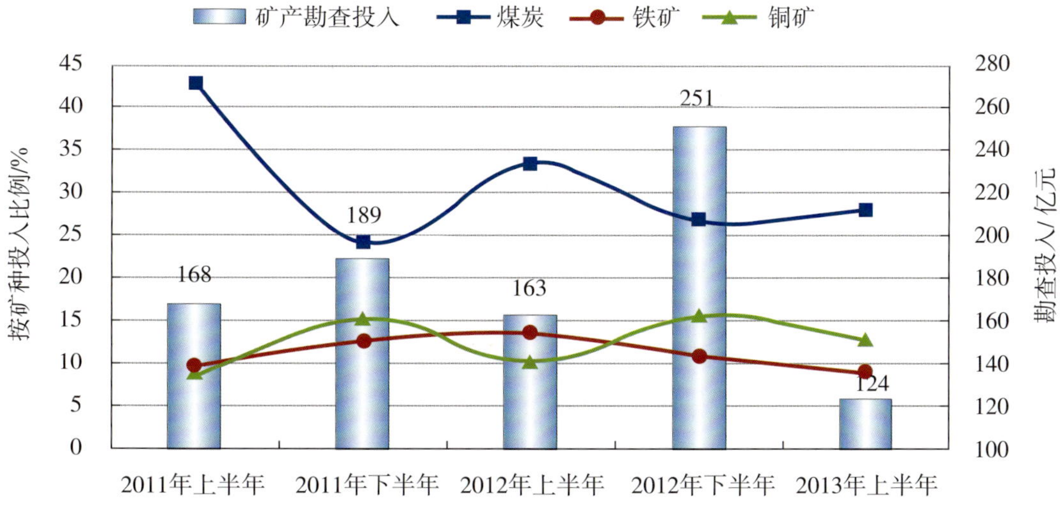

主要矿种矿产勘查投入变化趋势

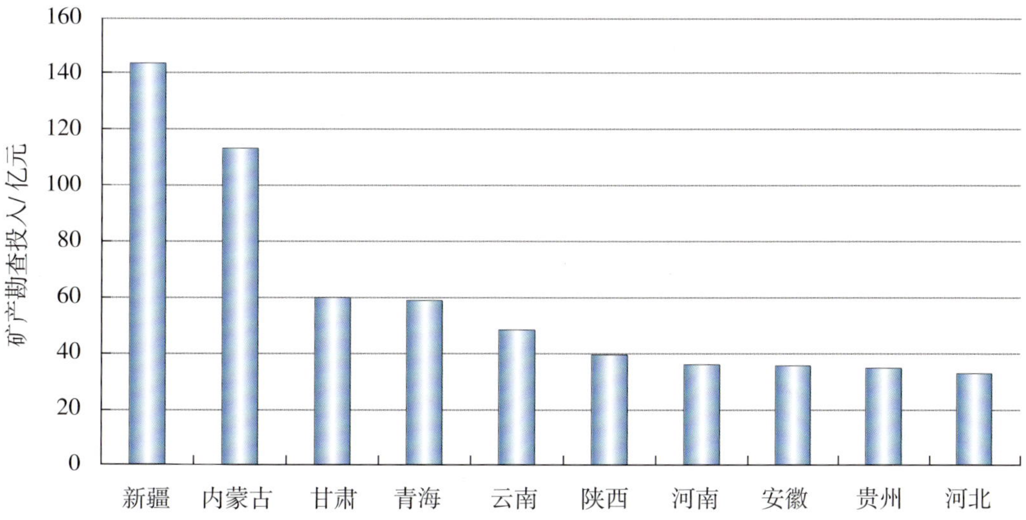

我国矿产勘查投入前10位省（自治区）

境外勘查投资约5亿美元。2013年，境外投资涉及中国企业有128家，中方投资额为51.69亿美元，同比减少51%；中国企业境外固体矿产投资项目132例，同比减少25%。从投资结构看，企业并购金额为24.09亿元，占投资总额的近一半；地质勘查投入4.79亿美元，占投资总额的9%，资金相对较少；矿山建设投资金额18.45亿美元，其他投资金额4.36亿美元。一方面，未来一段时期，全球勘查投入继续走低趋势明显，勘查项目资产价值下降，有利于收购项目；另一方面，我国将进一步加大对国外勘查的政策支持力度，有利于推动“走出去”，预期2014年境外勘查投入将出现一定幅度增长。

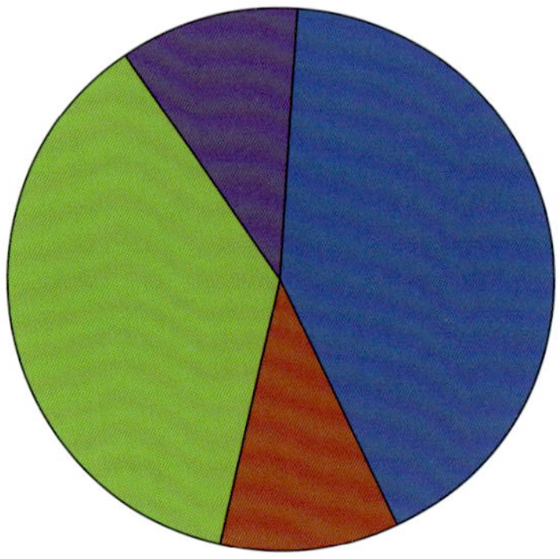

境外矿产投资结构分布

数据来源：中国矿业联合会

地勘单位境外投资比例偏低。按照投资金额排序，中国企业境外矿产资源投资的主要来源为跨行业企业、矿山企业、地勘单位，投资额比例约为30:20:1，而各方投资的项目数比例为16:3:5。我国地勘单位虽然在境外投资金额不足，总投资额偏低，但开展的项目数比例较高，从侧面反映出我国地勘单位积极实施“走出去”战略，开展了大量勘查项目，但资金实力相对不足，整体上需要规整散而乱的局面，争取增强国际竞争力。

境外勘查选择有利地区和紧缺矿种。2013年，我国境外投资所选目的地主要是澳大利亚、非洲南部、加拿大、拉丁美洲等资源相对丰富的地区，这里矿产勘查开发环境相对成熟，易于形成大的勘查成果及投资回报。按投资金额对矿种进行排序，我国境外矿产勘查开发投资优选矿种是铜矿、金矿、煤炭、铁矿、铝矿等，这些矿种是矿业投资的热点，也是我国相对稀缺的矿种。

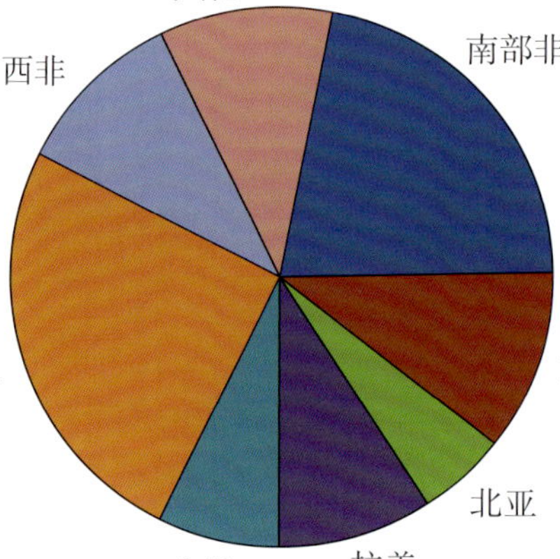

境外矿业项目投资目的地分布图

数据来源：中国矿业联合会

【2 勘查指数】 勘查活动指数低位下行

全球勘查活动指数在经历了3年高位波荡之后，2013年下半年在低位趋于稳定。2013年全球重要钻探结果公告数减少明显，新增资源量出现大幅下降，其公告数连续回落，勘查项目总体进展不利。重大融资前景黯淡，企业和项目并购交易量及交易金额持续走低。从我国地质勘查活动指数数据来看，呈上半年处于波谷和下半年处于波峰的波状变化状态，整体上自2011年高峰之后逐步下滑。

全球勘查活动指数再创新低。 SNL MEG数据显示，继2012年底勘查活动指数急剧下跌之后，2013年上半年继续快速降低，下半年表现为平稳波动，但12月的活动指数再次出现急剧下跌，当前该指数创下多年来的新低。金属价格活动指数经过2011—2012年的高位振荡之后，2013年上半年出现大幅下滑，在9月略有上升之后开始缓慢降低，年底逐步趋稳。勘查活动指数继续下跌的空间有限，预期短期内将在这种波动中保持相对稳定。整体上，2013年地质勘查活动明显乏力，可以认为2013年是勘查周期的一个拐点，2014年勘查活动继续疲软之后，有望在2015年年底回暖。

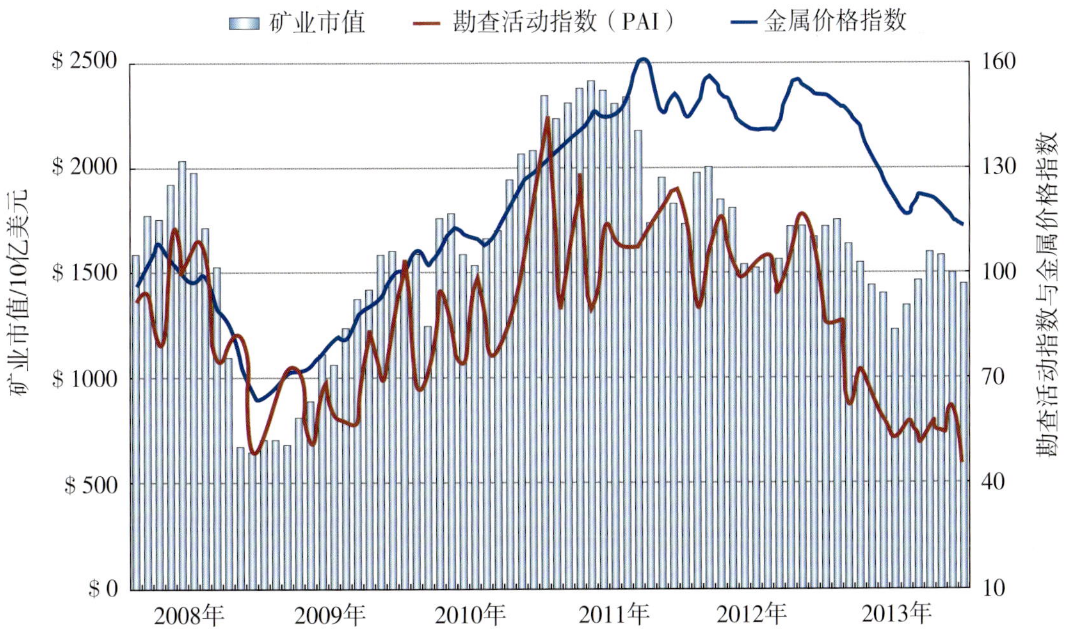

全球地质勘查活动指数变化
数据来源：SNL MEG

重要钻探公告数在低位保持稳定。 2013年，除年初和年底的重要钻探公告数出现大幅减少外，其余几个月总体上基本保持稳定，但相比于2012年约下降10%。在公告数中，矿体周边的钻探公告数的比例一直较高，2013年同比下降幅度也较低，在新成矿带和空白区的钻探活动的进展相对不顺利。由于初级勘查公司将2013年有限的资本用在了优质项目上，长期的融资困难将造成初级勘查公司在2014年没有足够的现金，届时重要钻探公告数将达到多年来的新低。

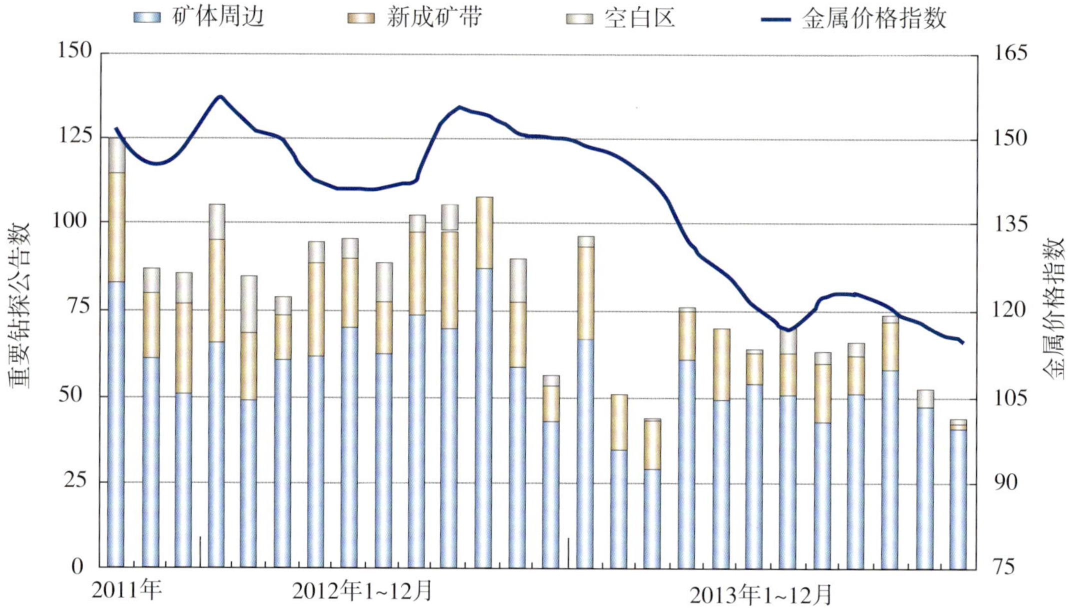

全球重要钻探公告数变化情况

数据来源：SNL MEG

新增资源公告数大幅回落。受融资困难、成本上升等因素影响，草根勘查缩减预算，将重点勘查钻探集中在低风险项目上，造成发现新资源的项目不断减少。新增资源公告数在2012年年底至2013年3月出现大幅回落之后开始波动变化，下半年起伏明显，全年新增资源公告数回落到2010年平均水平，预期在短时间内新增资源公告数不会得到提升。2013年新发现的资源价值同比约减少50%，其中贱金属新发现资源价值回落更加明显。2013年全球重大新增资源量主要有：NovaCopper公司在阿拉斯加南堡地区新发现的110万吨铜矿；Orbis黄金公司于布基纳法索国家新发现180万盎司黄金储量，在厄瓜多尔新发现50万吨铜矿；Torex黄金公司在墨西哥新发现340万盎司黄金矿，3140万盎司银矿，39万吨铜矿；GoldQuest矿业公司在多米尼加共和国新发现220万盎司黄金矿，15.9万吨铜矿，350万吨银矿，9.7万吨锌矿。

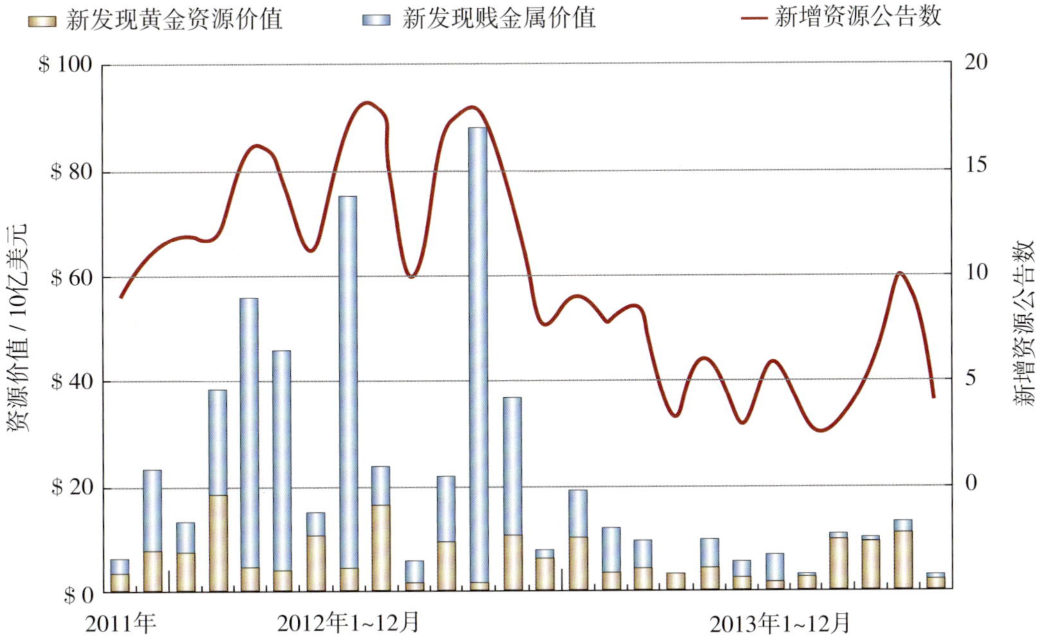

全球新增资源公告变化情况

数据来源：SNL MEG

勘查项目总体进展不利。消极的短期需求前景和疲软的金属价格走势，决定了勘查项目重点围绕矿山开展，新可行性研究项目往往得不到资金投入，总体上进展有利的项目数量偏低。2013年的进展有利项目数137个，同比减少38%；进展不利项目数75个，同比增加9%。取得有利进展的项目减少主要是新可行性研究项目的减少，不利进展主要表现为矿山减产。初步估算，在2013年取得积极进展的勘查项目的资源价值将不足2万亿美元，同比减少50%。随着预算的减少，勘查形势将更加严峻，在2014年进展不利的项目数有进一步增加的趋势。勘查项目进展具体表现为：年初Centamin公司重启在埃及的Sukari露天金矿项目；High River黄金矿业公司按计划和预算完成在布基纳法索的Bissa露天金矿项目，预期年产20万盎司黄金；Turquoise矿山资源公司开启在蒙古的铜－金精矿；Metals Exploration公司开启在菲律宾的Runruno金钼矿；俄罗斯Nord Gold公司露天金矿进入生产阶段，预期2015～2016年能年产5万～20万盎司黄金；Randgold Resources公司在刚果的Kibali金矿山开始生产，预期年产60万盎司黄金，可持续18年；进展不利的项目是嘉能可·斯特拉塔公司在多米尼加的Falcondo镍矿山于9月份关闭。

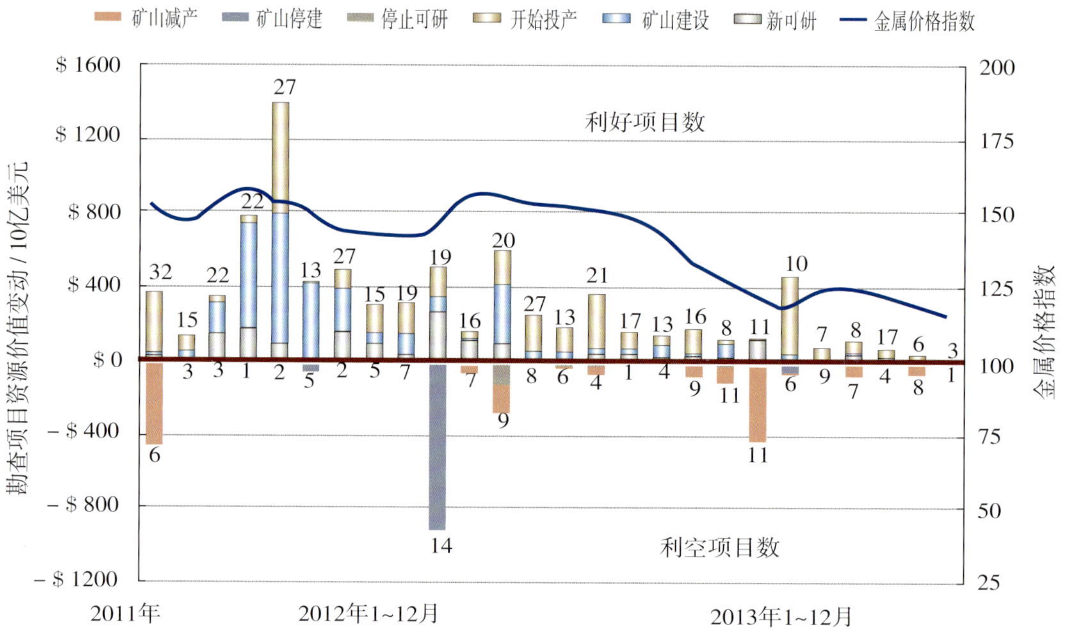

全球勘查项目进展情况

数据来源：SNL MEG

重大项目融资前景黯淡。初级和中级勘查公司的重大项目融资数量（200万美元以上）在2013年整体表现为明显下滑，累计融资约100亿美元，与2012年同比减少47%。2013年完成融资的项目数不足400个，创下多年来的新低。2013年初级和中级勘查公司在收购、开发和再融资过程中背负了更多的债务，加上融资过程中的一些优先或可兑换票据，勘查公司的资金风险进一步升高。总体上，初级和中级勘查公司在2013年寻找战略投资者的形势不算理想，加上矿产品价格可能会进一步下降，预期2014年融资会更加困难，勘查项目的开展将非常不顺利。

勘查公司（项目）并购持续走低。2013年第一季度，勘查公司和勘查项目的并购数量保持了2012年下半年的平均水平，5～6月并购陷入低谷，7月之后开始有所回暖，并在12月完成17项交易（其中有13项是黄金交易），暗示出投资者对矿业市场前景有看好趋势。并购金额在1～2月保持了多年来的平均水平，但是3月之后并购交易情况不够理想，平均每月并购金额不足20亿美元。总体上，2013年的勘查公司和项目并购数量平稳降低，年底出现提升，并购交易金额同比减少。尽管目前市场条件下有很多“买低”的机会，但公司并购活动并不活跃，尤其是贱金属方面。由于对勘查前景并不看好，多数公司的并购主要集中在了风险低和回报快的项目等创收性财产方面，对一些高风险的交易则十分谨慎。

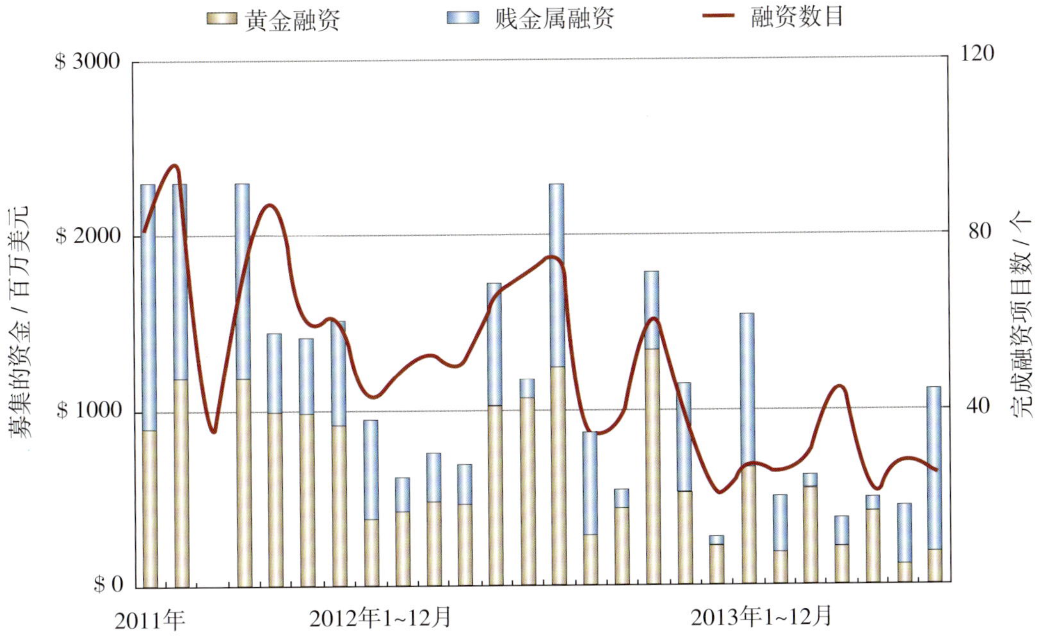

初级和中级勘查公司融资情况
数据来源：SNL MEG

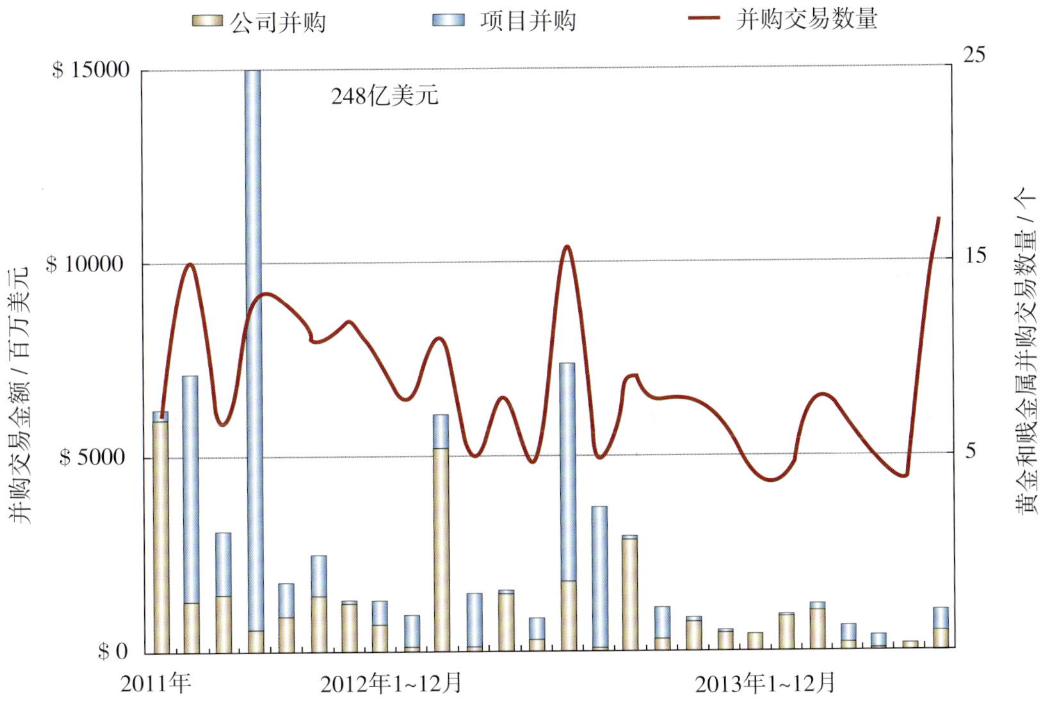

勘查项目及公司并购情况
数据来源：SNL MEG

我国地质勘查活动指数❶波动下行。从地质勘查活动指数变动看，我国地质勘查呈现明显的季节性：财政投入和探矿权出让年度分布均匀，但是钻探、矿产地的新发现等活动多发生在下半年，综合的结果是地质勘查活动在总体上呈现上半年处于波谷和下半年处于波峰的波状变化状态。从波动曲线看，我国地质勘查活动自2011年高峰之后，在2012年下半年开始下行，2013年下降幅度较大。

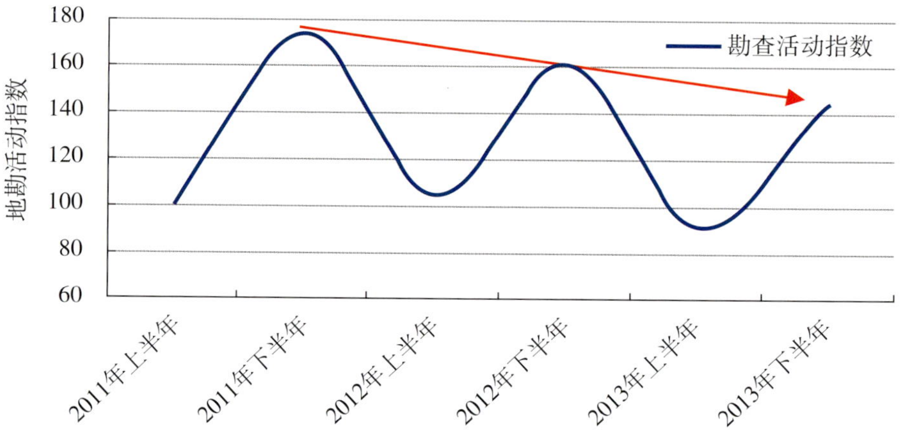

我国地质勘查活动指数变化

钻探工作量减少明显。2011年至2013年上半年，我国矿产勘查钻探进尺约6000万米，其中煤炭钻探2200余万米、铁矿770万米、铜矿约500万米，三矿种的钻探进尺占总进尺的比例达58%。近3年来，铜矿钻探工作保持稳中有增，铁矿钻探在2013年下行趋势明显，煤炭钻探一直保持在各矿种的首位，受煤炭市场影响，2013年钻探工作量下降超过五成，预期短期内难以出现上扬趋势。

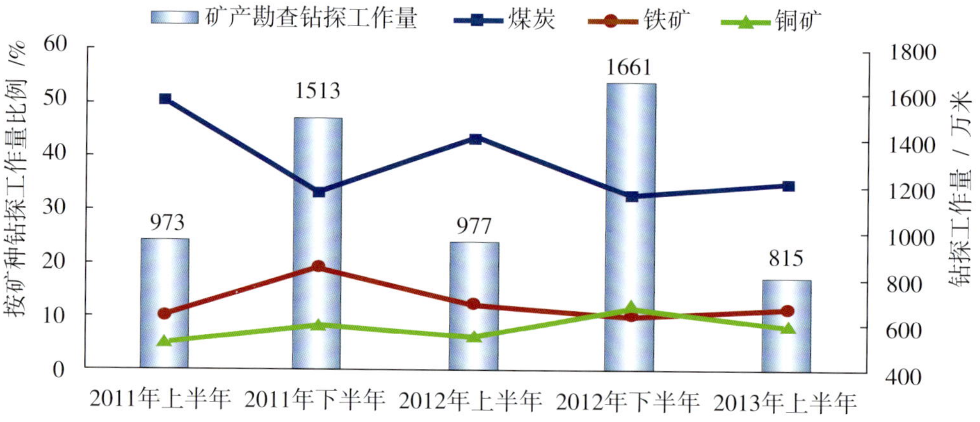

钻探工作量变动情况

❶ 为进一步定量化分析我国地勘活动情况，参考国内外有关做法，以半年为周期，选择勘查投入、新发现矿产地、年勘查项目数、探矿权出让数等指标，构建我国勘查活动指数模型。

【3 勘查市场】 勘查许可证存量逐渐趋稳，新立探矿权“量价齐升”

随着我国探矿权管理政策措施的完善与落实，并通过采取简政放权、督促引导措施，两批整装勘查区矿业权投放速度加快，以及充分发挥公益性地质工作的引领作用和信息资料主动服务，新立探矿权出现量价齐升，西部省份比例趋高；有效探矿权数量逐步趋于稳定，月度环比变化幅度微弱。

新立探矿权“量价齐升”。2013年，全国新立探矿权1337个，同比增长30%；探矿权出让价款13.7亿元，同比增长17.1%。新立探矿权中，以“招拍挂”方式出让的数量比例不足20%，但出让的价款比例超过了90%，以申请在先或协议方式出让的探矿权数量多，而价款较低。2010年以来，以“招拍挂”方式出让的探矿权有1500个，出让价款约56亿元，平均单个探矿权出让金为373万元。当前勘查投入整体缩紧，探矿权市场却出现量价齐升，究其原因主要有三点：一是虽然当前矿产品价格下行趋势明显，但长期来看，地质勘查主体看好未来勘查市场，预期当前获取的探矿权在未来5～10年内会有较高收益；二是受矿业权整合、设置方案等政策的影响，单个探矿权面积较大，“招拍挂”出让的探矿权勘查程度也较高，进而导致价款上升；三是机遇与市场并存，对于市场主体来说，市场降温时正是入市的好机会。

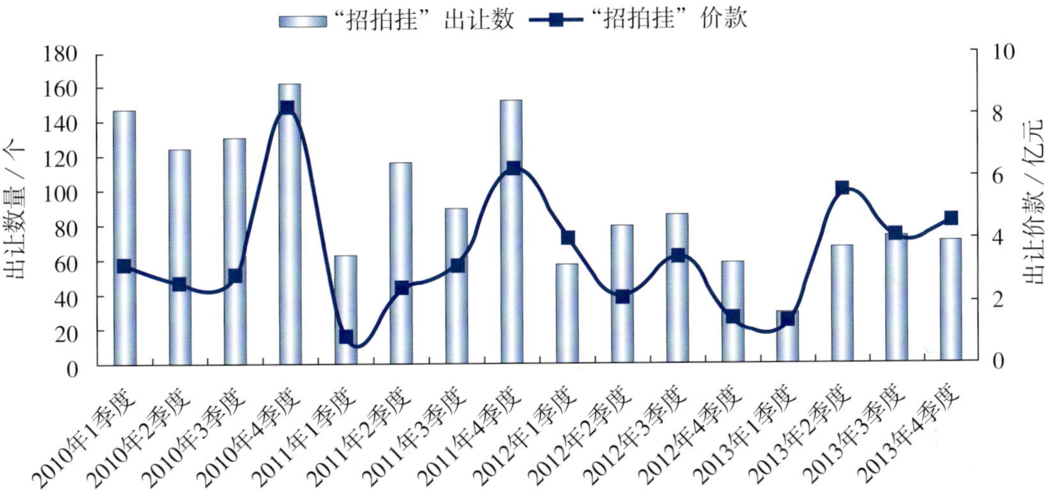

“招拍挂”出让数量及价款变化情况

有效勘查许可证存量趋于稳定。截至2013年年底，我国有效勘查许可证存量33219个，从环比变化看已经连续两年保持浮动幅度在5%以内，探矿权数量趋于稳定，一方面反映我国探矿权市场准入退出机制得到完善，另一方面说明3.3万个探矿权是我国当前勘查形势下探矿权市场的饱和数量。

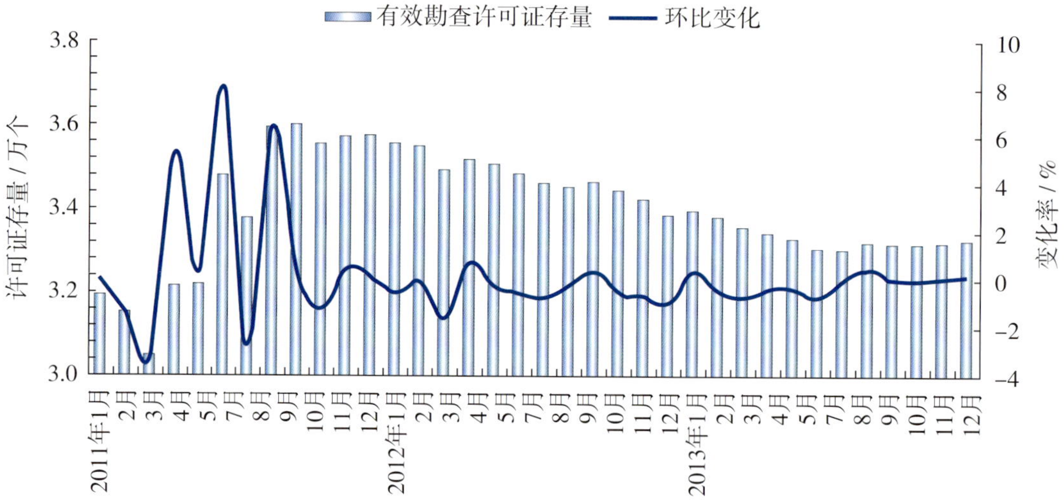

2011 — 2013 年我国有效勘查许可证存量变动情况

【4 地勘经济】 地勘经济高增长势头难延续

地勘经济形势总体呈现下滑趋势。多数地勘单位近年的高速增长势头难以延续，同比增长仅为4%，预计部分单位收入甚至会下降30%；受勘查市场下滑和事业单位改革相关政策等方面的影响，部分单位劳动者报酬也将出现负增长。预计2014年，受宏观经济与矿业市场影响，社会资金投入将继续下滑，整体勘查投入不足，影响地质找矿进展。

高速增长势头难以延续。虽然地勘单位收入呈现多元化态势，但受全国地勘投入下降的影响，2013年国有地勘单位预期总收入同比增长率仅为4.2%[1]，部分地勘单位收入出现负增长，最高为 -30%。受全国整装勘查项目的区域布局与地勘单位的属地化管理的影响，不同地勘单位之间勘查业收入呈现不平衡，部分单位勘查业收入同比减少20% ~ 30%。受勘查市场下滑和事业单位改革相关政策等方面的影响，劳动报酬同比增长不足3%，部分单位也将出现负增长。

2014年地勘经济形势不容乐观。虽然国家继续大力推进找矿突破战略行动，但由于矿产品价格走低，社会资金进入勘查领域的意愿降低，加之部分省级地勘基金的资金来源中采矿权、探矿权出让价款规模缩小，多数地勘单位对未来的地勘经济形势不看好。有超过一半的受访者认为2014年矿业经济形势略有下滑，有50%的受访者认为2014年勘查经济形势略有下滑，有72%的受访者认为2014年地质勘查项目经费保障形势严峻，有八成以上的受访者认为受宏观经济与矿业市场影响，社会资金投入将继续下滑。

---

[1] 2013年12月，中国地质矿产经济学会通过网络开展问卷调查的结果。

低迷的矿产品价格主导未来地勘经济形势。在地勘经济形势的影响因素权重中，矿产品价格高居第一位，特别是黄金的价格，有固体矿产勘查市场“晴雨表”之称，近期大宗矿产品价格走低，黄金价格持续下滑，多数地勘单位对于未来发展的形势不乐观。排在第二位的是中央财政，中央财政资金几乎不受价格因素影响，未来要继续加大中央财政投资力度，充分发挥其引领示范作用，平抑矿产品价格下滑的负面影响。排在后面的依次是地方财政资金、社会资金投入、地质工作程度、矿业权管理方式及其他。

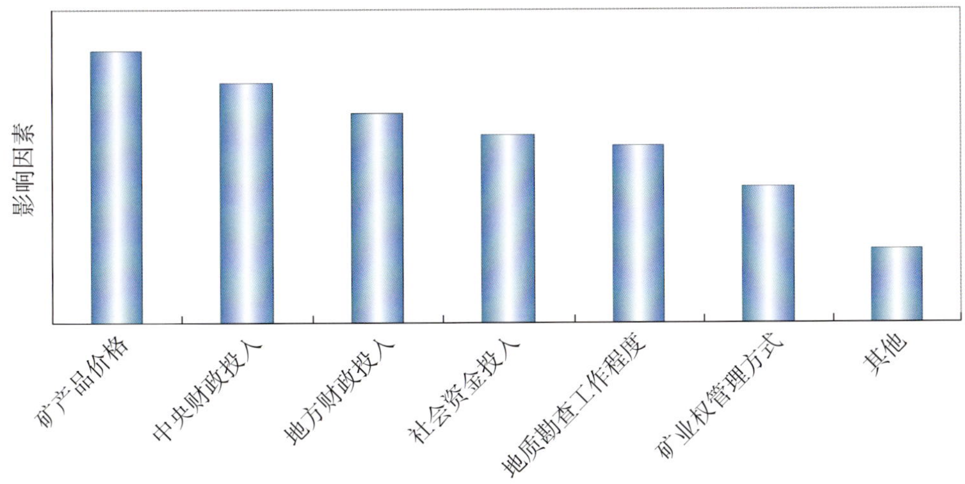

地勘形势的影响因素排序

下篇

展望与建议

2014年，国土资源工作要结合学习党的十八届三中全会和中央各项工作会议精神，深入贯彻落实《中共中央关于全面深化改革若干重大问题的决定》，以全面深化改革为主线，立足全局，找准定位，突出落实党的群众路线教育实践活动成果转化和整改措施，积极参与生态文明制度建设，着力完善国土资源管理制度，探索土地管理制度和自然资源管理制度改革，加快推进行政审批制度改革，努力构建市场起决定作用的资源配置机制。坚持依法行政，尽职尽责保护国土资源，节约集约利用国土资源，尽心尽力维护群众权益，坚持源头严防、过程严控、后果严惩，将严格监管贯穿国土资源管理工作全过程。

【1】积极研究探索适应生态文明建设要求的新型自然资源管理制度

积极稳妥推进自然资源管理职能调整。服务加快生态文明制度建设，调整优化“源头严防、过程严控、后果严惩”的国土资源全过程管控职责；区分自然资源所有权管理与行政监督管理两种政府职能，认真研究划分两种管理职责权限，提出强化维护自然资源国家所有者权益和监督管理职能的政策建议，促进部门职责分工调整，做好事权和职能“两统一”、资产和监管“两加强”。进一步强化政府宏观调控、公共服务、市场监管、社会管理和资源环境保护职能；遵循自然资源整体性、系统性原则，坚持陆海统筹、地表与地下统筹、可再生与耗竭性自然资源统筹原则，强化资源综合规划、综合调查评价、综合开发、综合整治和综合监管职能。

认真研究探索健全国家自然资源资产管理体制。加快《不动产登记条例》等法律法规和制度建设，积极研究探索各类自然资源不动产的统一确权登记制度，为健全完善自然资源产权制度夯实基础；组建不动产统一登记机构，健全不动产统一登记队伍，建实建强相关业务支撑体系，拓展行使自然资源统一登记职能；研究探索编制自然资源资产负债表，建立目标考核与责任追究制度，明确自然资源资产权益所有者和代理者的法律关系，调整资源开发收益分配政策；探索构建自然资源资产管理机构，统一行使好全民所有自然资源资产所有者权能，建立统一行使国家所有的自然资源资产全民所有权人职责的体制。

研究探索完善自然资源统一监管体制。探索构建自然资源综合监管支撑系统，使国有自然资源资产所有权人和国家自然资源管理者相互独立、相互配合、相互监督；探索对各类自然生态空间实行统一用途管制制度，针对资源利用和生态环境保护的整体性和关联性，对自然资源实行统一监管；以国家土地督察机构为基础，整合国家土地督察和各类自然资源执法监察力量；发挥中央和地方两个积极性，中央加强宏观管理，加强规划用途管控，地方通过财政转移支付等政策，抓好管控制度的具体落实。

【2】提升国土空间用途管制作用，统筹国土资源保护和开发利用

加强规划管控能力建设。充分发挥规划在“保护国土资源”和“促进生态文明建设”中的约束管控作用，在“保障科学发展”中的宏观指导作用，以及在“维护群众权益”中的综合协调作用。尽快启动《国土资源“十三五”规划》研究编制工作，以国土资源“十三五”规划为核心，对国土资源管理工作进行统筹谋划布局；加快推进《全国国土规划纲要》出台发布、宣传和组织实施；尽快开展全国省级和区域国土规划编制工作。以国土规划为龙头，将国土空间用途管制与资源优化配置相结合，对国土空间优化、资源节约利用等作出长远布局；客观应用第二次全国土地调查成果，稳妥开展全国土地利用总体规划修编，科学划定永久基本农田、城市建设边界、生态功能区“三条红线”；尽快启动第三轮《全国矿产资源规划》研究编制工作，加快专项规划研究编制，强化矿产资源保护、综合勘查开发、绿色矿业等规划内容；认真推进实施国土整治规划，进一步发挥好国土综合整治在促进城乡统筹发展、提高基本农田保障程度，以及矿山修复和地质灾害防治等方面的整体功能。进一步精简规划，探索多规合一，完善规划功能。

建立资源环境承载力动态监测和预警机制。探索基于资源环境承载力的国土资源用途管制体制机制。统一标准规范，建立健全自然资源综合调查和动态监测与预警机制，管制不同主体功能区域内国土资源的开发利用与保护；妥善处理限制开发区、禁止开发区的划定与当地经济发展之间的矛盾，建立以资源环境承载力为基础的发展权补偿制度；建立健全国土开发环境保护制度、国土资源损害赔偿制度，不断完善生态补偿制度；研究出台《矿山地质环境保护条例》等法律法规；推进合并矿山地质环境治理恢复保证金和土地复垦费，建立健全矿山环境治理恢复保证金制度。

【3】推进城乡统一建设用地市场建设，促进城乡统筹发展

建立农村集体经营性建设用地流转制度。加快农村集体土地确权、登记和颁证工作，加快建立城乡建设用地的统一登记信息查询和更新系统；研究出台《农村集体经营性建设用地使用权流转指导意见》，规范农村集体经营性建设用地流转的条件、方式、程序和管理措施；选择广东省、成都市等地开展试点，慎重稳妥推进农村宅基地退出机制，明确宅基地退出的条件、程序、补偿标准、流转范围等。

加强城乡统一建设用地市场配套制度建设。加强与相关部门的配合，做好《中华人民共和国土地管理法》修改与《中华人民共和国物权法》、《中华人民共和国担保法》、《中华人民共和国城市房地产管理法》等法律法规的衔接；结合第二次全国土地调查成果发布，强化相关成果应用，为城乡统一建设用地市场建设夯实基础；培育和发展城乡统一建设用地市场信息、交易代理、市场咨询、地价评估、土地登记代理、

纠纷仲裁等服务机构；改革完善现行土地用途分类制度，加强用地类型划分与产业分类的衔接，出台《产业用地分类登记指导办法》。

加强土地形势分析和监测预警。加快构建国土资源供需平衡的分析决策机制；建立完善国家级、省级层面土地形势的分析制度，建立统一的区域形势分析评价指标体系、土地与金融市场监管联动机制，及时对地方经济发展动态和土地市场作出分析和预测；通过定量化、空间化和可视化的土地信息监测与预警，为全国及各级政府制定调控区域经济协调发展的土地政策提供参考。

完善国家土地督察制度。确立土地督察制度在我国法律体系中的定位，提高其权威性和震慑力；整合土地督察与行政监察力量，探索建立统一的自然资源督察制度；进一步规范例行督察、专项督查、审核督察及回访督察业务，推动土地督察工作由集中突击向日常性、全覆盖的模式转变；加快推进《土地督察条例》及其配套制度的建立和实施，完善《例行督察工作规范》，进一步推动《审核督察工作规范》的试行，制订《专项督察工作规范》和《回访督察工作规范》；发挥国土资源部所属事业单位对国家土地督察的支撑作用，增强土地督察业务基础支撑。

【4】 持续推进实现地质找矿新突破，提高资源保障能力

充分发挥基础地质工作的引领作用。强化基础地质工作常态化投入保障制度建设，建立完善中央与地方地质工作统筹协调机制。完善地质调查标准、规程、规范、定额等，发挥引导和约束的双向作用；完善基础地质工作项目竞争性选择机制，探索构建以产品服务为导向的地质调查项目产生机制；建立国家财政出资项目情况公开制度，完善地质调查产品服务机制与渠道；建立地质调查成果绩效评价制度，建立鼓励原始创新、成果转化的地质调查成果考评激励机制。

充分利用市场机制，进一步优化勘查开发布局。准确定位财政资金、勘查基金和社会资金三者的关系，强化财政资金的基础性、公益性和分担风险的基本性质，以市场为导向，加大吸引社会资金投入力度；进一步突出整装勘查区和重点矿种，持续优化勘查开发布局，加强与地质勘查规划等其他规划的衔接，科学编制勘查实施方案和矿业权设置方案；推进已设的不合理的矿业权整合，合理划分新设矿业权区块，促进规模开发，推动找矿重大突破。

完善整装勘查管理制度，加大技术支持力度。建立完善整装勘查区的动态评估与调整机制；下放整装勘查区矿业权审批权限，简化审批要件和程序；下放对整装勘查区实施方案的审查，减少审批环节。完善“统一勘查部署，资本技术结合，成果收益共享”的整装勘查机制；出台整装勘查区组织实施指导意见；建立整装勘查区考核通报和激励约束机制；开展现场技术指导，密切跟踪找矿进展与成果，及时解决勘查疑难问题。

加强国际合作，推进境外矿产资源勘查开发。巩固加强与加拿大、澳大利亚、俄罗斯、南非等资源大国的双边合作；办好中国国际矿业大会、中国－东盟矿业合作论坛、亚太经合组织矿业部长会议等重要国际性会议，发挥大会的重要平台作用；推动实施国外矿产资源风险勘查专项，发挥好“专项”对企业和地勘单位“走出去”的引导支持作用。

【5】加强国土资源节约集约利用，提高综合利用效率

强化土地节约集约利用市场配置机制。扩大国有土地有偿使用范围，出台新的《划拨用地目录》，研究出台《国有划拨建设用地管理办法》，减少非公益性用地划拨使用；总结提炼相关试点经验，出台工业用地“租让结合、先租后让”的土地供应管理制度；严格控制新增建设用地规模，编制节约集约用地专项规划；编制实施围填海用地专项规划和计划，出台政策引导和治理开发区、新城、大企业用地圈地现象；完善土地节约集约利用评价考核和激励约束机制，探索建立经济发展土地资源消耗考核评价体系，出台存量用地挖潜、工业用地退出等激励约束政策。

完善土地节约集约利用标准。借助第二次全国土地调查成果应用、国土资源节约集约模范县（市）创建等工作，梳理完善基础通用类标准、节约集约利用调查类标准、节约集约利用评价类标准、集约利用动态监测类标准；修订完善城市道路、广场等城市基础设施和公益事业土地使用标准，修订《工业项目建设用地控制指标》、《开发区土地集约利用潜力评价规程》、《城市土地集约利用潜力评价规程》，制定《重点行业（产业）用地集约利用控制标准》。开展先进节地模式和技术标准研究，梳理城市立体空间开发、轨道交通等领域节地模式和节地技术，制定政策指引，发布技术标准。

强化以节约高效利用为导向的土地差别化供给政策。落实节约优先战略，从税费优惠、制度保障等方面，研究制定鼓励节约集约利用土地的差别化供给政策，鼓励优化开发区等开发强度较高地区盘活存量土地；按照“控制增量、盘活存量、调节流量、优化结合”的原则，进一步优化区域、产业差别化供给政策，严格控制优化开发区的新增建设用地供应，优先保障新型城镇化、民生工程等土地供应。

推进矿产资源勘查开发全过程节约管理。深入推动全国重要矿产资源综合利用现状调查评价工作，开展矿产资源节约与综合利用动态监测评估；加强矿山企业节约与综合利用的内生动力驱动机制、激励约束机制等重大问题基础研究；加强基层矿产开发利用监管机构和能力建设；建立重要矿产资源节约与综合利用年度报告和评估制度，完善综合勘查与评价制度，健全开发利用准入、利用效率监管和闭坑报告制度等，推进矿产资源勘查开发利用全过程节约管理制度建设；协调示范基地建设、绿色矿山、和谐矿区、矿山复绿、节约集约模范县（市）创建、先进适用技术推广等相关工作；推进绿色矿业发展示范区建设。

完善矿产资源综合利用技术标准体系。借助国家重大专项组织实施、矿产资源综合利用示范基地建设与成果验收、绿色矿山建设等工作，梳理总结一批技术标准，积极推动急需、重要标准研制进程，为政府加强矿产资源监管提供技术支撑；建立合理开发利用指标标准体系，建立边界品位动态更新机制，加快煤炭、攀西钒钛磁铁矿、高岭土、金、磷等矿产合理开发利用“三率”指标正式发布实施，积极推动铁、铜、铅、锌、稀土、萤石、钾盐等矿产资源合理开发“三率”指标试行实施，强化其在开发利用方案、矿山设计中的约束作用；定期修订《矿产资源节约与综合利用鼓励、限制、淘汰技术目录》，加快综合利用先进适用技术推广应用。

【6】加快政府职能转变，提高国土资源宏观管理效能

推进政府职能转变和审批制度改革。按照国务院有关转变政府职能的要求，进一步梳理建设用地预审、城市批次建设用地、单独选址建设用地、探矿权与采矿权等国土资源行政审批事项，总结评估制度执行情况；调研地方政府、有关部门、企业等关于深化国土资源行政审批制度改革的诉求和建议；按照“简政放权、改善服务、加强监管”的总要求，强化制度建设，明确保留的审批事项与取消的审批事项，研究提出深化行政审批制度改革、健全监督监管制度的政策建议和实施路径。

提高土地宏观管理效能。强化土地规划管控的刚性作用和计划管理的弹性。出台土地利用总体规划动态评估和修订管理办法，建立规划动态评估和修订机制；加强土地利用规划与城市规划、国土规划、主体功能区规划等的衔接；试点探索用地计划指标市场配置机制，逐步建立政府引导与市场调节相结合的计划指标分配模式，下放计划指标使用分配权，增强计划调控的灵活性。

充分发挥市场配置资源的决定性作用。推进土地有偿使用制度全覆盖，进一步扩大国有建设用地市场范围，发挥市场配置资源的作用，提高土地利用效率；大幅度减少政府对矿业权的垄断和直接配置，建立市场配置起决定性作用的矿业权市场；发展自然资源市场服务和中介组织，加强资源交易有形市场和网上交易平台建设，推进信息公开，更好地发挥政府的作用，进一步加强服务和监管。

加强地质勘查行业规范管理。加快出台《关于分类推进国有地勘单位改革的若干意见》，科学指导全国地勘单位改革发展；组织修订地质勘查资质分类分级标准，建立单位执业资质与个人执业资格相结合制度；加快推进地质勘查单位野外后勤保障条件研究及标准制定；按照转变职能的要求，改革勘查资质管理方式，研究社会组织受理审查地质勘查资质的工作程序和要求，制定相应的工作规程；组织开展全国地质勘查质量、地质勘查资质监督检查工作，完善地质勘查监督检查机制；加快研究建立地质勘查资质单位诚信与地质勘查职业师个人诚信制度。

【7】改革资源收益分配机制，促进资源收益共享

完善土地收益分配机制。进一步规范和约束政府的征地行为，研究出台《征地标准及指导意见》；改革完善征地审批、实施、补偿、安置、争议调处裁决等程序，强化公示制度，不断完善被征地农民保障机制；总结“维护被征地农民合法权益专项督察”经验，树立典型，加强土地督察在维护农民土地权益中的作用；研究农村集体经济组织管理、收益分配、金融和税收政策，制定合理的土地收益政策；改革完善土地税收制度，规范土地流转环节的税费征缴和分配，提高农民在土地收益分配中的比重。

推进矿产资源出让收益合理共享。以完善利益分配机制为核心，着力构建矿业开发的成果共享机制和环境友好的共保机制。更好地维护矿业权人的合法权益，如探矿权人依法进行勘查、优先申请采矿权、转让探矿权等基本权利；完善矿产资源有偿使用制度，研究建立“矿产资源权益金”制度；开展“资源收益分配调整试点”，更好地维护勘查过程中所涉及当地群众的利益。

推进和谐矿区建设。积极推进和谐矿区建设，构建促进资源节约集约的调节机制、矿区生态恢复治理的补偿机制、资源开发利益共享的分配机制、矛盾纠纷调处化解的协调机制等四大机制；按照“政府指导、行业推动、企业主导、社会参与”的总体布局，扩大和谐矿区建设试点，指导行业协会以市场方式推进和谐矿区建设试点工作，尽快出台《和谐矿区建设指导意见》和相关标准。

构建地质灾害防治新机制。建立健全地质灾害防治协调机制，全面加强地质灾害应急调查、快速评估能力，提高监测预警保障能力；继续加强群测群防体系建设，逐步完善重大隐患点应急预案和基层社区地质灾害应急预案，并适时组织演练；加强地质灾害防治技术标准的研究制定；加强遥感、地理信息系统、导航定位、物联网和数字地球等地质灾害防治新技术、新方法的研究和应用；进一步加强地质灾害防治机构建设。

【8】推进国土资源基础能力建设，提高国土资源管理支撑能力

加强依法行政和制度建设。完善国土资源法治体系建设，开展国土资源政策法规梳理、清理工作，强化依法行政，加强监督检查，推进国土资源法制建设理论创新，优化国土资源法律制度体系；做好年度“立法工作计划”和“国土资源部规章、规范性文件后评估”工作；以产权制度为核心，加强产权制度和权益保护制度建设，构建规范、竞争、有序的市场机制；综合考虑市场、社会、生态要素，探索更加完善的国土资源宏观管理制度建设。

深入开展“两法修改”工作。做好《中华人民共和国土地管理法》全面修订的准备，重点统筹开展土地权利体系、不动产统一登记制度、征地制度改革和城乡统一市

场建设等研究工作；推进《中华人民共和国矿产资源法》及其配套法规修改工作，进一步完善《中华人民共和国矿产资源法》（征求意见稿）；开展储量管控、矿业权管理、资源有偿使用、矿业权交易等核心制度研究，加强立法可行性评价；推进《矿产资源勘查区块登记管理办法》（国务院令第240号）和《矿产资源开采登记管理办法》（国务院令第241号）的修改工作。

推动国土资源科技创新。开展土地调查与监测技术研发、整装勘查区科技示范工程、地质灾害防治关键技术等国土资源重大科技攻关；开展页岩气等新能源勘查开发关键技术、青藏高原地学创新、地球深部探测专项、矿山地质环境调查监测等国土资源重大科技专项研究；加强深部探测、资源环境承载力评价等国土资源部重点实验室和工程技术中心的建设；大力推进国土资源高层次创新型科技人才培养工程，自主培养和引进高端科技创新人才。

推进地质资料信息服务集群化、产业化建设。清理地质资料管理和利用制度，加强地质资料管理与服务制度设计；加大地质资料数据保密技术研究和处理力度，完善重要钻孔数据库与油气委托管理平台建设，大力推进数字地质资料馆建设，构建地质资料服务“双保工程”和找矿突破战略行动的良好机制；完善“两化”工作标准规范，开展国家地质资料数据中心建设研究与地质资料信息服务产业化改革研究；开展产业化试点工作，探索社会需求与服务产品形成机制、中介机构准入条件和监管机制；探索地质信息产品专业化处理、加工与咨询多元产业模式。

专题篇

国土资源经济与管理专题研究

专题一　十八届三中全会后国土资源管理前瞻

国土资源管理重点问题研究小组

构建自然资源现代监管体系

《中共中央关于全面深化改革若干重大问题的决定》（以下简称《决定》）明确提出："完善自然资源监管体系，统一行使所有国土空间用途管制职责。"笔者认为，引入现代监管理念，构建我国自然资源统一监管体系是当前乃至今后一个时期的重点任务。

一、现代监管的概念及其分类

现代监管起源于欧美市场经济国家。广义来说，监管是指监管者"运用公共权力制定和实施规则和标准"，以干预各种行为主体的经济和社会活动，包括产品和服务的价格、质量、进入和退出等经济性内容，以及安全、健康、卫生、环境保护等社会性内容。监管的本质与核心在于，它是一种基于规则的管理，是克服自然垄断、信息不对称、外部性及解决公平性问题的重要手段。

根据监管的对象和目的，可以将监管分为三类：一是商业性监管。它是指对私人机构商业行为的监管，是监管机构对所有市场参与者参与市场竞争所进行的监管，通过监管纠正市场缺陷，保证有效竞争；或者说，它是指对被监管者经济行为的限制。二是社会性监管。它是指对被监管者影响公众健康和公共安全行为的限定。社会性监管的对象较为广泛，如食品药品安全、健康、卫生、环境保护等社会性内容。三是政府内监管。它是指"某一公共行政部门具有授权，能够在保持距离的情况下监管另一部门，运用一揽子工具来审核被监管部门的行为，并在必要时予以纠正"。

就自然资源而言，政府内监管尤为重要，因为自然资源的管理、使用和分配属于政府行为。

二、为什么要构建自然资源现代监管体系

克服自然资源管理上"横向政出多门、纵向争权逐利积弊"，是构建自然资源现代

监管体系的迫切需要。政出多门、责权不清导致低水平重复投入和建设，协调成本高，机制不顺。在实践中，土地使用权与林权发生的冲突，以及通过购买地权以对抗采矿权的行为都是部门或行业条块分割的结果。政府内监管的兴起，乃源自传统行政管理模式所暴露的激励问题、部门利益问题越来越严重。因此，在政府机构内、政府机构之间以及不同级别的政府之间施加有效的控制措施就变得十分必要，政府内监管就是对这一需求的回应。

扭转自然资源利用上“经济发展中的资源空心化现象”，是构建自然资源现代监管体系的客观需要。对于伴随着经济增长而资源基础不断削弱的情况，学界称之为经济发展中的资源空心化现象。改革开放以来，我国走的是外延式发展道路，是以自然资源的粗放利用亦即牺牲资源基础为代价的，是不可持续的发展方式。《决定》提出，探索编制自然资源资产负债表，对领导干部实行自然资源资产离任审计，要落实这一举措则离不开现代监管。政府内监管的根本原因在于，政府失灵、权力寻租、政府官员能力局限等都会导致政府行为偏离其公共服务的目标。

保障自然资源分配上“自然资源财产及财产权利”，是构建自然资源现代监管体系的内在要求。自然资源可分为有限资源和无限资源两类。有限的自然资源，如土地资源、水资源、矿产资源等，是一种具有实物形态的财产，其财产权利制度的建立，完全适用于物权理论及立法原则。根据我国宪法，国家是自然资源（农村集体所有的土地除外）财产的所有者。在市场经济条件下，国家不得不把自然资源所有权的占有、使用、处置和收益四项权能部分地让渡给他人，自己则凭借所有权分享部分收益。财产所有权和他物权（用益物权）分离的制度由此产生。国家出让国有土地使用权、海域使用权、矿业权、用水权等，就是财产所有权同他物权分离的具体表现，其性质近于不动产出租。只是存在国有土地使用权、海域使用权等属于非消耗物（生产中的劳动资料），可以实行租让制，矿业权、用水权等属于消耗物（生产中的劳动对象），只能实行补偿制的区别而已。

三、怎样构建自然资源现代监管体系

深化自然资源管理体制改革，由相对集中管理走向完全集中统一管理。其理由有三方面：一是未来我国的自然资源管理不再单独作为经济要素而存在，而是经济、社会和生态的综合体，对于自然资源的利用，需要进行综合评价与考核。二是科学发展观和生态文明建设理念的提出，赋予自然资源管理新的内涵。今后在资源开发、利用和分配方面要更多地考虑长远利益、代际公平，树立资源节约、生态安全和循环经济的理念，更新管理手段和管理方式。三是自然资源产业市场的特殊性及其产权的垄断特征，决定了自然资源市场配置和宏观调控的兼容性。这就要求把握和处理好政府与市场的关系，建立中央与地方之间“事权和支出责任相适应的制度”与体制。另外，由相对集中管理走向完全集中统一管理，也是适应未来自然资源管理发展三大趋势的要求，即自然资源综合管理趋势、资源管理与资源产业管理理性耦合趋势和资源管理与生态保护协调发展趋势。从深化体制改革上讲，可以实行大部门制，将土地、矿产、海洋、森林、水等各类自然资源进行集中统一管理，下设自然资源不动产登记局；或者成立国家自然资源管理委员会，建立国家层面的协调机制，负责组织、协调和处置自然资源管理重大事务。

拓展国家土地督察职能，将其改造成专业化的自然资源监管机构。监管说到底是一种基于规则的控制术。现代监管体制的核心是监管活动的法治，应该包括完善的法律环境、专业化的行业监管机构，以及遵循公正、透明、专业的原则。依据著名学者、英国牛津大学教授克里斯托弗·胡德对专业化监管机构标准的论述，专业化监管机构需要符合三个标准：一是它应当是一个官方机构，具有一定的公权力；二是它应当与被监管者保持一定距离；三是它应当有正式的授权。目前来看，国家土地督察机构完全符合上述标准，只要拓展其职能管辖范围、补充相关专业人员、完善监管条件和手段即可。

借鉴国际先进经验，逐步完善自然资源监管条件和工具。近年来，经济合作与发展组织（OECD）邀请众多资深专家研究监管政策，提出好的监管应具备7个基本条件：独立性、规则和程序明晰、监管机构职能完备、监管机构行为的可预见、公众参与、透明和可问责性。关于自然资源监管工具：一是控制系统的分析要素，包括标准设定（引导器）、信息收集（检测器）和行为修正（矫正器）。二是监管手段，包括：监管，即层级命令（不容更改的规则）、传票风格（义不容辞的回应）、回应主管当局（起诉或协商的能力/撤销执照或资格）；竞争，即通过自然选择发展（各种矛盾要求的张力）、激励风格（标杆竞争）、寻求或保持在积分表中的有利位置（评级表或奖励名列前茅者）；相互牵制，即参与式（通过与监管者协商而达成一致标准）、网络风格（业内人士之间的信息交流）、相互影响或劝说（在争论或讨论中的说服）；人为随机性，即无法预期的/无组织的（变动的或无法观测的标准）、抓阄风格（随机选择或突然检查）、奖励无法预期的行动（通过确立关于未来体制或职业生涯去向的不确定性来限制机会主义）。值得强调的是，这些手段之间可以有多种组合，从而构成一张高质量的监管网络。

执笔人：付　英

行政审批改革要做好“加减法”

党的十八届三中全会明确指出，进一步简政放权，深化行政审批制度改革。自2001年以来，按照建立社会主义市场经济体制的总体要求，国务院不断深化行政管理体制改革，先后共分6批取消和调整行政审批事项2497项。其中，涉及国土资源管理方面的行政审批已取消21项，下放2项，改变管理方式5项，取得了一定成效。尽管如此，审批事项过多、程序不规范、审批程序烦琐等问题仍不同程度地存在，必须做好国土资源行政审批制度改革的“加减法”。

一、做好“减法”，放掉不该管的事情

全面清理，进一步精简国土资源行政审批事项。简政放权涉及政府部门职能定位、权力利益调整和管理方式改变，是政府的自我革命，要敢于放权，把该放的权力放到位。凡是通过市场竞争机制能够有效调节的，应由市场自行解决；市场竞争机制难以有效调节的，应由中介机构、行业组织自律管理；市场竞争机制、中介机构、行业组织解决不了的，应采用事后监督等其他行政管理方式。当上述手段和措施都解决不了时，再考虑通过设定行政审批予以规范。对不符合上述要求的国土资源行政审批事项，应当依法按程序予以取消。

优化审批程序规范，减少审批环节。推进国土资源行政审批规范化建设，制定统一的国土资源行政审批程序规范，严格国土资源行政审批的实施主体、条件、程序和期限等内容，避免随意授权或者委托，避免随意增设附加条件和前置程序，进一步减少非实质性的、过程管理的环节。

合理划分中央与地方事权，减少中央微观管理。一方面，要运用经济和必要的行政手段，合理调整资源使用、补偿、收益分配关系。中央强化空间管控、总量控制和跟踪监督；地方在中央总量控制下，负责项目、指标的落实并承担相应的责任。同时，中央要强化指导监督，加强社会管理和公共服务；地方要加强微观管理的执行能力，强化改革试点探索。另一方面，要运用法律手段，让行政权力在法律和制度的框架内运行，减少“跑部前进”现象。中央强化决策职能，制定政策规则，加大制度供给；地方负责具体实施，完善相应责任追究体系。

二、做好“加法”，管好该管的事情

加强土地和矿产资源配置管理。根据资源重要程度，优化国土资源领域行政审批权限设置。进一步加强和优化关系国家战略安全和国民经济命脉的土地、矿产、能源等领域的资源配置，充分发挥土地和矿产资源管理参与宏观调控的能力。把土地和矿

产资源保护、利用与管理放到经济社会发展全局中来谋划、推进。

严格控制新设行政许可。按照《国务院关于严格控制新设行政许可的通知》的要求，严格控制国土资源领域新设行政许可，切实防止行政审批事项边减边增、明减暗增。今后起草法律草案、行政法规草案一般不新设行政许可；确需新设的，必须遵守《中华人民共和国行政许可法》的规定，严格设定标准和程序，并实施行政许可监督。

加快推进服务型部门建设。加快推进国土资源管理制度改革创新，着力打造以维护权益、服务民生为主要内容的社会管理平台。围绕国土资源行政体制改革的重点和难点问题，推动服务型部门建设，认真履行信息提供、市场准入、市场监督、秩序维护等部门职责；积极推进国土资源政务信息公开，切实保障人民群众的知情权、参与权、表达权和监督权。

加强和优化事中事后监管。大量减少行政审批后，国土资源管理要由事前审批更多地转为事中、事后监管，综合运用经济、法律和必要的行政手段，采取事中检查、事后稽查处罚等办法，把该管的事管住、管好。对取消审批后能够通过市场竞争机制有效调节的事项，要规范运作程序，加强市场监管。对取消审批后由企业自主决定的事项，要督促企业建立现代企业制度，加强对企业的间接监督管理。对取消审批后由统一的管理规范或强制性标准取代个案审批的事项，要抓紧制定相应的管理规范或强制性标准，并认真组织实施。对取消审批改为事后备案管理的事项，要尽快建立完善事后备案管理制度。

进一步强化国土资源行政审批前置中介服务的监督管理。建立健全国土资源行政审批前置中介服务的市场准入制度，以及主管部门行政监管与行业协会自律性监管的协调机制，促进行业协会发挥其自律作用。同时，建立“黑名单”的诚信档案制度，对于不规范执业的中介服务机构实行退出制度。规范前置中介服务项目的委托、招标等制度，明确服务收费标准和服务时间等条件，发挥前置中介服务对国土资源行政审批的支撑作用。

执笔人：李　慧

国土空间开发须考虑资源环境承载力

《中共中央关于全面深化改革若干重大问题的决定》提出，建立资源环境承载能力监测预警机制，对水土资源、环境容量和海洋资源超载区域实行限制性措施。建立空间规划体系，划定生产、生活、生态空间开发管制界限，落实用途管制。这不仅明确了资源环境承载力与国土空间开发保护的关系，也指明了要以承载力相应指标的监测作为国土空间用途管制的基础与依据。

一、以资源环境承载力作为国土空间开发的前置条件

资源环境承载力是在一定时期内一个地区自然资源、地理地质、生态环境等综合条件所能承载的社会经济发展总体水平，最终往往以所能承载的人口数量来表征。可以看出，由于资源、环境条件的变化，及科学技术水平的提高，承载力是动态变化的。近年来，随着经济社会的持续快速发展，我国面临的资源环境约束也持续加剧，迫切需要不断提高资源环境综合承载力。同时，优化国土空间开发格局，控制开发强度，调整空间结构，促进生产空间集约高效、生活空间宜居适度、生态空间山清水秀，也要以资源环境承载力为依据，对国土空间分区分类管理，并严格加强用途管制。

我国主体功能区规划明确将国土空间分成优化开发、重点开发、限制开发和禁止开发四大类。不同主体功能区资源环境承载力不同，国土空间用途、开发利用与保护方式各异。而国土规划、土地规划、城市规划、矿产资源规划等都要把资源环境承载力作为前置条件，从空间层面上对地区产业、人口等要素的集聚特征，以及资源环境要素的整合效应等空间因素进行分析研究。应在主体功能区规划指导下，做好国土空间定位、用途管制及相应的保护、开发、利用与发展规划。探索区域系统的开放性特征对资源环境承载力的影响和优化。

忽视资源环境承载力的国土空间开发，势必造成严重后果及灾难性损失。比如，汶川和玉树都是在资源环境承载力低的限制开发区甚至禁止开发区域集聚大量人口，导致地震造成巨大的生命财产损失。为此，国务院明确要求先开展资源环境承载力评价，再以此为基础，进行灾后重建规划编制。今后，所有的重点区域规划、城市规划、土地利用总体规划编制等都应把资源环境承载力评价作为前置项，根据承载力进行选址、安排项目，确定国土资源开发利用强度，进行用途控制。

二、大力加强资源环境承载力监测评价与示范工作

当前，迫切需要加强资源环境承载力监测评价的规范化与标准化工作，开展区域承载力监测评价与示范。

规范资源环境承载力评价指标体系及其赋值技术与动态监测方法。目前，资源环境承载力研究存在不少问题，例如资源环境综合承载力研究尚未建立起成熟的理论体系，缺乏对承载力变化趋势的动态跟踪和分析评价，对评价指标有效性、重要性和相关性的深度分析不足等。解决这些问题需要整合集成土地、水、地质环境等承载力监测评价指标体系、赋值与监测方法及评价技术，建立基础数据支撑系统和承载力动态监测评价模型，探索编制土地等承载力评价技术规程。

开展典型地区资源环境承载力评价实证与示范研究。选择典型地区及城市，就土地、地质环境承载力等要素开展承载力监测评价实证研究及关键技术示范。制定国土

规划承载力指标体系及评价技术方法标准，为国家生态文明建设提供技术支撑，为国家主体功能区规划、国土空间规划及产业布局，以及国土资源调查、评价、保护与开发利用提供决策依据和基础支撑。

探索基于资源环境承载力的国土资源用途管制体制机制。在典型地区资源环境承载力评价监测示范研究的基础上，建立动态监测与预警机制，管制不同主体功能区域内国土资源的开发利用与保护情况。探索利用承载力指标进行国土资源（空间）用途管制的途径与方式。允许地方探索通过发展飞地经济、提高生态补偿和转移支付额度等模式，妥善处理限制开发区、禁止开发区的划定与当地经济发展之间的矛盾，建立以资源环境承载力为基础的发展权补偿制度。

探索资源环境承载力考评与绩效管理办法及制度建设。完善发展成果考核评价体系，纠正单纯以经济增长速度评定政绩的偏向，加大资源消耗、环境损害、生态效益、产能过剩、科技创新、安全生产、新增债务等指标的权重。对限制开发区域和生态脆弱的国家扶贫开发工作重点县取消地区生产总值考核。

执笔人：袁国华　郑娟尔　贾立斌　王世虎

创新矿产资源规划管理

《中共中央关于全面深化改革若干重大问题的决定》（以下简称《决定》）提出，政府要加强发展战略、规划、政策、标准等制定和实施。这对于明确矿产资源规划管理定位、完善规划体系和创新规划内容等具有重要的指导意义，特别是对“十三五”时期矿产资源规划编制工作将产生重要影响，具体包括以下三方面：

规划在矿政管理中将更加重要。《决定》提出经济体制改革的核心问题是处理好政府和市场的关系，使市场在资源配置中起决定性作用和更好地发挥政府的作用。也就是说，“规划调控”作为政府弥补“市场失灵”的重要手段和依据，在今后政府宏观管理中的地位和作用将进一步加强。矿产资源作为一种重要的生产要素，具有不可再生的特点，其勘查开发具有高风险、高投入、高回报、效益递减等特点，对其进行科学有效的规划，有利于统筹勘查与开发、开发与保护的关系，提高资源开发利用效率。未来一段时期，我国经济社会发展面临的资源与环境双重压力不断加大，更加需要通过规划对勘查、开发、利用和保护作出总量、结构、布局和时序上的安排，统筹全局工作，协调好中央与地方、政府与企业、企业与社区等关系。

四级规划定位将更加明确。规划定位要做到不越位、不缺位。“不越位”就是规划要审慎考虑开采总量调控、规划准入和空间布局等内容，协调处理好规划与矿业权设置的关系等问题，真正让市场在资源配置中起决定性作用；“不缺位”就是要遵循地质规律、市场规律、经济规律，在保证国家资源和生态环境安全的前提下，更好地发挥规划的引导协调、约束管控、社会管理和公共服务功能。

与此同时，《决定》提出最大限度地减少中央政府对微观事务的管理，加强中央政府宏观调控职责和能力，加强地方政府公共服务、市场监管、社会管理、环境保护等职责。为此，矿产资源规划需要推进管理重心下移和审批提速，不断理清各级各类规划的管理功能边界和衔接方式。国家级总体规划、全国勘查开发利用和矿山地质环境保护等专项规划要贯彻国家战略意图，发挥好宏观调控和统筹协调的作用；省、市、县级规划要以上级规划为指导，注重实施性，体现特色，重点发挥审批和监管作用。

规划目标任务更加明晰。《决定》提出宏观调控的主要任务是保持经济总量平衡，促进重大经济结构协调和生产力布局优化。对于矿产资源规划而言，就是做好矿产资源勘查、开发、保护的宏观形势判断，解决总量、结构、布局问题，明确政策导向，促进矿业持续、健康发展，保障国民经济和社会发展目标的实现。在国家经济宏观调控总体目标和矿产资源宏观管理目标的指引下，第三轮矿产资源规划需要进一步创新规划理念，特别要强化市场化理念、经济全球化理念、绿色发展理念、社会服务理念及差别化管理理念。

在此前提下，"十三五"时期矿产资源规划在目标设置上，不仅要解决资源安全问题，保障国家能源资源安全和经济可持续发展，也要重点关注矿业发展转型，实现绿色发展，还要突出资源开发利用协调，维护民生权益。在规划任务上，主要有三方面：一是推进差别化管理。提出新形势下我国重要战略性矿产资源分类体系及管理政策，如主要能源矿产、大宗支柱型矿产、我国优势矿产、贵金属货币型矿产及战略性新兴矿产，其勘查、开发、利用、保护政策导向应有所不同。二是明晰矿产勘查开发空间宏观布局。将空间布局优化作为规划的核心内容和重要抓手，摸清现状、找准问题，提出未来一段时期我国矿产资源勘查开发的布局愿景和框架体系，促进生产力布局的优化和区域经济的协调发展。三是明确矿产资源勘查开发准入条件。在市场对资源配置起决定性作用的前提下，政府要把好市场"准入关"和"监管关"，研究资源保护、环境保护、节约集约等矿产资源勘查开发准入条件，并加强矿产资源规划的实施与监督，提高规划的权威性和有效性。

执笔人：吴尚昆　侯华丽

以节约利用统筹矿产资源管理

党的十八届三中全会提出"紧紧围绕建设美丽中国深化生态文明体制改革，加快建立生态文明制度，健全国土空间开发、资源节约利用、生态环境保护的体制机制"，为未来10年生态文明建设指明了方向。矿产资源是自然资源的重要方面，其开发利用具有特殊性，健全其节约利用的体制机制，首要是正确处理好市场和政府的关系。

矿产资源开发需充分发挥社会主义市场经济的优越性。矿产资源开发具有四个特性：必然扰动环境、谋求高于投资的利润、开发成本的不等性和矿产品质量规格的单一性。在完全的市场经济条件下，上述特性要求每个矿山企业最大限度地降低开发成本，实现最大利润，加上我国矿产资源低品位、共伴生、难选冶资源多，导致大量采富弃贫、选主弃副现象发生，个体的理性导致了集体的非理性，使资源不能得到最优开发，生态环境得不到有效保护。

十八届三中全会指出，科学的宏观调控、有效的政府治理是发挥社会主义市场经济体制优势的内在要求。为克服个体理性带来的集体非理性，必须让市场这只“无形的手”在资源、要素、技术、资本配置中发挥决定作用的同时，政府这只“有形的手”则加强发展战略、规划、政策、标准等制定和实施，加强市场活动监管，提供各类公共服务，弥补市场失灵。

首先，进一步加强规划的宏观管控。《决定》要求建立空间规划体系，划定生产、生活、生态空间开发管制界限，落实用途管制，严格按照主体功能区定位推动发展，这对规划的管控作用提出了更高的要求。目前，我国正在启动第三轮矿产资源规划编制工作。编制中应综合考虑资源共伴生、技术经济条件、生态环境保护等因素，探索优势、紧缺矿产资源差别化管理，明确矿产资源勘查开发调控方向，强化用途管制。

其次，建立完善标准规范体系。目前，我国已发布实施了煤炭等5个矿种合理开发利用“三率”指标要求，但由于我国资源赋存条件复杂等原因，尚未形成完善的标准规范体系，不利于实施有效的监督管理。下一步需要加快制定和动态更新矿产资源开发利用技术标准，进一步完善矿产资源勘查开发技术规范，包括综合勘查、综合评价、矿山设计、开发利用方案、选矿厂设计、技术工艺、方法、装备等。

应加快完善法律法规。随着社会主义市场经济的不断健全和矿业的不断发展，《中华人民共和国矿产资源法》、《勘查区块登记管理办法》、《开采登记管理办法》和《矿产资源补偿费征收管理规定》的主体法律框架已不能完全适应当前经济社会和矿业发展的需求。下一步应加快推进“一法三令”的修改完善，为依法管矿、依法行政提供根本依据。

再次，加强制度供给。十八届三中全会提出要建立生态文明的制度体系，这就要求一个符合地质勘查规律和矿业开发规律的全过程节约利用制度体系。为此，应建立健全规划、准入、激励、监管、考核等机制和办法，探索实施涵盖勘查、评价、开发、闭坑全过程的区块（矿区）生命周期档案制度，形成完整的资源节约与综合利用体系，覆盖矿产勘查开发全过程，用制度保护资源、保护生态环境。当前，国土资源领域有节约与综合利用、和谐矿区建设、绿色矿山建设、矿山复绿行动、节约集约模范县（市）创建等工作，都与资源节约和生态文明建设相关，建议进行有机融合，提升工作效能。

最后，加强服务性政府建设。在矿产资源管理领域要突出地质资料服务和先进技术产、学、研、用的服务。通过地质资料信息服务集群化产业化，实现对成果、原始和实物地质资料汇交的全程监管，保证地质资料能够按时汇交，提升地质资料汇交的监督管理水平，提高地质资料汇交工作效率，切实为实施找矿突破战略行动纲要做好服务。在保护知识产权的基础上，畅通技术、信息渠道，搭建产、学、研、用平台，促进建立统一开放、竞争有序的矿产勘查开发先进技术市场，让有需求的企业找到适用技术，让先进技术找到适用的企业，加快推进先进技术的攻关应用，提高先进适用技术转化率和普及率。

此外，应加强基础调查和研究。矿产资源领域应在开展基础地质调查的基础上，加强节约与综合利用现状调查和动态监测，研究市场经济条件下，矿产品全成本核算方法和矿山企业节约集约利用资源的内生动力驱动机制。

执笔人：范继涛

对建立城乡统一建设用地市场的思考

《中共中央关于全面深化改革若干重大问题的决定》在“加快完善现代市场体系”部分，明确提出了建立城乡统一的建设用地市场，并指出在符合规划和用途管制的前提下，允许农村集体经营性建设用地出让、租赁、入股，实行与国有土地同等入市、同权同价。这是农村土地制度改革的一个巨大信号。有人认为，一旦农村集体建设用地入市，必然增加土地供应，相应的住房供应也会大量增加，房价立即会大幅下跌。那么，问题真的会这么简单吗？

对于普通商品而言，供给增加必然导致价格的下降，这是价值规律作用的结果。但前提是增加的供给必须是与原先商品的使用价值（效用）同等的。对于一般商品而言，增加的商品的使用价值与原先的并无差异，但住房是一种特殊的商品，其区位因素是非常重要的，不同位置的商品房，使用价值不一样，因而价格也会差别很大。这也是为什么一线城市的房价与二、三线城市的房价差别很大的原因。

住房是与土地捆绑在一起的，位置的不可移动性是土地的固有属性。对于当前大城市而言，土地供应已接近极限，住房的供不应求已呈常态化。利用农村集体经营性建设用地建设的住房，即使能颁发国有土地使用证和房产证，其使用价值与城市内部的房子仍然有巨大的差别。对于在城市打工生活的无房户居民而言，他们渴望的是在城市内部或周边拥有自己的住房。目前“城中村”及城市周边的农村已开发殆尽，只剩下偏远的农村有相对充足的土地供给。因此，受区位因素的影响，即使是在农村建了大量的商品房，但对有购房需求的城市居民来说，并不能形成有效供给，对城市房价的冲击是十分有限的。

事实上，受2008年以来一、二线城市房价快速上涨的影响，许多城市打工者不得不放弃在大城市买房的梦想，转而在三、四线城市或周边的小城镇寻求便宜一点的安身之所。如北京市周边的燕郊、大厂、香河等小城镇，近几年以其相对交通便利的区位、低廉的房价吸引了不少在北京的务工者前来置业购房，进而拉高了房价。日益攀升的房价也吸引了房地产投资，新建楼盘如雨后春笋般出现。客观地说，大城市周边小城镇房地产的大量开发，对于缓解大城市的住房供需矛盾，解决多数低收入阶层居民的住房问题起到了非常重要的作用，但同时带来交通拥堵、环境不佳等诸多问题。目前，我国三、四线城市及大城市周边小城镇的商品房供应已开始呈现过剩状态。如果不考虑区位实际，再去利用更偏远的农村集体经营性建设用地增加住房供应，并不能有效地满足城市外来务工者的需求，反而会增加不必要的交通投资，导致新一轮的住房供应过剩。

房地产市场涉及社会、经济等诸多层面，房地产调控应该是全方位的调控。降低房价并非单靠增加土地供应那么简单。笔者认为，需求是一切问题的导向，房地产调控应该从人的需求调控着手。我国目前依然处于城镇化快速发展阶段，当前人口大量涌向大城市，离开偏远的农村。大城市优越的交通、教育、医疗、就业、收入条件甚至包括名望，都成为吸引外来年轻人和务工者的主要因素，最终导致大城市拥挤不堪，出现一方面大城市的住房供不应求、房价高耸，另一方面中小城市住房过剩、无人问津的局面。

因此，从长远来看，解决不同级别、不同区位城市的发展的平衡问题是非常必要的。一方面，要坚持走以人为核心的新型城镇化道路，加强国家城市体系规划的顶层设计，发展规模适度、分工科学、功能配套的城市群；另一方面，要加大中小城市的产业、教育、医疗等基础建设的投入，有效改善中小城市的就业、生活环境，增加三、四线城市和中小城镇对民众的吸引力，这样既有利于缓解大城市压力，又可以促进中小城市的快速发展。当中小城市发展有了一定的积累，就能够进一步辐射到相对偏远的农村，推进新农村建设步伐的加快。这样才能逐渐平衡土地的“区位因素”影响，进而有效释放农村建设用地潜力，平抑地价与房价。

党的十八届三中全会提出的建立城乡统一的建设用地市场，为我国土地市场未来发展作出了方向性的指引。然而，其推进过程涉及人口城镇化与土地城镇化的匹配、土地权属调整、土地溢价的收益分配、户籍就业制度等诸多方面的问题；同时，还要面对地方土地财政、小产权房等历史遗留问题。这注定了改革是一个不断摸索前进的过程，只有在摸索中不断总结、完善，才能让城乡统一的建设用地市场运行逐渐走向顺畅。

执笔人：谭文兵　帅文波

构建土地资源参与宏观调控的政策工具体系

《中共中央关于全面深化改革若干重大问题的决定》指出，“科学的宏观调控，有效的政府治理，是发挥社会主义市场经济体制优势的内在要求”，“健全以国家发展战略和规划为导向、以财政政策和货币政策为主要手段的宏观调控体系”。下一步市场在资源配置中要起“决定性作用”，“应该在完善社会主义市场经济体制上迈出新的步伐”。这就要求土地资源参与宏观调控更多地要运用经济手段，构建“市场主导、政府引导”的发展模式，按行政型、市场型两大类选取和构建土地资源参与宏观调控的政策工具体系。

一、行政型工具

行政指令。行政指令工具包括土地利用规划、审批制度和调控性文件，是实现《决定》中“加强中央政府宏观调控职责和能力”要求的重要手段。建议强化以土地用途管制为核心的土地利用规划制度，强化土地利用总体规划实施的刚性，通过土地利用规划立法来确立规划的权威性和严肃性，依法“落实用途管制”。按照《决定》中“最大限度减少中央政府对微观事务的管理”的要求，国家应尽量减少对各地方的干预，所有土地利用严格按照土地利用规划执行，符合规划的一律取消用地审批，中央政府的重点工作是监督各地土地利用规划的执行情况，对不按规划执行的，追究一把手的法律责任。

土地利用计划。当前按照年度下达指标的分配方式，与《决定》要求的“增强调控前瞻性、针对性和协同性”的要求不相适应。一是时间周期太短，无法保障“前瞻性”；二是地区差异性体现不足、分解过细和考核机制不合理等，无法保障“针对性和协同性”。建议在科学编制土地利用总体规划的基础上，以规划为框架，增强计划管控的灵活性，让地方政府能够根据本区域经济发展实际情况，灵活、弹性地使用计划指标。结合国民经济发展规划，将5年新增建设用地计划指标一次性给予地方政府，按照“总量规模控制的权力在中央，区域结构调整的权力在地方”的思路，改进年度用地计划指标管理办法，建立约束性指标年度考核制度和土地资源消耗指标考核制度。

土地准入政策。《决定》提出，“健全宏观调控体系”要“强化节能节地节水、环境、技术、安全等市场准入标准，建立健全防范和化解产能过剩长效机制”，土地准入政策是建立这一长效机制的有效调控工具。土地准入政策为了实现土地宏观调控目标而设置的供地条件，既可以与产业发展结合，禁止向产能过剩、低水平重复建设的产业供地，又可以通过限定投资强度、容积率、建筑系数等条件对区域内土地利用进行调控。目前国家层面上以产业用地目录形式表现的土地准入政策，由于产业用地目录更新慢，强制效果差，尚不能被用作调控工具。相比国家层面，地方出台的土地准入政策对区域内土地使用调控具有更强的调控作用，表现为具体的用地标准与门槛。与“行政指令”和“土地利用计划”这两个管制工具相比，土地准入标准的针对性和灵活性更强，而且地方操作空间也更大。从国家层面来说，可以根据整体经济发展情况，更新和完善用地目录，但目录不宜过细。

二、经济型工具

地价管制政策。土地价格是反映土地供求关系最灵敏的“晴雨表”，要发挥市场配置土地资源的决定性作用，最重要的杠杆就是地价。建议在应用价格工具时，应充分发挥省级政府的调控主体作用，让市场来决定。以土地资源供需总量平衡分析研究为基础，考虑人口、产业发展、土地闲置与集约利用情况等，明确住宅、商业、工业厂房等用地供需矛盾的焦点和原因。在房地产调控方面，如果是因为供应不足导致的房价高，那就增加房地产供应；如果是因为需求旺盛导致的房价高，应按《决定》的要求，加快房地产税立法并适时推进改革，通过税收来调节房地产价格；对于商业用地，由于不涉及民生问题，可以充分发挥地价的杠杆作用；对于工业用地，虽然《决定》要求提高工业用地价格，但这只有当地方政府有足够的“财力”时，才会效果明显，建议可以因地制宜地提高工业用地价格，如对青海、西藏、新疆等欠发达地区，如果企业可以带来稳定的税收，增加了就业，保护了生态环境，对其降低地价也是可行的。

土地税收政策。按《决定》的要求，下一步要完善税收制度。我国的土地宏观调控中涉及的土地税收包括土地占有（取得）环节、保有环节和转让环节的土地税三部分。下一步要大力发挥土地税收调节的杠杆作用，借鉴美国经验完善三个环节的土地税收制度，发挥税费的经济杠杆作用，将土地利用管制机制与开发相随的收费和税收政策关联起来，保证土地用途管制制度的实施。

土地出让收益分配政策。《决定》要求缩小征地范围，规范征地程序，完善对被征地农民合理、规范、多元保障机制。建立兼顾国家、集体、个人的土地增值收益分配机制，合理提高个人收益。将土地出让收益分配政策作为调控工具，改革土地出让收益分配方式，是从源头上遏制地方“卖地”冲动的最好办法。在具体操作中，在扣除各种成本后，可将土地出让收益全部上缴中央，建立土地收益储备库，并实行分账核算。地方按需申请，满足其合理的建设资金需求，同时土地出让收益可用于国家大型建设项目的农地征收补偿以及向中西部财政转移支付，以均衡调节土地财税激励，弱化各方拉升“土地财政”的不良冲动，促进土地资源的均衡利用。

执笔人：秦　静　王燕东　张　萌

专题二　2013 年度国土资源管理重大改革评述

中国国土资源经济研究院国土资源管理改革研究专题组

2013 年，国土资源管理工作按照“保资源、保发展、保权益”的总体目标，在重点领域和关键环节持续推进改革，着力破解国土资源利用和保护中的突出问题。部署的各项改革试点稳步推进，成效显著，为建立健全有利于保障和促进科学发展的新型国土资源管理制度体系提供了实践经验和制度储备。

一、2013 年国土资源地方探索改革试点进展情况

（一）不动产统一登记启动，相关法律法规已着手起草

（1）不动产统一登记的法律依据。《中华人民共和国物权法》中明确规定，“国家对不动产实行统一登记制度。不动产登记，由不动产所在地的登记机构办理。”但由于多种因素的影响，自 2007 年 10 月 1 日《中华人民共和国物权法》实施以来，不动产统一登记制度尚未落地。

（2）不动产统一登记的启动。2013 年 3 月 28 日，国务院办公厅发布《关于实施〈国务院机构改革和职能转变方案〉任务分工的通知》（国办发〔2013〕22 号），要求整合房屋登记、林地登记、草原登记、土地登记职责，出台并实施不动产统一登记制度。11 月 20 日，国务院召开常务会议，决定由国土资源部负责指导监督全国土地、房屋、草原、林地、海域等不动产统一登记职责，基本做到登记机构、登记簿册、登记依据和信息平台“四统一”。在被明确了“不动产统一登记”工作的主要职能部门地位后，国土资源部开始着手起草制定不动产统一登记的法律法规草案和相关规章草稿。

（3）地方对不动产统一登记的探索。2012 年，国土资源部就在海南、福建、天津、宁夏、重庆、陕西、江苏 7 省（自治区、直辖市）部署开展了土地统一登记试点。宁夏回族自治区以土地统一登记为重点，结合当地优势，对各类土地统一登记及不动产统一登记的具体思路和实施办法进行了探索。福建省平潭县积极构建以土地为核心的不动产统一登记制度体系，探索逐步将不动产登记从土地和房屋所有权扩大到土地承包经营权及林权、海权等的统一登记。这些试点工作为建立不动产统一登记制度积累了实践经验。

（二）宅基地管理制度改革步入深水区，审慎扩大流转范围

在宅基地取得和退出环节逐渐引入市场机制，尤其是通过拓宽宅基地流转渠道，使宅基地在不同使用权主体之间有条件流转，成为维护农民住房财产权的有效举措。

（1）摸底宅基地利用现状，为相关改革夯实基础。2013年4月，宁夏回族自治区启动了全自治区农村宅基地闲置情况调查工作，将查清90多万户农村宅基地闲置情况，为建立宅基地退出机制提供支撑。调查涉及农村闲置两年以上的宅基地，包括批准两年未建设、农村劳动力转移进城、户籍农转非、一户多宅、建新未拆旧、生态移民已安置未迁出等原因造成的宅基地闲置。重点调查沿黄经济区各市、县（区）灌区村庄、城乡结合部和中心集镇等区域，摸清闲置宅基地权属来源、分布、闲置原因、面积等情况，逐户建立统计台账。

（2）创新宅基地分配方式，探索有偿使用制度。广东省佛山市顺德区北滘镇严控宅基地总量，将农民住宅用地需求纳入政府用地规划统一管理，按照某一时点的实有人口数量，一次性下达住宅建设用地指标，并逐年安排建设；指标使用完毕后，不再审批单家独院式住宅用地。并尝试宅基地有偿取得，如顺德区北滘镇碧江社区要取得80平方米宅基地的使用权必须一次性缴纳3万元，包括土地补偿费和劳动力安置补助费等。宅基地有偿使用费统一返还村集体，用于宅基地区域的水路管网等基础设施配套建设。此外，对于新分宅基地后不打算建房者，顺德区还允许储备部门或集体经济组织统一作价收购，也允许村民间协议转让。

（3）积极探索宅基地流转，突破村域范围限制。第一，宅基地在镇域范围内流转。《广东省城镇化发展“十二五”规划》提出，将建立转户农民权益保障机制，允许转户农民在自愿基础上通过市场流转方式出让承包地、房屋、合规面积的宅基地并获得财产收益，解除农村劳动力进城落户的后顾之忧。2013年8月5日，广东省公布的《广东省农村宅基地管理办法（送审稿）》提出，鼓励农村集体经济组织成员出售依法取得的一户一宅之外的农村房屋，符合“一户一宅”申请条件的农村集体经济组织成员，可以购买本镇区域范围内农村集体经济组织成员的房屋，并取得相应的宅基地使用权。

第二，宅基地县域范围内有条件流转。浙江省温州市农房可以在县域内抵押贷款，为解决农房抵押贷款遭遇的房产拍卖后“执行难”和土地使用权“变更难”问题，温州市中级人民法院、国土资源行政主管部门联合出台的《协助人民法院办理集体土地使用权变更登记暂行规定》中要求，抵押的农房经法院作为被执行物处置（拍卖）后，可直接办理农民集体土地使用权的变更登记，但有限制条件，即土地使用权受让人必须是当地县域内的非城镇户口人员。

（三）节约集约用地制度体系日益健全，市场调节贯穿土地利用全程

地方按照“规划管控、计划调节、标准控制、市场配置、政策鼓励、监测监管、考核评价、共同责任”的框架体系，不断探索健全节约集约用地制度，涌现出了广东“三旧”改造、绍兴“以亩产论英雄”、长沙新河三角洲立体开发等一批富有成效

的样本。

（1）土地取得环节：提高门槛、市场配置，确保土地配置合理。一是在国家发布的禁止性、限制性项目用地目录的基础上，制订适合地方经济发展现状的禁止性、限制性项目用地目录，实行有保有压的供地政策，促进节约集约用地和产业结构调整。

二是提高土地取得门槛。在建设用地指标安排上引入竞争机制，从投资强度、产出效益、带动效应等方面进行综合考量，择优选取适宜的项目。严格执行工业项目用地标准，工业用地必须在投资强度、容积率、建筑系数等方面满足一定的控制性指标。如无锡市规定国家级和省级开发区除土地成本以外的投入不得低于250万元／亩。

三是扩大有偿使用范围，完善出让方式。推进工业性用地以“招拍挂”方式公开出让，实行经营性基础设施用地有偿使用。探索出了工业用地分阶段出让方式，企业分阶段兑现投资承诺后才能拥有最终的土地使用权。

四是鼓励废弃地复垦、未利用地开发。通过建设用地指标和资金奖励等办法，促进废弃地复垦。对利用未利用土地的工业项目，减免土地出让金和新增建设用地土地有偿使用费，如甘肃规定使用未利用地的工业项目，工业用地出让最低价可按《全国工业用地出让最低价标准》的15%～50%执行。

（2）土地保有和使用环节：提高税费、鼓励开发，充分挖掘土地潜力。一是提高土地使用税标准。绍兴县土地使用税标准逐年提高，从2007年平均4.7元/米^{2}提高到目前的平均7.3元/米^2，倒逼企业节约集约用地。

二是以税收减免鼓励企业节约集约用地。对亩产税收高的企业予以税收减免，鼓励企业提高亩产税收，倒逼亩产税收低的企业节约集约用地和产业转型升级。如绍兴县对亩产税收达到行业亩产税收平均值400%的企业，免收土地使用税和房产税。

三是鼓励工业企业厂房向空中和地下发展。很多地方规定在现有工业建设用地范围内，在符合规划、不改变用途的前提下，经批准增加容积率的，不再补收土地出让金。如深圳市规定用于生产的工业厂房，容积率超过3.0的部分，不收地价；无锡市规定利用地下空间进行商业开发，负一层土地出让金按所在区域地面土地使用权平均楼面地价的50%征收，负二层土地出让金按负一层标准的50%征收，依此类推。

四是加强对土地节约集约利用的评价和考核，并将考核结果与土地利用年度计划指标的分配挂钩。

（3）土地退出与二次开发环节：加强监管、综合整治，保障资源高效利用。一是加大对批而未用土地的清理力度，通过开展集中整治活动、征收土地闲置费、强制收回等方式促进批而未用土地的使用。

二是采取“腾笼换鸟”等方式，对占地面积大、效益差、不符合产业发展政策的企业进行关闭和搬迁，腾出土地用于发展高科技、低能耗、高效能项目。如江阴市规定占总面超过1/3但不足4/5和绝对空闲面积超过15亩的未充分利用土地，通过强制分割、强力征收闲置费、强制收回土地使用权等手段进行清理处置。

三是开展土地整治。通过宅基地换房、集中居住等方式推进农村居民点整治。如广西壮族自治区以奖代补鼓励农民开展“小块并大块”的耕地整治工作；安徽省畅通民间资本投资农村土地整治的渠道，支持民间投资主体自筹资金或结合生产建设活动参与农村土地整治。

（四）和谐矿区建设试点取得突出进展，指导性文件亟待出台

（1）内蒙古自治区试点阶段任务全面完成，取得积极成效。按照党中央、国务院的要求，国土资源部高度重视和谐矿区建设工作，2012年成立了汪民副部长任组长的和谐矿区建设指导协调小组。2012年4月14日，国土资源部和内蒙古自治区人民政府在鄂尔多斯市召开会议，启动和部署了和谐矿区建设试点工作。内蒙古自治区人民政府成立了由分管副主席任组长的和谐矿区建设试点工作领导小组，出台了《和谐矿区建设试点工作方案》，部署在锡林郭勒盟和鄂尔多斯市16家不同所有制、不同生产规模的矿山企业展开试点工作。5月中旬，国土资源部会同内蒙古自治区人民政府，联合向国务院报送了《关于和谐矿区建设进展情况的报告》（函报〔2012〕13号），中央领导同志作出了肯定性批示。

试点工作开展一年多以来，内蒙古自治区按照试点方案，建立了以移民搬迁补偿和矿区生态恢复补偿制度为核心、以矿区基层政府和群众入股矿山企业为补充的利益分配机制；探索建立了矛盾排查机构统筹、事前三级风险评估、事中矿业警察处置、事后四大机构调解的矛盾化解机制；完善了矿山环境治理与矿业权、矿业用地限批联动制度，矿山最低开采规模制度，矿产资源开发综合利用制度；在探索建立资源节约型、环境友好型、矿地和谐型矿区方面积累了经验，试点阶段任务全面完成。评估报告报给国土资源部领导后，汪民副部长批示“要研究如何在明年加大工作力度、纳入部工作总格局提出意见。”

在国土资源部的积极协调指导下，2013年9月，内蒙古自治区出台了《内蒙古自治区人民政府办公厅关于全面开展和谐矿区建设的通知》（内政办发〔2013〕79号），部署在全自治区全面开展和谐矿区建设工作。

（2）各地积极开展相关探索，积累了宝贵经验。各地纷纷推进和谐矿区建设，促进人与自然、人与人之间的和谐。贵州、青海等9省（自治区）在不同层面出台了和谐矿区建设指导意见或工作方案，13个省（自治区）在不同层面开展了和谐矿区建设试点工作，和谐矿区建设已经形成了丰富的实践经验。

贵州省委、省政府下发《关于坚持以科学发展观为指导兼顾“三者”利益建设和谐矿区的意见》（黔党发〔2007〕28号），提出建立“地方政府、矿山企业、矿区群众三者利益共享”的长效机制，实现“护我环境、惜我资源、利我地方、惠我群众”。

青海省下发《关于建立矿产资源开发带动当地群众收益机制的若干意见》（青政办〔2012〕288号），提出调整财政支出和收入分配结构，强化矿山企业社会责任，多渠道带动群众稳定增收。

西藏自治区拉萨市制定了《〈关于深入贯彻落实科学发展观建设和谐矿区的意见〉的实施方案的通知》(拉委发〔2009〕97号)，创新社会管理，化解各类矛盾，建设和谐矿区。

江西省赣州市颁布了《关于印发〈赣州市创建和谐矿区工作的指导意见〉的通知》(赣市府办发〔2009〕6号)，提出到2020年80%的矿山达到和谐矿区标准。

云南省曲靖市制定了《关于建立矿村共享资源开发成果新机制的意见》(曲政发〔2010〕38号)，提出了资源节约共创、环境友好共保、开发成果共享的“三共机制”。

陕西省榆林市制定《关于推进和谐村矿建设的工作方案》(榆政发〔2011〕31号)，通过村矿共建、共治、共享三种途径，加强村企联合党建机制、村矿协调机制和全面推行企业社会责任报告制度三项建设，构建和谐矿区。

此外，安徽省淮北市通过移民搬迁，推进和谐矿区建设；山东省潍坊市将矿区民生支出纳入采矿权出让底价，探索利益分享机制；湖北省宜昌市樟树坪通过政府入股，收益用于民生。

(3) 和谐矿区建设理念逐渐深入人心，深入推进的氛围已经形成。在各地积极探索试点的同时，和谐矿区建设在矿业界引起广泛关注和积极响应。其中，中国矿业联合会及煤炭、黄金、化学、砂石等行业协会组织相关企业开展和谐矿区建设，积极发挥行业组织和市场机制在和谐矿区建设中的重要作用。

2012年5月，全国煤炭工业和谐矿区建设现场会提出，力争到2020年，基本实现矿区经济社会协调发展，煤炭生产和利用方式发生变革，矿区生态环境改善，企业发展实力增强，矿区群众生活质量提高，行业文化得到较大发展，实现人与人、人与自然的和谐建设目标。神华集团、陕煤集团、内蒙古自治区16家试点煤炭企业结合自身实际，积极探索，取得了丰硕的经验和显著的成果。鄂尔多斯神华新村成为建设和谐矿地新关系的典型案例。

黄金协会通过推动黄金行业企业发布企业社会责任报告，推进和谐矿区建设，涌现出中国黄金、山东黄金等一批衔接典型企业。中国化学矿业协会联合鄂、湘、川、黔、滇5省国土资源主管部门印发《资源节约型、安全环保型、矿地和谐型矿山建设(磷矿)评选标准(试点)》，首先在磷矿行业中开展资源节约型、安全环保型、矿地和谐型“三型”矿山试点创建工作，迈出了重要一步。砂石协会通过每年的年会和论坛，在砂石行业领域积极推进和谐矿区建设相关工作，也催生了一批积极践行社会责任、促进矿地关系和谐的优秀企业。

二、党的十八届三中全会对国土资源管理改革提出了更高的要求

党的十八届三中全会审议通过的《中共中央关于全面深化改革若干重大问题的决定》提出了全面深化改革的指导思想、总体思路、目标任务，回答了全面深化改革的

一系列重大理论和实践问题，对国土资源改革工作提出了更高的要求，“实行资源有偿使用制度”，“建立城乡统一的建设用地市场”，“赋予农民更多财产权利”，“保障农民公平分享土地增值收益”等一系列具体的要求，明确了国土资源工作未来的发展方向。

（一）以行政体制改革促进管理制度创新

持续推进国土资源管理职能转变。进一步简政放权，减少对微观事务的管理，划清政府与市场、政府与企业的界限，市场能够调节的、企业能够自主决策的事情，政府坚决退出。将政府职能转移到宏观调控、市场监管、社会管理和公共服务上来。对保留的行政审批事项进行规范管理和优化整合，提高审批效率。

发挥中央和地方两个积极性。合理划分中央和地方政府事权，加强中央政府宏观调控职责和能力，加强地方政府公共服务、市场监管、环境保护等职责，积极培育承接国土资源公共服务职能的社会组织，促进社会组织参与社会管理和公共服务。深化国土资源行政审批制度改革，把权力和责任真正放下去，完善和强化监督检查职能，把服务和监管切实抓起来。

（二）还权赋能，保障农民合法权益

保障农户宅基地用益物权。在加快农村集体土地确权登记颁证工作的基础上，积极推进以土地为核心的不动产统一登记。按照保障农户宅基地用益物权的要求，在基础工作扎实且完成宅基地使用权确权登记颁证工作的区域，稳妥推进农民住房财产权抵押、担保、转让试点，探索农民增加财产性收入渠道。

深化征地制度改革。严格界定公益性和经营性建设项目，逐步缩小征地范围。完善征地审批、实施、补偿、安置、争议调处裁决等程序，规范政府征地行为。探索建立就业、住房、社会保障等多元化的被征地农民保障机制。探索农民分享土地增值收益的渠道，合理提高个人在土地增值收益中的分享比例。

赋予土地承包经营权抵押、担保权能。在坚持和完善最严格的耕地保护制度前提下，赋予农民承包经营权抵押、担保权能，允许农民以承包经营权入股发展农业产业化经营。鼓励承包经营权在公开市场上向专业大户、家庭农场、农民合作社、农业企业流转，发展多种形式规模经营。

（三）健全市场体系，实现资源优化配置

强化市场对资源的配置。加强土地供需调节，建立工业用地和居住用地合理比价调节机制，通过严格执行出让制度、创新出让方式等措施理顺工业用地的价格形成机制，逐步提高工业用地价格。扩大国有土地有偿使用范围，减少非公益性用地划拨，推进基础设施和社会事业用地有偿使用。完善土地租赁、转让、抵押二级市场。

建立城乡统一的建设用地市场。加快与建立城乡统一的建设用地市场相配套的制度建设，赋予农村集体经营性建设用地与国有建设用地同等的权能，在符合规划和用途管制前提下，农村集体经营性建设用地与国有土地同等入市、同权同价。研究建立

农村集体建设用地流转收益调节机制，合理调节农村集体建设用地流转收益。

深化矿产资源产品价格和税费改革。建立反映市场供求和资源稀缺程度、体现生态价值和代际补偿的矿产资源有偿使用制度和生态补偿制度。建立矿产资源开发的环境代价核算与补偿制度，把资源消耗、环境损害、生态效益纳入经济社会发展评价体系。

三、推进国土资源管理制度改革的建议

（一）加强国土资源管理制度改革的总体设计

（1）围绕《决定》，做好分类。《决定》中提及的改革事项可以分为三类：一类是抓紧落实类，对于此类应分析如何能落实到位，如不动产统一登记；第二类是细化研究类，组织相关部门抓紧研究，探索改革路径，如加强自然资源统一监管等；第三类是与国土部门间接相关的事项，也应加强研究，分析对国土资源管理带来的影响，国土资源管理如何主动作为，如先照后证、自由贸易区土地管理等。

（2）明确改革路线图和时间表。加快国土资源管理制度改革的顶层设计，对改革的原则、具体思路、重点任务予以明确，从国家层面明确各项改革的大方向，提出深化国土资源重点领域改革的路线图和时间表，以顶层设计统领改革全局。建立部门间推进国土资源管理制度改革的协调机制，推动各部门形成改革合力。

（二）加强对国土资源改革工作的管理

（1）改革要有底线和刚性约束。改革要有合理的边界，国土资源管理的基本秩序不能动摇。改革不能突破现有的土地所有制、土地用途管制制度和维护农民权益这三条底线，以及最严格的耕地保护制度和最严格的节约用地制度等两个“最严格”。

（2）按照“先试点、再示范、后推开”的基本步骤，积极、审慎、稳妥推进各项改革工作，加强对全国改革试点工作的统筹，强化对改革试点的跟踪分析和评估指导，确保各项改革试点工作“局部试点、封闭运行、风险可控”。

（3）建立边研究、边试点、边总结的全过程工作机制，联合试点地区、相关司局、事业单位、专家学者等各方力量，深入开展调查研究，总结地方的成功经验，提炼出可复制、能推广、利修法的经验，为管理制度改革提供参考依据。

（三）创造有利于改革的外部环境

（1）加强地方党委对国土资源管理工作的领导。推动地方党委认真贯彻中央关于国土资源管理改革的方针政策，认清改革的必要性、重要性、紧迫性，形成“党委领导、政府负责、部门协同、公众参与、上下联动”的国土资源管理工作新格局。

（2）扩大公众参与改革的途径。当前改革最大的阻力是既得利益格局，而政府自身改革的最大阻力也来自于政府自身，只有增加公众话语权，重视发挥人民群众的积极性、主动性和创造性，才能有效打破既得利益格局，保证改革充分体现广大人民群

众的利益和诉求。

（3）发挥社会舆论的正向引导作用。依托国家级、省级媒体和互联网、微博等新兴媒体，引领社会舆论对改革事项进行公正、客观报道，避免媒体误解，使公众了解改革的复杂性、阶段性，让社会对改革形成明确的预期，为改革营造一种冷静、理性的舆论环境。

执笔人：刘伯恩　岳永兵　史登峰

专题三　2013 年度 国土资源热点调查分析

中国国土资源经济研究院国土资源热点问题调查小组

随着维权意识的提高，公民越发自觉、持续、敏锐地关注着中国社会发生的各种热点事件，其中国土资源领域的改革举措、重大政策发布等常常成为公众关注的焦点。为进一步把握国土资源领域热点问题，有效回应社会舆论关注和提升国土资源管理应对能力及服务水平，我们结合各类政府文件、政策法规和媒体新闻等信息资料，采用各类网络平台进行调查统计，评出 2013 年度国土资源领域十大热点问题并进行分析，提出相应的对策建议，以期能够有针对性地为国土资源管理工作提供支撑服务。

一、年度社会经济热点

（一）十大热点事件（问题）

近几年来，各大媒体按不同的标准纷纷推出年度热词，新浪盘点的“外媒聚焦中国的十个关键词”分别是中国梦、十八届三中全会等；人民网盘点 2013 年中央经济工作会议公报十大关键词是深化改革、分类推进等。同时，新华网、搜狐、凤凰网、百度等纷纷推出十大年度热词。

2013 年中国十大热点事件（关键词）

排序	外媒聚焦中国十大关键词（新浪）	“两会”网友关注十大关键词（新华网）	中央经济工作会议公报十大关键词（人民网）	产业地产最热关键词（搜狐）	楼市十大关键词（南方日报）	十大关键词大盘点（新周刊）	网络最流行十大热词（百度）
1	中国梦	社会保障	深化改革	“大观园”	城镇化	中国梦	土豪
2	十八届三中全会	反腐倡廉	区分情况、分类推进	工业用地弹性出让	新国五条	中国大妈	我伙呆
3	雾霾	收入分配	稳中求进	厂房失火	物业税	土豪	何弃疗
4	制度反腐	住房保障	增强金融运行效率	空城	限签	霾	快到碗里来
5	辽宁舰	医疗改革	口粮绝对安全	产业园区解决户口	市场预期	劳教	不明觉厉

续表

排序	外媒聚焦中国十个关键词（新浪）	“两会”网友关注十大关键词（新华网）	中央经济工作会议公报十大关键词（人民网）	产业地产最热关键词（搜狐）	楼市十大关键词（南方日报）	十大关键词大盘点（新周刊）	网络最流行十大热词（百度）
6	土豪	稳定物价	化解产能过剩	伪产业园	钱荒	决定	深藏功与名
7	生二胎	食品药品安全	严格政府举债程序	土地出让	地王	恒大	涨姿势
8	防空识别区	法治中国	促进区域协调发展	产业园区免税	裸卖	单独二胎	人艰不拆
9	中国大妈	行政体制改革	着力改善民生	工业用地涨价	捂盘	大V	元芳你怎么看
10	上海自贸区	国防建设	两个“丝绸之路”	造城运动	海外开发	不明觉厉	喜大普奔

国土资源热点问题调查小组（简称调查小组）梳理出2013年我国主要热点事件和热词如下：城镇化、住房保障、着力改善民生、口粮绝对安全、深化改革、土地出让、新国五条等。显示出中央对国土资源管理工作的高度重视，也显示出公众对国土资源管理工作的期待。

（二）透过热点事件看国土资源管理

“城镇化”是世界各国工业化进程中必然经历的历史阶段，当前我国正处于城镇化快速发展时期，大量人口由乡村向城市转移，在城市面积不断扩大的同时，城镇用地粗放低效，既浪费了大量土地资源，也威胁到国家粮食安全。

土地问题一直是国土资源领域改革的焦点和难点。每一轮的房地产调控政策出台，都将加强土地调控作为主要调控手段。公众希望政府继续加强土地调控和用地结构调整，让住房价格合理回归。2013年“新国五条”制定了“房产税”、“限购”、“增加普通商品住房土地供应”等综合调控手段，再次打响了针对房价的综合调控战役。

2013年中央经济工作会议部署的2014年主要任务中提到“加大廉租住房、公共租赁住房等保障性住房建设和供给，做好棚户区改造”。国土资源部部长姜大明在第23个“全国土地日”讲话中指出，要按照“规划管控、计划调节、标准控制、市场配置、政策鼓励、监测监管、考核评价、共同责任”的原则，全面推进节约集约用地政策完善和制度创新。

土地供应、地质灾害防治是国土资源主管部门的职责。保障保障性住房的土地供给，加强地质灾害防控体系建设，事关民生福祉，必须切实保护人民权益。严守18亿亩耕地红线是保障口粮绝对安全的基础，探索“保发展”和“保红线”的科学理政方式，深化国土资源管理改革，特别是土地制度改革，成为中央对国土资源管理工作提出的新要求。

二、2013年国土资源领域热点事件调查

（一）调查范围与方法

本次热点调查选择国土资源领域热点、重点事件或问题37项，其中“小产权房”等土地管理领域相关热点问题10项，高标准农田建设、基本农田建设、粮食安全等土地整治问题8项，非常规油气资源开发、和谐矿区建设等矿产资源热点事件9项，“蛟龙”号、“泥腿子”局长寻明胜等其他热点事件10项。

调查小组在前几年工作的基础上，进一步丰富相关统计手段，完善测算指标体系。综合关注度由原来的两项扩展到三项，即媒体曝光度、公众参与度和理论关注度。媒体曝光度以百度、谷歌和雅虎的关键词搜索频度为数据源；公众参与度以关键词在微博转发量、“天涯论坛”的首贴点击率和“百度知道”发贴量为数据源；理论关注度以关键词在CNKI全文检索量为数据源（2000 – 2013年数据检索）。根据统计测算得出国土资源领域十大热点事件的综合关注度、媒体曝光度、公众参与度和理论关注度排名。

（二）调查结果

2013年国土资源领域综合关注度最高的十大热点事件（问题）依次为城镇化、国土资源管理改革、住房保障、土地整治、地质灾害防治等。其中，媒体曝光度最高的前三项为国土资源管理改革、土地整治、城镇化；公众参与度最高的前三项为城镇化、住房保障、国土资源管理改革；理论关注度最高的前三项是城镇化、土地整治、国土资源管理改革。

2013年国土资源领域十大热点事件（问题）

排序	综合关注度	媒体曝光度	公众参与度	理论关注度
1	城镇化	国土资源管理改革	城镇化	城镇化
2	国土资源管理改革	土地整治	住房保障	土地整治
3	住房保障	城镇化	国土资源管理改革	国土资源管理改革
4	土地整治	城乡统一用地市场	土地整治	住房保障
5	地质灾害防治	住房保障	地质灾害防治	地质灾害防治
6	非常规油气资源	非常规油气资源	小产权房	非常规油气资源
7	城乡统一用地市场	不动产统一登记	非常规油气资源	不动产统一登记
8	小产权房	农村土地确权登记	不动产统一登记	绿色矿山与和谐矿区
9	不动产统一登记	小产权房	城乡统一用地市场	小产权房
10	农村土地确权登记	地质灾害防治	农村土地确权登记	农村土地确权登记

三、国土资源热点问题分析

党的十八届三中全会揭开了中国新一轮全面深化改革的序幕，对于实现“两个百年”目标具有重要的里程碑意义。全会提出到2020年，在重要领域和关键环节改革上取得决定性成果，完成《决定》提出的改革任务。提出了“建设城乡统一的建设用地市场”、“提高城市土地利用率”、“建立不动产统一登记制度”等任务目标，对资源保障、资源节约、耕地保护、土地利用、反腐倡廉、矿山环境等工作提出了新的更高要求。

（一）城镇化

早在《国民经济第十一个五年规划纲要》中就已经明确，“要把城市群作为推进城镇化的主体形态”，《国民经济第十二个五年规划纲要》再次予以强调。2013年召开的全国城镇化会议决定全国不再新建千万人口以上的超大城市，而要发展以省会城市为中心的区域性城市群，同时推进以县、市为基础的就地城镇化；并提出“提高城镇建设用地利用效率”等六项主要任务，指出推进城镇化必须大力提高城镇土地利用效率。

在城镇化过程中，有的地方为追求城镇化率，占地、拆迁、盖楼，强迫农民上楼；追求高速城镇化带来了农业生产要素高速非农化、农民主体过快老龄化等日趋严重的“乡村病”。城镇化是农村人口转化为城镇人口的过程，最根本的还是“人的城镇化”。解决制约城镇化的深层次问题，一是要严守18亿亩耕地红线，这是城镇化的底线；二是要节约集约利用土地资源，提高土地利用率；三是为进城农民创造稳定的就业机会，解决进城农民的“饭碗”问题；四是建立进城农民与城镇居民同等的社会保障体系，解决进城农民的“后顾之忧”。

（二）国土资源管理改革

国土资源管理改革主要涉及土地管理制度改革、矿产资源管理体制改革和地勘行业改革三方面。土地资源、矿产资源作为经济社会发展的基础支撑，关系广大人民群众的生存发展权益。国土资源部部长姜大明在第20次部长办公会上提出要从坚持最严格的耕地保护制度、坚持最严格的节约用地制度、维护群众权益和转变政府职能四方面入手，深入推进土地管理制度改革。土地管理制度改革要夯实集体土地权能，健全用途管制制度，完善征地制度，推进土地要素市场化改革。

国土资源领域深化改革面临“让发展成果更多更公平惠及全体人民”的更高要求，同样也要“顺民意、尊民愿、问民计、维民权”。因此，要集中围绕尽职尽责保护国土资源、节约集约利用国土资源、尽心尽力维护群众权益三大方面展开，要按照守住底线、试点先行的原则，积极稳妥推进国土资源领域改革。“国土资源管理改革”因与公众切身利益关系紧密，综合排名第二位。

（三）住房保障

随着我国经济发展和城镇化的推进，居住需求和攀升的房价矛盾日益突出。解决中低收入人群的住房问题，不仅关系到国民的生存问题，也关系到一个国家经济发展和社会稳定。党中央、国务院高度重视住房保障工作，把实现“住有所居”目标作为经济社会发展和保障改善民生的重要内容。国家不断加大住房保障力度，采取多种方式对不同困难类型家庭实施住房保障。

为落实保障性住房用地政策，国土资源部先后就加强土地供应调控、切实落实保障性安居工程用地等作出部署，要求各地做好保障性安居工程建设用地供应管理，对列入年度供地计划的保障性住房用地要应保尽保。本着民生优先、特事特办的原则，国土资源部对2013年提出保障性安居工程新增建设用地申请的80个城市的用地提前介入、单独组卷，加快向国务院申报审批速度，全年供地落实率102.7%。2013年，我国改造城市和国有工矿、林区、垦区的各类棚户区304万户，5年内改造1000万户。

住房保障问题始终是关系民生的首要话题，除加强土地供应保障外，还应加强出让方式、供地节奏、时间节点的调控，同时对住房质量和公平配置问题应予以高度关注。

（四）土地整治

十多年来，为严守耕地红线，保障粮食安全，国土资源部及相关部委联合开展土地整治工作，成效显著。目前在建的9个土地整治重大工程，建设规模达1980万亩，新增耕地338万亩，投入资金315亿元，已完成工程建设任务的60%；10个示范省建设规模2954万亩，新增耕地约180万亩，中央和地方投入资金达565亿元。国土资源部、财政部于2013年12月对9个在建的土地整治重大工程和10个土地整治示范省建设情况进行了评估，结果表明，共新增耕地518万亩，建成高标准基本农田3400余万亩。同时，我国耕地污染现象也不容乐观。据国土资源部第二次全国土地调查统计数据显示，有相当数量耕地受到中度、重度污染，其中大多数不宜耕种，中重度污染耕地5000万亩。

我国人均耕地面积1.52亩，不到世界人均水平的一半。人均耕地少、耕地质量总体不高、耕地后备资源不足的基本国情并没有改变，耕地保护形势仍十分严峻。土地整治对严守18亿亩耕地红线、促进耕地增量提质、改善农村生产生活条件、改善生态环境、打造支农平台等具有重要意义。

（五）地质灾害防治

我国幅员辽阔，气候多变，地形地貌和地质条件复杂，地质灾害类型多、分布广、频次高，是世界上地质灾害最严重的国家之一。近年来，我国地质灾害频发，造成重大人员伤亡和财产损失，引起公众的高度关注。2013年，全国共发生地质灾害15403起，共导致481人死亡、188人失踪、264人受伤，造成直接经济损失101.46亿元。灾害发生数量、死亡失踪人数和直接经济损失同比分别增长7.5%、78.4%、92.2%。

中央高度重视地质灾害防治工作，2013年，中央财政下拨特大型地质灾害防治专项资金15.76亿元，由各地统筹用于地质灾害调查评价，实施地质灾害重大隐患点的监测预警、勘查、搬迁避让、工程治理和应急处置，以及地质灾害群测群防体系建设、科普宣教和培训工作。此外，中央财政还安排专项资金17亿元，用于重点地质灾害防治项目，其中云南省地质灾害综合防治体系建设10亿元、湖北五峰县城地质灾害治理1亿元、湖南省宁乡大成桥地区地质灾害综合治理1亿元、甘肃漳县岷县地质灾害防治5亿元。

（六）非常规油气资源

近几年来，美国等西方发达国家致力于非常规油气资源的勘探开发。EIA数据显示，世界页岩气、页岩油技术可采资源量分别为206.6万亿立方米、456.94亿吨。世界已探明的可燃冰储量超过16.7万亿吨油当量，相当于全球煤、石油等传统化石能源探明储量的2倍以上。我国页岩气、页岩油等非常规油气资源储量十分丰富，陆域页岩气地质资源潜力为134.42万亿立方米，可采资源潜力为25.08万亿立方米（不含青藏区）。我国仅南海地区可燃冰的储量预计能达到680亿吨油当量。

我国自2009年起陆续开展了页岩气开发的相关前期研究工作。先后制定了《页岩气发展规划（2011 – 2015年）》、《关于加强页岩气资源勘查开采和监督管理有关工作的通知》等指导文件和扶持政策。明确了“调查先行、规划调控、竞争出让、合同管理、加快突破”的工作思路；编制了页岩气探矿权设置方案；开展了两轮页岩气探矿权出让公开招标工作，第三轮页岩气招标工作正在筹备中。我国自主研制的“蛟龙”号多次刷新世界纪录，实现了我国深海技术发展的新突破和重大跨越。2013年，“蛟龙”号完成21次下潜，带回390只生物，已在中国南海、东太平洋、西北太平洋等海域进行多次科研作业，加快了我国建设海洋强国进程，绘制了一幅深海的藏宝图。

BP预测，到2030年，非常规油气产量的强劲增长将对全球能源格局产生重大影响，从而改变对主要经济体的增长预期，并将对贸易收支平衡产生重大影响。非常规油气资源作为传统能源的有效补充，在科技发展的今天，其开发利用逐步成为现实，引起世界各国的广泛关注。

（七）城乡统一用地市场

十八届三中全会通过的《决定》提出了“建立城乡统一的建设用地市场”。允许农村集体经营性建设用地在符合规划和用途管制前提下，出让、租赁、入股，实行与国有土地同等入市、同权同价。

我国自1987年进行土地使用制度改革以来，国有土地有偿使用的制度已经建立。目前，集体建设用地入市由于缺乏规划指导和用地指标，造成违规项目不断出现，规划指标屡遭突破，建设用地供应总量很难有效控制，正常的土地市场秩序受到干扰。

另外，我国土地要素市场还不完善，土地要素市场在城乡之间发展不平衡、不统一，特别是集体建设用地基本被排斥在土地市场之外。按照城乡统筹发展的要求，改革农村集体建设用地使用制度，推动农村经营性集体建设用地在符合规划的前提下进入市场，与国有建设用地享有平等权益，有利于逐步形成反映市场供求关系、资源稀缺程度、环境损害成本的土地价格形成机制，建立与城镇地价体系相衔接的集体建设用地地价体系，充分发挥市场配置土地的基础性作用。

建立城乡统一的建设用地市场是建立社会主义市场经济体制的必然要求，是规范土地市场的需要。改革现有的农村集体建设用地使用制度，实现城乡建设用地“同地、同权、同价”或成为未来土地制度改革的一个方向。在符合规划的前提下，推动农村经营性集体建设用地进入市场，与国有建设用地享有平等权益，有利于充分发挥市场配置土地的基础性作用。

（八）小产权房

2013年十八届三中全会后，部分媒体由于对中央精神的误读，“小产权房”转正的猜测再度引起公众广泛热议。对此国土资源部、住房和城乡建设部联合发出紧急通知，要求各省（自治区、直辖市）国土、住建主管部门要全面正确领会十八届三中全会关于建立城乡统一的建设用地市场等改革措施精神，坚持依法依规，严格执行土地利用总体规划和城乡建设规划，严格实行土地用途管制制度，严守耕地红线，坚决遏制在建、在售“小产权房”行为。要求各地开展集中排查，从严处理。查处“小产权房”既要处理事，又要追究有关人员责任。中央级媒体，如央视《中国新闻》、《晚间新闻》、《朝闻天下》等栏目密集、深入地报道了两部委联合发布的紧急通知。

2012年，北京市和上海市成为“小产权房”清理先行试点。同年9月，北京市国土资源局初步清理、公布了79个“小产权房”项目，引起了公众对“小产权房”命运的关注。2012年6月至今，北京市共清理认定83处“小产权房”项目，涉及土地面积5000亩（其中耕地132.94亩），总建筑面积381万平方米。据不完全统计，从1995年到2010年，全国“小产权房”建筑面积累计超过7.6万平方米，全国总量已超过70亿平方米。针对“小产权房”转正的问题，学术界争议由来已久，有的学者认为应该全部拆除或没收，有的学者认为应该保留。两部委发布的紧急通知叫停在建、在售“小产权房”，依法处理相关责任人的态度坚决，从“打雷”到“下雨”的转变，显示了中央治理“小产权房”的决心。

（九）不动产统一登记

2013年11月20日，李克强总理主持召开国务院常务会议，会议决定，由国土资源部负责指导监督全国土地、房屋、草原、林地、海域等不动产统一登记职责，2014年6月底前出台《不动产登记条例》。各地在中央统一监督指导下，结合本地实际，将不动产登记职责统一到一个部门。

整合不动产登记职责、建立不动产统一登记制度，是国务院机构改革和职能转变方案的重要内容，也是完善社会主义市场经济体制、建设现代市场体系的必然要求。将分散在多个部门的不动产登记职责整合由一个部门承担，对于保护不动产权利人合法财产权，提高政府治理效率和水平，理顺部门职责关系，减少办证环节，减轻群众负担，具有重要意义。

新政公布后，引起社会广泛关注，社会舆论一片叫好。SOHO董事长潘石屹表示“这是好政策，如果今年实施，房价马上会跌”。同时，随之公开的不动产登记信息依法查询系统，对于保证不动产交易安全、打击炒房、防止腐败等具有重要意义。不动产统一登记有利于房产税的全面实施，可以缓解部分城市或者局部区域的市场供需矛盾，减缓房价继续上涨的压力。

（十）农村土地确权登记

2010年，《中共中央国务院关于加大统筹城乡发展力度进一步夯实农业农村发展基础的若干意见》提出，“加快农村集体土地所有权、宅基地使用权、集体建设用地使用权等确权登记颁证工作”。2013年，《中共中央国务院关于加快发展现代农业进一步增强农村发展活力的若干意见》要求改革农村集体产权制度，有效保障农民财产权利，全面开展农村土地确权登记颁证工作。健全农村土地承包经营权登记制度，强化对农村耕地、林地等各类土地承包经营权的物权保护，用5年时间基本完成农村土地承包经营权确权登记颁证工作。

农村集体土地确权登记发证是对农村集体土地所有权和集体土地使用权等土地权利的确权登记发证。农村集体土地使用权包括宅基地使用权、集体建设用地使用权等。农村集体土地所有权确权登记发证要覆盖到全部农村范围内的集体土地，包括属于农民集体所有的建设用地、农用地和未利用地。加快农村集体土地确权登记发证工作，是中央从夯实农业农村发展基础、促进城乡统筹发展和农村社会和谐稳定高度作出的重要决策。

《决定》提出“赋予农民对承包地占有、使用、收益、流转及承包经营权抵押、担保权能，允许农民以承包经营权入股发展农业产业化经营”。这项工作涉及广大农民的切身利益，对农村经济社会发展影响巨大而深远。有利于依法保障农民的土地承包经营权、宅基地使用权、集体收益分配权；有利于妥善解决农户承包地块面积不准、四至不清等问题；有利于提高农民在土地增值收益中的分配比例；有利于确保被征地农民生活水平有提高、长远生计有保障等。

四、对国土资源热点事件调查的思考建议

（一）加强宣传和舆论引导，树典型、扬正气、传递正能量

(1) 贯彻中央精神，结合中心工作，加强宣传策划。国土资源工作关系到社会发

展全局，国土资源宣传要贯彻中央精神，结合中央开展的党的群众路线教育实践活动、党风廉政建设、“八项规定”等活动，围绕中心工作，加强宣传策划和舆论引导。努力营造良好的舆论氛围和外部环境，增强凝聚力和战斗力，塑造国土资源部门主动作为、真抓实干、敢于担当、勤俭高效的部门形象。

（2）树典型、扬正气，传递正能量。以“地球日”、“全国土地日”宣传活动等重大活动为契机，拓宽渠道，构筑报刊、电视、广播等传统媒体，以及互联网、手机报等新兴媒体良性互动的立体宣传格局，扩大国土资源新闻宣传工作的社会影响。要密切关注国土资源热点、敏感问题，找准新闻点，广泛宣传国土资源先进人物和先进典型，协调中央主流媒体、组织部属媒体，深入基层，宣传报道基层国土资源部门的先进典型和鲜活经验。强化正面宣传，加大信息投入力度。切实做到树典型、扬正气，传递正能量。

（3）“内外兼修”，切实加强舆论引导。要以《中国国土资源报》、国土资源部门户网站等系统内部媒体为主，充分发挥宣传主阵地、主渠道作用，树立起在国土资源舆论话题宣传中的权威地位。同时，借助中央主流媒体的优势和影响力，积极引导舆论话题，特别要加大对国土资源管理改革取得的成效、耕地保护、国土综合开发整治、房地产调控政策、“两法”（《土地管理法》、《矿产资源法》）修改和征地制度改革、地质灾害防治和地质环境保护、土地督察和执法监察等工作的宣传力度。

（4）应对“网络问政”，解决“失语失声”问题。网络正成为表达民意的重要场所，网络舆论逐渐成为政府倾听民声、了解民情的一个重要渠道。当前资源供需矛盾日益突出，国土资源工作始终面临着保障发展、保护资源的两难局面和双重压力，国土资源管理工作往往成为一个矛盾焦点。建议在现有的《每日舆情》的基础上，建立舆情分析队伍，定点剖析热点问题。同时，加强部、省、市三级新闻发言人队伍建设，切实解决好关键时刻“失语失声”的问题。

（二）贯彻落实三中全会精神，全面深化国土资源管理改革

（1）积极稳妥推进土地管理制度改革。要切实贯彻落实中央精神，在全面吸收近年来土地管理改革实践和制度创新成果的基础上，积极稳妥地推进土地管理制度改革，严格土地用途管制制度。土地管理制度改革扩大权能是基础、征地制度改革是关键、城乡统一是方向、维护权益是目的。深入开展土地整治工作，推进划定永久基本农田和高标准农田建设，坚守耕地数量和质量双红线。抓紧研究出台农村集体经营性建设用地流转条例、农村集体土地征收补偿安置条例，做好《土地管理法》全面修改完善准备。

（2）研究推进自然资源管理体制改革。以不动产统一登记工作为契机，修改完善自然资源管理制度改革的总体框架，落实节约集约政策，健全完善自然资源资产产权制度，加快对各类自然资源统一确权登记，探索推动建立自然资源管理委员会。明确自然资源资产权益所有者和代理者的法律关系，调整资源开发收益分配政策，探索构

建自然资源资产管理机构，统一行使好全民所有自然资源资产所有者权能。逐步实行自然资源的集中统一和综合协调管理。

（3）扎实推进国土资源管理行政体制改革。要充分发挥市场的调节机制，进一步简政放权，加快职能转变，抓好宏观调控职责和能力建设，最大限度地调动各层面积极性，共同管好用好国土资源，确保经济社会持续健康发展。

执笔人：张所续　邓　锋

专题四　2013年国土资源经济与管理研究进展综述

中国地质大学（北京）人文经管学院专题组

了解国土资源经济与管理当前最新的研究进展，对国土资源政策制定和宏观调控具有重要意义。本专题是在2012年研究的基础上继续跟踪研究，旨在通过查阅文献，全面反映国土资源领域理论研究的最新进展和前沿，展示国内外学界对国土资源经济和管理的主流观点并进行分析，汇总编写成研究进展报告。本专题查阅了近1000篇国内相关论文，从土地经济与土地管理、矿产资源经济与矿产资源管理、地勘经济与地勘工作管理及国土资源综合管理四个方面总结了2013年度国土资源经济与管理学科研究的前沿进展情况，本部分为报告的精减版。

一、土地经济与土地管理

（一）土地制度与法规

2013年的土地立法与政策主要着力促进城镇化，首先是完善征地制度，提高农民在土地增值中的分配比例，规范政府的征地行为；允许农民或集体经济组织在符合规划的前提下，参与城镇经营性项目的开发；制定集体建设用地流转收益分配办法，合理确定国家、地方政府、集体和个人的收益分配比例。同时，完善土地有偿使用制度，促进存量土地的盘活、再开发利用也是政策的重点。其中，有代表性的是在2013年3月1日正式施行《土地复垦条例实施办法》，2013年6月进行了《土地估价管理办法》立法专题调研，为进一步完善土地估价管理措施进行预先准备。任佳（2013）对我国土地整治立法进行了相应的总结分析，指出在现阶段，我国关于土地整治的法律法规比较少，土地整治的相关规定散见于《宪法》、《土地管理法》和《土地管理法实施条例》中，提出加快土地整治立法的建议，主要包括：建立完善的土地整治法律体系；明确土地整治的程序；注重土地整治权属调整；构建公众参与机制；完善土地整治组织制度；加强土地整治机构队伍建设。

（1）关于城乡统筹和户籍改革背景下农民土地权利保护问题。张一鸣（2013）认为，户籍改革中农民土地权利处分与社会保障待遇获得之间不存在因果关系。首先，保障功能并不强大的土地与保障功能强大的城镇居民待遇二者并不对等，不存在交换问题；其次，农民手中与土地相关的三项权利已经固化为一项财产权，由农民自由支配；其三，社会保障制度是对国民收入的再分配，其待遇的获得是不需要特殊代价的。蒋海灿（2013）认为，严格规范国家公权力和切实保障公民私权利，是土地征收制度具备合理性和可行性的重要标准，并提出从制度层面改进与完善现行土地征收制度是规范政府公权力的运用、保障公民私权利的行使、减少群体性事件、缓解社会矛盾的重要步骤。

（2）关于农村土地权利制度改革和完善问题。朱文鹏等（2013）从城乡一体化的角度对我国农村土地权利制度进行了研究，指出我国城乡一体化中农民土地权利保护的立法出路，主要包括：城乡一体化的法律制度，首要的任务是破解城乡二元结构困局；集体土地所有权的行使与保护；土地承包经营权的保护；宅基地使用权的保护。邱能之等（2013）从土地“立体开发”的角度，以南昌市地下空间开发利用为例，研究如何科学合理、适度有序地开发利用地下空间土地资源，加强地下空间土地资源管理；并提出如下相关建议：建立健全配套的法律和政策；建立高效、协作的地下空间开发利用的管理体制；实行差别化的供地方式，高效合理开发利用地下空间土地资源；积极探索地下空间土地权利设定与确权登记办法。

（3）关于土地流转改革的问题。研究主要集中在农地流转的理论基础、农地流转的农民权益保障、农地流转的制度改革等方面。江淑斌等（2013）对农地流转动力、模式与障碍进行了研究综述，指出土地流转主要受两种动力推动：一种是经济发展与要素流动（劳动力转移）；第二种是农户之间的异质性。石菊常（2013）对农地流转机制研究进行了综述，提出了应该通过农民自组织机制、政府机制和市场机制的有机结合来实现农地流转机制的创新，从而有效实现农村土地的流转。何小川（2013）对农地流转问题进行了研究分析，对完善农地流转提出了对策和建议：规范农村土地流转用途管制；完善农村土地产权管理制度；完善农村土地流转保障体系。易明刚（2013）对农村土地承包经营权流转纠纷问题的立法进行了相关研究，指出目前我国在农村土地承包经营权流转上存在的主要问题包括：农村土地承包后难以调整；法律对承包土地的继承没有较明确的规定；法律对弃耕抛荒行为处理规定不一致；现行法律没有明确对农村集体经济组织成员资格的认定标准；农村土地承包经营权的确认程序不规范；农村耕地保护制度执行不力。其原因是：经济社会大背景的不断变化；立法存在一定瑕疵；基层群众缺乏法律意识和法律知识；基层政权管理服务的缺失。并提出相关立法建议：一是按照我国有关法律法规及各省份农村实际情况，明确认证标准；二是根据《物权法》有关土地承包经营权作为物权的规定，探索完善土地承包经营权的流转方式；三是进一步细化农村土地承包经营权的换证程序及流转合同报备程序，细化执行农村耕地保护制度的法律责任。

（4）我国土地登记的问题与对策研究。王霞（2013）从《土地登记办法》、《物权法》的角度，研究我国土地登记制度，并指出我国当前的土地登记制度具有与上位法冲突、地方规章与部门规章冲突及制度不完善等弊端，并提出应从增设登记类型、细化登记原则、增强登记机关法律责任、扩大不予登记情形的范围等方面完善土地登记制度。李倩（2013）对国土资源部在浙江省试点的土地登记信息动态监管查询系统进行了分析阐述，提出系统的组织应用应当围绕保障产权、服务社会两大任务。其一，完善系统的公开查询功能；其二，目前登记信息仍然以土地为主，其他如房屋、林地、海域等信息仍没有涵盖，所以要考虑系统的功能扩展及升级改造等工作，确保今后与其他不动产登记信息的有机融合，为构建以土地为基础的不动产统一登记制度做好准备。蔡建和（2013）从创新农村投融资体制机制与土地管理制度之间的关系进行研究，提出创新农村土地管理制度需要构建城乡一体化发展新格局，深化农村土地制度改革，概括为：明晰农村土地产权，实现耕者有其权；畅通农村土地流转渠道，盘活农村土地资源；加快农村征地制度改革，增加农民土地财产收益。

（二）土地市场与调控研究

在我国加快新型城镇化建设进程中，土地市场建设至关重要，它与生产资料市场、金融市场、城市住宅市场及技术服务市场等高度相关，对宏观经济的健康发展产生着深远的影响。近年来，我国土地价格呈现出不断上涨的趋势，如何调控土地价格已成为当前政府经济调控的难点所在，国家为此出台了一系列货币政策与土地管理和调控政策。深入研究土地管理与市场调控，具有重要的意义。

胡俊峰等（2013）对政府垄断增量土地市场运行的问题进行了分析研究，指出垄断增量土地一级市场的初衷与土地浪费和盲目开发的现状形成了鲜明对比，由此引发政府腐败、农民权益严重受损、耕地面积锐减等不良后果，并指出问题的原因主要集中在以下几点：分税制改革加剧了地方政府收入减少与事权扩大的矛盾，出现巨大资金缺口；对政府土地管理权力的监督机制不健全，政府在增量土地市场中权力寻租，追求自身利益；现行法律对“公共利益”缺乏明确界定，难以对政府的行为进行有效的法律制约。邵新建等（2013）对土地市场的垄断性行为进行了研究，指出如果地方政府以土地收益最大化为决策目标，则其理性选择就是通过控制土地供给量推高城市土地价格，而经过房地产开发企业的竞争，高地价将最终传导形成高房价。他提出，要抑制房价的过快上涨，长期治本之策在于打破城市土地市场的垄断格局；中短期来看，需要激励地方政府改变其以土地收益最大化为主要决策目标的做法。黄文山（2013）对完善土地市场建设进行了研究，指出了土地市场发展中体现出的问题：现行土地管理的相关法律存在漏洞或不足；当前土地财政的形成机制不科学；一些地方政府土地融资中的不良行为加大金融风险；用地企业背负沉重的债务负担。并提出相关建议：完善土地管理的相关法律法规；平衡中央与地方的财权与事权；土地市场要具有可预见性和可控性；从源头上防范土地金融风险；逐步放开集体建设用地入市闸门。

（三）土地集约利用研究

（1）建设用地集约利用的内涵研究。童菊儿等（2013）从异地有偿补充耕地的角度，以土地发展权交易的浙江模式为例，进行了农用地集约利用研究，其中从制度起源、市场价格变动、市场特点和交易过程等方面分析了“异地补充耕地”市场的兴起、发展与绩效，提出这一制度创新有助于改进现行耕地保护制度的经济效率和新增耕地的整体质量，并建议在总结“异地补充耕地”制度的经验与教训基础上在全国范围内推广，并实行土地发展权的跨省转移与交易。

殷爽（2013）进行了建设用地集约利用的进展研究，指出随着工业化和城市化的发展，城市建设用地的集约利用越来越多地受到关注，出现了很多对城市土地集约利用的研究，主要包括经济学、规划学等方面。早期的城市土地集约理论强调城市功能，追求城市的理想形态；后期出现了新古典主义式的城市改建理论，伴随着可持续发展观和城市地理学的发展，学者提出了精明增长、紧凑式发展、内填式发展等集约理论。

（2）土地节约集约利用方法的研究。于志敏等（2013）对城市土地利用评价常用的评价分析方法进行了研究综述，指出从空间尺度上把城市土地集约利用评价分析方法划分为宏观评价、中观评价和微观评价。宏观尺度是以整个城市的土地利用状况为评价对象，强调城市综合效益；中观尺度是以城市功能分区（包括开发区）、用地类型等为评价单元，强调用地功能和结构的合理性；微观尺度则是以单块宗地为评价对象，强调单块土地上的投入产出效益。近两年的研究中主要运用的评价方法具体如下所示：

利用TOD模式进行评价。孙安等（2013）在阐述公交导向开发基本概念和TOD单元典型用地布局形态的基础上，对国内外TOD单元土地开发强度、密度、容积率指标进行总结和比较，详细阐述了江南西地铁站TOD周边土地的利用状况，并按照自动控制理论基本思想，建立轨道交通车站周边土地利用评价的方法，从周边土地利用、道路网、交通出行、联合开发、建筑改造和地下空间开发层面进行深入剖析。杨帆（2013）从城镇土地集约利用的内涵入手，在分析了城镇土地集约利用的现状及城镇化进程中土地的利用效率问题后，提出了城镇土地集约利用的改革创新方向，并强调集约用地是城镇化健康发展的重要保障。其中，指出城镇土地集约利用的基本现状及存在的问题如下：城镇规划不当，粗放用地，用地结构不合理；城镇建设盲目扩张，建设用地和耕地保护矛盾突出；城镇用地容积率低，地均产出率低；城镇土地污染严重，生态环境恶化。

（3）城镇化与高新区的土地集约利用协同发展研究。谢宏斌（2013）从中国新型城镇化建设与高新区土地利用的角度，结合分析土地利用政策，他指出，高新区作为新型城镇化的重要推动力量，其土地利用政策调整必须与新型城镇化的要求相互契合，并提出，高新区在土地利用政策调整中，应坚持统筹区域土地利用规划、城乡规划、高新区土地布局规划、产业发展规划以及生态环保与民生改善规划，在优化高新区土地结构、提高土地利用效率的基础上，同步实现高新区产业转型、生态环保、改善民生的目标。周亮华（2013）提出加强城乡统一规划监督来应对土地节约集约利用存在的问题，他指出统筹城乡发展需要明确主导产业的发展方向，进行统一规划和统一建设；加强土地资源的合理规划，达到土地利用的优化配置；杜绝重复建设、违规建设、无序建设，确保城乡发展的生机和活力。

（四）农村土地流转研究

近30多年来，家庭联产承包责任制是我国农村实行的主要土地制度，土地所有权归国家和集体所有，农民享有土地的承包经营权（本文视之与农村土地使用权概念等同），农民在家庭承包经营权范围内，可以采取转包、出租、互换或其他方式来流转。中国农业改革取得的经济增长是以土地使用权的改革为前提。同时，学术界对农村土地产权制度、土地流转制度、农村土地使用权等进行了广泛且深入的研究，并取得了一定成就。本文就我国农村土地流转的总体状况、影响因素、加快土地流转的意义及相关政策建议进行了研究进展的跟踪与分析。

张伟丽等（2013）回顾了近年来学术界关于农村土地承包经营权和宅基地流转中存在的问题、影响因素及宅基地退出机制等一系列热点问题的研究，并进行了简要评述。当前该领域的研究既涉及流转原因也涉及制度设计，分析视角由农户个人特征等微观因素上升到社会保障和地方政府等中观制度，以及土地制度和法规等宏观环境层面。但是，近期能够实施并兼顾社会、法律、政治、经济等各方面情况的理论和政策仍然不足。杨群（2013）认为，为寻求以土地流转促进新型城镇化与农业现代化协调同步发展的路径，通过解读有关政策和梳理相关文献，对农村土地流转的形式和范围进行界定，并归纳了目前国内对土地流转稀薄性、动因和融资分析三方面的研究，以挖掘土地流转的内涵和形成机理，并指出土地流转上承城镇化建设、下启现代农业发展，是中国目前及日后很长时期内土地政策的必然。马喜珍（2013）认为，土地流转问题是解决我国农业和农村问题的一个关键环节，土地制度影响到我国农业现代化的发展进程，我国土地流转仍存在许多不完善之处。法国、日本、美国的土地流转在充分明确的法律政策前提下，因地制宜，充分注重土地流转的规模和实效，且注重流转方式的多样化，以此为鉴完善我国的土地流转，推进发展农业现代化。

（五）土地财政与金融研究

（1）针对土地财政的研究。对于土地财政的概念，绝大多数学者没有作精确的界定，大多数文献对该词的界定采取了一种描述性的方式，而且对土地财政概念的认识也并不统一。

董经纬（2013）认为，土地财政是中国土地市场价格“虚高”的成因，实际上土地财政的问题是分税制改革的后遗症，是分税制改革将地方政府的财政大权牢牢上收的结果。同时，财税领域的有效制度供给不足，也是“土地财政”备受诟病的原因。由于地方财政收入不足以支撑地方经济建设，地方税体系建设有明显的缺位和滞后，地方政府的信用也接连降级。他在分析了我国房地产价格“虚高”的因素后，提出优化土地结构，建立规范、合理、可持续的生财机制与科学的预算管理体制，才是解决问题的症结所在：第一，逐步完善土地出让收入机制；第二，形成合理、合规、有效的土地生财机制；第三，政府改革需要综合施政，全方位调整。吕丹（2013）基于对大连市土地财政的实证研究，提出土地财政的改革路径包括以下三点：优化土地储备计划，建立规划公众参与制度；明确具体的政策—监督—管理机制，发挥协议出让土地的产业扶持作用；完善土地利用绩效评估系统建设，提高土地利用效率。

（2）关于土地金融的研究。傅德汉（2013）认为，农地金融是农村土地金融的简称，它是指农业土地经营者以所承包农地的经营权作为抵押向金融机构融资的资金融通形式。农地金融旨在为农业提供中长期贷款，以解决农户的资金缺口，实现农业收入的持续增长，是农村金融的重要组成部分。在我国，受农村土地资产非资本化的约束，“三农”领域资金短缺，特别是信贷支持不足问题十分突出。为了进一步促进农村经济发展，更好地实现农业现代化，可以通过借鉴相关国家和地区的经验做法，创新农地金融制度，从根本上解决农村信贷市场上农民贷款难的问题。

熊远等（2013）认为，解决好“三农”问题是党和政府重中之重的工作。按照国务院的部署，中国农业银行在实施股份制改造的同时，探索国有商业银行服务“三农”新途径、开展“三农”金融事业部改革试点，力图通过组织重构和制度创新构建服务“三农”长效机制。五年来，农业银行“三农”金融事业长足发展，但新制度运行也面临着一些困难和问题，研究如何突破这些“瓶颈”的制约，对农业银行未来深化金融改革、服务“三农”有重要的意义。

叶剑平等（2013）认为，中国目前尚未建立真正意义上的农地使用权抵押担保制度，农地抵押仅限于乡镇企业用地、“四荒”土地及林地等“特殊”类型土地的使用权，而农民普遍拥有的土地承包经营权、宅基地使用权仅在部分试点地区可以抵押。作为农地融资功能核心所在的农地使用权抵押制度缺失，使得农地融资功能被大大抑制，无法从正当途径获得贷款成为农民进行土地投入的主要障碍。由于法律法规的约束，以及农地金融政策宣传不到位，多数农民还没有真正认识到农地的融资功能和资产价值。

韦明升等（2013）认为，促进农地金融的完善需要构建多元化农村金融服务体系，即提升农业银行的支农力度，拓宽农业银行的职能和业务范围，充分发挥信用社支农的主力军作用，推动邮政储蓄银行体制改革，扩大贷款对象，增加贷款种类，提升贷款额度，将其打造成支农的重要力量。构建为农村经济主体提供不同类型金融服务的新型金融机构，如村镇银行、小额贷款公司、农村资金互助社等，以解决农村金融机构网点覆盖率低、服务不足的问题，形成投资多元、种类多样的金融服务体系。

二、矿产资源经济与矿政管理

（一）矿产资源法制与矿政管理

（1）针对生态补偿立法的研究。我国矿产资源生态补偿的立法现状为：规定了矿产资源税费制度；设立了生态补偿费制度；开展了矿山环境恢复治理保证金制度试点。杨阳阳（2013）认为，目前，我国矿产资源生态补偿还未形成一个完整的法律体系，现有关于矿产资源的法律法规仅规定开采矿产资源必须缴纳资源税和资源补偿费，对矿山环境保护的规定过于原则性，不够细致，在实践中操作性差，不利于对矿区环境的恢复和治理。在此基础上，他提出了对我国矿产资源生态补偿制度进行完善的思路：首先应准确界定矿产资源生态补偿的补偿主体，包括国家、生态环境的受益者和中间补偿机构，合理确定补偿标准；其次，应完善矿山环境恢复保证金制度，通过完善矿产资源税费制度、充实现有的矿产资源生态补偿财政转移支付制度和发展资源型城市工业旅游等方式拓宽补偿资金的筹措渠道，为矿产资源生态补偿提供足够的资金支持；最后，要完善矿产资源生态补偿的配套制度，保障公众参与，建立矿产资源生态补偿实施评价制度和生态补偿激励机制。

（2）针对矿业权属性的研究。鲍荣华等（2013）通过对我国矿业权的产权属性进行研究，指出我国矿业权作为产权管理存在一些矛盾和问题：第一，国家对矿业产权的保护不足，有些采矿权出让时规模过小，经过一段时间后，被强行取消和整合；第二，政府事先设定矿业权，再通过“招拍挂”出让，并不是真正依靠市场配置矿产资源；第三，未建成公司企业自行投资找矿、风险勘探的机制、体制，缺乏矿业风险投资渠道；第四，政府管理部门对矿业权出让的监督管理制度比较健全完善，而对探矿权、采矿权的转让监督管理不足；第五，对每个矿业权从产生、变更、终止的全过程缺乏延续性备案管理。他针对以上问题提出了国土资源管理工作重点应集中在建立健全宏观政策法规、审批、监督管理、服务上，并分别制定各类矿产的管理政策、法律规定等建议。聂莉斌等（2013）认为，解决采矿权的权属性质、许可登记及流转问题的关键在于规范采矿权的法律规定中的相互冲突，采矿许可证中包含有行政特许、用益物权、设立矿企、矿山建设等在现代法学理论上难以相互融合的内容。建议在学习借鉴法国、德国、波兰等国的采矿权管理制度的基础上，创建我国采矿权的分立管理模式，将采矿行政特许权（矿业市场准入资格）、采矿权（用益物权）与生产许可（用益物权的实现）分立，由地矿部门依申请分别颁发权证并进行登记。刘祺彬（2013）针对矿业权分布广、数量多、办证时间跨度长、管理难度和复杂度大的问题，结合神华集团矿业权管理中的业务要求，以信息化方法，使用成熟的Web开发技术，构建了矿业权管理信息系统。该系统基于B/S架构，实现了矿业权的信息管理、价值管理和申报过程管理，提升了矿产资源的管理水平。

（3）针对矿业权评估的研究。王春生（2013）通过引用国外理论，提出了资本资产定价模型（CAPM）在矿业权市场中的评估利用，该模型在传统的资本资产定价模型（CAPM）基础上，利用方差度量收益的方法，使得到的折现率更加符合投资者的心理意愿，并通过上市公司的实际案例，阐述以上理论。刘超（2013）指出，在矿业生产活动中，由于存在众多不确定性因素，导致对其价值评估也充满了不确定性，而实物期权理论是目前评估这种不确定性资产价值的有效方法。然而在传统的评估方法中，对二叉树模型中“股息率”这一参数予以忽略或采取固定数值的方式处理。虽然看似持有期权无法直接享受到现金红利，但实际上，预期红利的变动却影响着实物期权内涵价值。通过对派发离散红利的研究，修正了原有基础二叉树模型，并分析了修正后模型对价值评估结果的影响，为更加真实地评估矿业权价值拓宽了路径。王全明等（2013）从78片国家级整装勘查区矿业权设置方案的审查工作实践出发，根据已有的矿业权管理相关规定，从矿业权设置的依据性、合规性和可实现性三个方面进行了阐述分析，梳理提炼了矿业权设置方案审查中需要把握的要素，提出了利用GIS空间分析技术，将审查矿业权设置方案的诸要素转换为GIS可识别的空间数据进行计算机自动判别的设计思路，为实现矿业权设置方案的快速便捷审查及矿业权管理提供支撑服务。

（4）对矿业权市场的研究。陈从喜等（2013）通过分析矿业权市场建设和运行的制度环境，从制度经济学、国内外对比研究等方面对矿业权市场进行了深入研究，提出了矿业权市场建设制度的基本框架，对指导我国矿业权市场建设起到了促进作用。张迎新等（2013）指出，当前我国矿业权有形市场、公示公开制度、矿业权市场网已经基本建立，对进一步培育和发展我国矿业权市场将起到重要的作用，但当前矿业权建设仍面临一些问题，通过对当前矿业权市场建设过程中仍然存在的问题进行梳理和分析，提出了进一步完善法律法规的相关规定、构建全国统一的矿业权市场交易网络平台、继续探索建立我国风险勘查资本市场的建议。余韵（2013）通过梳理矿业权电子市场的重要作用、理论探讨、国际经验、国内试点等情况，分析了我国矿业权电子市场发展趋势，就建立健全矿业权电子市场培育机制提出以下对策建议：第一，明晰矿业权产权束；第二，扩展交易范围；第三，信息完全公开；第四，市场主体理性；第五，杜绝越位、缺位、错位。范振林等（2013）分析了民间资本投资矿业领域的发展历程、现状和存在的问题，认为民间资本投资矿业领域不存在制度障碍，前景广阔，在非油气领域占据主导地位、生产投资规模占比持续上升、投资形式和平台多元化发展等，但矿业领域也存在投资风险大、资金门槛高、回报周期长、专业技术要求高和固有的体制机制等问题，需要构建符合矿业规律的制度环境和增强政策的执行力度。刘睿等（2013）针对矿业权市场化如何规范这一现实主题，提出了中国矿业权市场化规范应理顺矿业权市场中的经济关系（如理顺国家与矿业权人之间、中央政府与地方政府之间的关系），运用经济杠杆加强宏观调控（如建立健全严格的地质资料有偿使用制度），培育和发展矿业权资本市场，积极发展配套关联产业的对策。

（5）对矿产资源管理的研究。张福良等（2013）通过介绍与归纳地方在推进找矿突破战略行动中各种做法，给出解决社会资金投入不足、已有探矿权圈而不探、新设探矿权投放速度较慢、已有矿业权整合难和推进步调不一、地勘单位及企业参与找矿积极性不高、经验丰富技术人员匮乏、技术装备落后、整装勘查外部环境不和谐、利益无保障等问题的经验做法，旨在供各地及有关方面参考借鉴。崔振民等（2013）从共伴生、低品位、矿山固体废弃物、再生金属、矿产资源综合利用专项等五个方面总结了我国矿产资源综合利用的总体情况；然后，从资源管理、科研技术、政策法规、专项组织实施等四个方面分析了存在的主要问题；最后，提出了我国矿产资源综合利用的总体思路和9条具体措施，为我国矿产资源综合利用政策制定提供参考。陈秀法等（2013）对秘鲁的地质矿产、矿业管理、矿业法规、矿权类型和投资环境作了简要介绍，并提出了矿业投资的建议。他们认为秘鲁成矿地质条件优越，矿产资源丰富，政府制定了一系列相应的优惠政策，对国际矿业投资者的吸引力较大。但由于长期形成的社区、劳工、环保、社会安全、生产用水等问题和矛盾，矿业开发也存在一定的风险，投资者进行投资时应谨慎从事。

（6）对矿产资源税费改革的研究。郭晓丽（2013）根据问题—对策研究思路，专门研究了煤炭税费改革的难点。作者首先分析了煤炭资源的探矿权价款、探矿权使用费、煤炭资源补偿费、资源税等方面存在较多问题及现实危害；针对这些问题，从提高矿业权使用费的征收标准、修订《矿产资源补偿费征收管理规定》、完善煤炭资源税征收标准并提高特殊和稀缺煤种资源税的单位税额、新增矿产资源增值税、统一煤炭资源探矿权采矿权价款的缴纳标准等五个方面提出了对策建议。袁怀雨等（2012）通过制度视角，从性质、征收标准、分配、使用等方面，分析了我国矿产资源税费的问题，针对这些问题，作者提出两个改革方案，即改革方案1：取消资源税和矿产资源补偿费，改征权利金，体现国家矿产所有权收益；改革方案2：保留资源税和矿产资源补偿费，分别体现国家矿产资源主权收益和所有权收益。都按消耗量计价征收，该收益在中央、地方和矿产地民众间合理分配。用该收益建立矿业发展基金，市场化运作，以保证长期收益。用该收益建立国家矿产资源主权基金，提取其分红充实社会福利基金。干飞（2012）利用比较分析法，分析了矿业租税制度，提出在矿业税制的制定与实施中应融入矿产资源勘查开采激励制度，我国矿业租税制度在演化过程中出现了异化，表现在资源税与地租理论的解释不符、矿产资源补偿费经济利益关系体现不到位、矿业权价格严重异化。因此，推动资源税费制度改革，要理顺经济关系，同时协调推进资源税费制度改革。加快推进矿产资源补偿费制度改革，明确矿业权价款和使用费性质及改革价款和使用费制度，建立资源超额租金税制度。范振林（2013）研究了中国矿产资源税费制度，认为当前的税费结构设计不合理，矿产资源补偿费和资源税征收的理论依据重叠；矿产资源补偿费费率偏低且固定不变，国有财产收益补偿严重缺失；资本收益挤占财产收益，矿业权价款制度被严重异化；矿业权使用费标准过低，缺乏动态调整机制。因此，提出了矿产资源税费改革的基本思路：明确资源税的改革目标和方向；加快推进矿产资源补偿费制度改革；规范矿业权价款制度；调整矿业权使用费制度；完善收益分配制度，进一步向资源产地倾斜，着力改善民生。

（二）资源环境承载力

对资源环境承载力的研究最初始于20世纪20年代，但直至20世纪50年代至60年代，承载力的研究才发展到一个较热的阶段，当时，学术界相继提出了生态系统承载力、区域承载力等概念，但以研究资源环境单要素承载力为主。我国资源环境承载力研究起步较晚，直至20世纪80年代初，有关水土资源承载力研究才在我国全面展开；20世纪90年代以来，越来越多学者开始积极探讨资源环境综合承载力的理论和方法。高湘昀等（2012）对有关资源环境承载力的研究成果进行了评述，从内涵、评价方法及其应用三个方面分别进行了梳理和总结。通过评述发现，目前资源环境承载力的理论内涵研究尚浅，需要统一的评价指标体系，在区域、城市中仍有很大的推广空间。

（1）针对资源承载力的研究。20世纪90年代以来，国内学者对区域资源环境承载力的概念、驱动机制、模式类型、评价指标体系、更替机理等进行了深入研究。目前，国内对区域资源环境承载力的研究主要集中在我国的几个典型的大区域，如长江三角洲、黄河三角洲、中部六省、京津冀、长株潭、苏北地区等。具体做法主要是建立评价体系对所研究区域的资源环境承载力进行评价，并提出政策建议（蔡卫红，2012；秦彪等，2012；许应妹等，2013）。采用定量方法对所研究的区域的资源环境承载力进行定量测度，具体方法包括生态足迹分析法、主成分分析法、集对分析法，层次分析法、多目标规划评价预测模型等（梁春玲，2012；李金滟等，2012；任建兰等，2013）。他们提出的主要政策建议包括：建立统一的资源环境承载力预警系统；优化空间资源配置；提高全民环保意识；调整区域自然—经济—社会系统结构；保障性制度建设等。

目前，我国对城市群资源环境承载力的研究有不少进展。唐凯等（2012）结合长株潭城市群2001－2009年有关统计资料，从社会经济、环境保护、资源利用3个方面构建了资源环境承载力评价指标体系，运用集对分析法对研究区的资源环境承载力进行评价。结果表明：2000－2008年，长株潭城市群资源环境承载力大致可以分为3个阶段：2000－2002年的快速增长阶段，2002－2006年的波动后缓慢增长阶段及2006－2008年的持续性快速增长阶段，并与社会经济子系统呈明显的正相关关系。基于评价结果，就长株潭城市群的实际情况，提出了一些优化资源环境承载力的建议。季珏等（2012）以天山北坡城市群为研究对象，通过资源环境承载力的分析，总结出未来城市群发展面临的客观制约因素；通过中心性分析、断裂点理论修正的Voronoi多边形等方法识别出城市群的中心城市及各自的辐射范围城市；通过引力模型识别出城市之间的社会经济联系强度。据此，利用多维尺度分析的方法，可视化地展现了天山北坡城市群发展的空间组织形态。

（2）具体针对矿产资源承载力的研究。目前单独对矿产资源承载力及能源承载力进行研究的文献较少，但是矿产及能源是资源承载力当中很重要的一部分。

刘叶志（2012）、陈志超等（2013）以山西省潞安矿区为研究对象，应用AHP综合评价模型，根据矿区生态承载力理论，从生态系统弹性力、资源环境承载力及生态系统压力度3个方面建立了矿区生态承载力量化方法，构建矿区生态承载力评价指标体系，并进行生态承载力评价。结果表明，潞安矿区的生态系统弹性度为37.31，属弱稳定；资源环境承载力为48.17，属中等承载；生态系统压力度为55.31，属中压状态。另外，独立工矿区是因矿产资源开发而兴起，以资源开采加工为主导产业，矿业职工及其家属为居民主体，远离人口集聚区，经济社会功能相对独立的区域。独立工矿区作为重要的能源资源供给地，为国家经济建设和社会发展作出了重要贡献，现在却成为全国经济发展方式转型过程中不平衡、不协调和不可持续的问题最为集中的地区之一。李倩等（2013）按照“从实践中总结理论”的思路，基于实地调研资料和既往研究成果，结合现有界定标准和相关概念的差异，对独立工矿区的概念进行辨析；并应用经济成长周期、地域生产综合体和演化经济地理等相关理论，分析了独立工矿区形成和发展的特征及规律。

(3) 针对矿山地质环境的研究。罗炳佳（2013年）在探讨矿山地质环境影响评估发展趋势的基础上，结合贵州矿山地质环境特点，选取多变量综合指数评价法对贵州省矿山地质环境进行影响评估，在合理选定全省矿山地质环境影响变量权重、赋值标准及单元格划分方法的基础上，得出全省矿山地质环境影响综合指数及评估分区。分区充分反映了贵州矿山地质环境的特点，为今后开展全省矿山地质环境保护与恢复治理提供了技术支撑。

赵彦璞（2013年）对内蒙古自治区矿山地区的环境治理现状进行分析，指出存在矿山企业投资治理地质环境的积极性不高、矿山地质环境保护法律法规体系不够完善、矿山地质环境治理缺乏科学的技术标准、矿山地质环境治理保证金制度执行不够顺畅、矿山地质环境监管比较薄弱等问题。建议从进一步加大宣传力度、完善相关法律法规体系、完善相关标准、建立国家－自治区－企业联合治理矿山地质环境机制、加强监管等几方面入手，解决目前矿山地质环境治理中存在的问题。

朱清等（2012年）指出，矿山地质灾害防治涉及矿区居民、企业和政府多方的利益。公众具有地质灾害防治的知情权，地质灾害的治理需要广泛的公众参与，地质灾害的治理需要打“人民战争”，需要调动社会各界的积极性。目前，矿山地质灾害的治理，群众往往只参与到执行中，在决策、监督和利益分配方面参与度是不够的。要让广大公众积极、主动、自觉地参与地质灾害防治的决策、执行、监督和利益分配，充分利用公开听证等政策工具，调动群众参与矿山地质灾害防治的积极性，提升居民的自我管理能力和自我发展能力。

宋海彬（2013年）论述了绿色矿山的定义，并对建立绿色矿山绩效评价指标体系的框架及主要评价指标进行了深入的探讨。绿色矿山绩效评价指标体系的建立，有利于矿产资源的有效开发和利用，并对煤炭企业的可持续发展起着关键作用。当前一些矿山绩效测评指标只是简单地测评煤炭企业的价值绩效，以保持可持续发展。因此，文章从竞争能力指标、内部流程指标、创新指标、财务指标四个方面，给出了提高煤炭企业可持续发展能力的绩效测评具体指标。

(4) 针对生态补偿的研究。杨阳阳 (2013) 认为，矿产资源是人类赖以生存和发展的基础，但随着中国经济迅速发展，不合理的开发和利用，使得在矿产资源的开采过程中出现资源浪费和环境污染。矿产资源生态补偿制度是解决这些问题的途径之一，通过实施生态补偿可以实现中国经济、社会和环境的可持续发展。首先，从理论上分析了矿产资源生态补偿的内涵，得出矿产资源生态补偿法律制度的概念；然后，介绍了美国、德国、澳大利亚、加拿大四个发达国家的矿产资源生态补偿制度的立法与实践，对国外的矿产资源生态补偿法律制度进行了评析，并分析了相关制度对中国的借鉴和启示作用；对照中国的矿产资源税费制度、生态补偿费制度和环境恢复治理保证金制度进行了介绍，分析了其中存在的问题；最后，提出对中国矿产资源生态补偿制度进行完善的思路。王甲山 (2013) 针对矿产资源开发带来的严重生态环境问题，分析了现行税费政策在矿产资源开发及环境治理上的作用，指出了税费设计在矿产资源生态保护方面存在的诸多问题，提出构建以矿产资源开发生态税为核心、其他相关税费相配合的矿产资源开发生态税费体系，阐述了矿产资源开发生态税的构成要素及生态保证金的管理。建议改革资源税、完善增值税，统一矿产开发水土保持补偿费标准。余际从等 (2013) 阐述了矿产资源开发社会效益综合评价的构成要素包括对国家资源保障安全、当地社会经济、当地民生、当地生态环境和当地社会和谐的影响五个方面，在此基础上构建了评价指标体系，探讨了数据的标准化处理方法，确定了指标权重及综合评价公式。

(5) 针对矿业开发的总体研究。矿业产业开发是个由来已久的研究问题，近期的研究方向主要包括三个方面：①矿业开发中的环境问题；②矿业产业的发展问题；③国外矿业发展的先进经验。景普秋 (2013) 从经济、社会、生态环境三个方面分析了资源型区域矿区、城镇、乡村之间的对立：产业单一与空间布局的分散性，弱化了城市的聚集经济效益，资源租金收益的流失与转化，加剧了矿区、城镇、乡村的收入差距，矿业开发负外部性，恶化了城镇建设、乡村生产与生活环境。矿—城—乡协调发展的基本思路为：通过产业多元化与空间集中布局促进矿—城—乡经济协调，通过矿业收益合理分配与资源财富共享促进矿—城—乡社会和谐，通过资源集约利用与生态环境补偿促进生态环境可持续。

李优树等 (2013) 基于国内外矿业企业融资发展历程，系统梳理了加拿大、美国、澳大利亚和中国矿业企业融资现状，比较国外、国内在矿业融资方式上的侧重点和不同之处，借鉴国外成熟的实践方式和先进经验，全面诊断中国当前矿业企业融资所面临的困境，进而提出一些政策性建议，为创新中国矿业企业融资模式、深入发展矿业资本市场奠定基础。王健 (2013) 概述了南非矿产资源禀赋情况及与我国的经贸往来，分析了南非矿业政策和信贷政策、基础设施和社会治安状况，认为在南非投资矿业开发目前还存在着较大的风险，我国矿业企业在抓住机遇的同时更需要规避风险。胡俊芳（2013）认为，国际矿业开发中的社区问题是指矿山区域开发直接影响受众生存的单个或一系列因素的组合，包括社区的环保、安全、民生与经济发展问题等。在中国企业开发海外矿业的过程中，几乎所有企业都会碰到社区问题，社区问题对矿业开发能否成功的影响越来越大。在实践中，矿业开发过程中开发者与当地社区或居民的争议主要表现在环境破坏、健康、安全、土地权、文化等问题上。矿产资源的特殊性、矿业权的特殊性及利益分配不合理是引致矿区问题的主要原因。矿业企业必须要客观地认识和解决社区问题。郭彤荔（2013）指出，阿富汗作为我国邻国，其矿产资源开发潜力巨大，绝大部分处于未开发状态。长期的动荡局势制约了阿富汗矿业的发展，为吸引外国投资，阿富汗致力改善本国投资环境。在阿富汗从事矿业投资存在安全形势严峻、法律不健全、人才短缺、基础设施落后等风险因素，安全风险尤为突出。投资者需谨慎决策、制订应急方案、尊重当地传统、密切与政府联系、合法经营并热心公益事业，有助于规避风险。

（三）矿产资源调控与政策

（1）对矿产资源调控的研究。侯华丽（2012）全面分析了第二轮矿产资源规划，得出该轮规划在“定位把握、关系协调、实施管理”等方面存在诸多问题，并提出了有效的解决措施：一是要各级各类、明确定位，做好矿产资源规划体系内的统筹衔接；二是调整完善矿产资源规划空间分区思路，与其他规划做好协调；三要建立矿产资源规划实施年度计划制度、完善规划动态调整机制；四要加快规划管理体制机制改革，强化以规划为依据的政府宏观调控和监督管理职能。陶建格等（2013）从供求机制的角度分析了矿产资源配配的主要方法。得出矿产资源供求国际化、矿产资源市场国际化，“两种资源、两个市场”是矿产资源战略的基础；实施矿产资源安全战略是面对当前矿产资源国际、国内形势和保障经济社会可持续发展的客观要求的结论。王琤（2013）分析了在宏观调控背景下，矿山资源的开发利用如何实现可持续发展。得出目前我国矿山企业的资源宏观调控严重滞后于实际的资源可持续发展需求的结论。

（2）对矿产资源政策的研究。蒋健明等（2012）从分析安徽省现有矿产资源管理政策体系入手，评析了安徽省矿产资源管理政策的运行状况，指出矿产资源的管理成效显著，但管理政策在执行过程中也存在着一些问题。认为现有政策的成功之处在于：依据省情建立了较为完备的矿产资源管理政策体系、通过颁布相关规划有力地调控和引导着资源的开发利用，而不足之处主要体现为现有政策对勘查融资、矿业权市场、矿产资源税费、企业技术变革、外部资源利用等方面的促进作用不明显。最后，在分析与评价的基础上，构建了安徽省矿产资源战略及政策。曹明等（2013）明确了矿产资源有序开发的内涵，并从国家、区域、企业三个层次的空间与时间两个维度对其内涵进行诠释。通过对我国矿产资源开发的问题与原因分析，指出走出困境的根本出路在于制度与机制的完善，并提出完善市场机制、实现我国矿产资源有序开发的政策建议。李刚（2013）分析了四类中央政府和地方政府关于矿产资源财政收入的分配模式，即统筹分配、共享机制、分税制度和社区直接参与分配。进而认为，一国的矿产资源财政分配制度要被接受并成功实施，必须在尊重国家的政治体制、经济背景及历史传统等基础上，健全财权与事权相匹配的财政分配体制。具体到我国而言，就是改革资源税费制度，增加资源所在地县、乡和社区在财政收入分配中所占比例，鼓励企业建立社区发展合作项目，并给予税收减免和抵扣的激励政策。崔振民等（2013）从共伴生、低品位、矿山固体废弃物、再生金属、矿产资源综合利用专项等五个方面总结了我国矿产资源综合利用的总体情况；然后，从资源管理、科研技术、政策法规、专项组织实施等四个方面分析了存在的主要问题；最后，提出了我国矿产资源综合利用的总体思路和9条具体措施，为我国矿产资源综合利用政策制定提供参考。

（3）对矿产资源储备的研究。周海东（2013）从储备战略的角度出发，明确了优势战略矿产资源矿产地储备的概念，即根据实现不同层次的战略目的，把优势战略矿产资源矿产地储备划分为三个等级——战略储备、优势储备和调控储备，并分别建立了相应的储备规模模型；针对中国矿产地储备试点工作推进过程中所遇到的困难和问题，提出了“储备顺序”的概念，并对影响矿产地储备的影响因子进行了分析，明确了中国首批拟储备矿种（煤炭、稀土、钨和锑）的储备顺序。分级储备及按序推进可以明确工作流程，提高优势战略矿产资源矿产地储备工作效率。王艳龙等（2013）借鉴国外自然资源储备资产证券化方面的经验和国内开展资产证券化的实践，对矿业权资产证券化问题进行研究，构建了矿产资源资产证券化的结构模型，设计出证券化的运作流程并提出相关配套措施。冯罡等（2013）从国家（所有者和管理者）、矿业权人（使用者）和资源所在地（地方政府）之间经济关系分析入手，从理论上论述了资源税税收的性质和补偿费国家所有权收益的经济属性，论证了我国矿产资源税费制度税、费并存的合理性；以科学发展观为指导，构建了适合我国国情的新的矿产资源税费体系；提出了利用数学方法计算矿产资源税的方案，将人口发展、环境保护、经济增长、社会进步作为新型资源税的改革目标，建立了矿产资源税评价指标体系，对定性问题进行定量化分析，使矿产资源税改革更科学、合理；提出适当提高补偿费费率的建议，增加国家所有的矿产资源资产收益；完善矿产资源收益分配方案，实现中央和地方的共同发展；提出了配套措施的改革方案，将矿产资源战略储备和矿业环保收费纳入矿产资源税费体系，以实现国家矿产资源安全和可持续发展。

（四）矿产资源市场与形势分析

（1）针对矿产资源价格的研究。彭颖（2013）选取铁矿、石油、铜、铝和煤炭为研究矿种，从一般价格形成理论、影响价格波动理论及影响定价机制形成的理论出发，通过经济学与其他学科的理论应用于影响矿产品价格波动因素的分析，得出中国作为新兴工业化国家代表，由于定价权的缺失，在国家贸易中处于弱势地位，因此对我国矿业下游产业产生一定的影响。作者结合矿产资源价格波动对我国微观经济的影响、矿产品下游行业发展对矿产品未来市场需求和发达国家海外矿产资源获取战略，在当前我国缺失矿产品定价权的环境下，提出了若干规避风险的对策。韩继深（2013）通过分析矿产资源价格长期扭曲的原因，以及矿产资源价格扭曲所带来的严重影响，提出了提高矿产资源保障能力的建议，包括：充分认识矿产资源对经济可持续发展的重要性；建立矿产资源价格机制；充分发挥市场机制在矿产资源定价中的调节作用；改革矿产资源税费体制等。郑海涛（2013）对影响石油价格的需求、供给和投机三个方面因素进行描述性分析，分别建立不考虑经济周期的全样本VAR模型和考虑经济周期的子样本VAR模型。通过脉冲响应图和方差分析结果的比较分析，验证基于石油价格特点和经济环境及理论提出的三个观点：石油价格是基于预期的；整体来讲，需求对石油价格的影响显著，供给和投机因素对石油价格影响较弱；石油价格影响因素在不同经济时期下的影响效果和相对重要性均不同。研究有助于了解石油价格的波动规律，并为中国制定石油政策提供依据。林佳（2013）通过阐述我国稀土开发的国内与国际环境，分析我国稀土外交的国际博弈情况，提出了我国稀土产业发展建议：加强宏观调控，掌握稀土资源的国际定价话语权；与稀土出口国形成行业联盟；促进国内稀土产业整合和产能提升，引导稀土行业可持续发展；建立可持续稀土资源战略储备。

（2）针对矿产资源贸易的研究。何晓清（2013）对我国铁矿石贸易损失现状进行了研究，分析了铁矿石海运贸易损失的原因，并提出了相应的对策。他指出，我国应加强对铁矿石海运贸易资源的有效控制、铁矿石海运贸易物流体系控制和铁矿石海运贸易价格定价权的控制。高子荣（2013）针对近两年钢材贸易面临的生存危机进行分析，指出了造成钢材贸易难的原因包括供大于求、钢材贸易商心态急躁、国家宏观调控政策影响、钢材销售模式变化等原因，并提出了钢材贸易商在低迷的市场环境下保持一定的盈利水平应该采取的措施。吕超（2013）对稀土贸易现状进行研究，分析了稀土贸易形成的原因，由此来研究如何实现我国稀土贸易的可持续发展，同时提出了应该采取的措施，以使我国稀土贸易走上健康可持续发展之路。

（3）针对矿业投资的研究。常兴国等（2013）对2012年中国企业的境外矿业投资面临的国际形势和新情况进行了总结分析，提出中国企业境外矿业投资面临的内外问题，即盲目投资，经验不足，市场培育不成熟，资金、技术、项目缺乏有效衔接等；针对这些问题，提出了5条建议：组织企业经验交流和专家服务；改进境外勘查的财政补贴方式；鼓励商业性服务和融资平台建设；以培育企业竞争力为核心改进“走出去”策略；强化中国企业境外矿业活动的行业自律。帅文波等（2013）提出，随着“走出去”战略的深入实施，我国境外矿业投资步伐明显加快，同时投资风险也越来越纷繁复杂。政治、经济、文化及管理等方面的非市场风险已成为海外投资的重要威胁，我国矿业企业境外投资亏损或失败的比例近70%，资产安全与权益保障面临严峻挑战。为防范和应对境外矿业投资非市场风险需做好以下4个方面工作：开展境外矿业投资市场风险监测预警；加强境外矿业投资市场风险应急服务；构建境外矿业投资风险补偿机制；增强企业境外矿业投资决策和经营管理能力。范振林等（2013）分析了民间资本投资矿业领域的发展历程、现状和存在的问题，认为民间资本投资矿业领域不存在制度障碍，前景广阔，应在非油气领域占据主导地位、生产投资规模占比持续上升、投资形式和平台多元化发展等，但矿业领域也存在投资风险大、资金门槛高、回报周期长、专业技术要求高和固有的体制机制等问题，需要构建符合矿业规律的制度环境和增强政策的执行力度。张振芳等（2013）分析了中国企业投资加拿大矿业的机遇与挑战。机遇是全球宏观经济复苏放缓，矿业指数“二次探底”趋势显现；全球矿业格局调整，矿业领域并购交易活动回暖；中、加双边关系良好，矿业合作水平不断提高；良好的矿业投资环境，有较完善的配套设施等。挑战在于：资源民族主义情绪升温，政治风险持续上升；地质工作程度高，矿业竞争十分激烈；矿山经营理念、运作思维需要调整；正确解读加拿大的政策标准和资源量评价技术指标体系；国际矿业人才匮乏，劳动力成本增高。针对这些风险，作者还提出了5条建议。

（五）矿产资源、资产、资本一体化管理

李燕（2013）以资本运营的理论基础为出发点，通过对现代煤炭企业资本运营现状的定性分析，总结了现代煤炭企业资本化的改造情况，指出煤炭类上市公司的资本化改造方式日益多样化，包括IPO融资、配股融资、增发融资、银行贷款融资和债券融资。提出发挥企业在资本运营中的主体作用、完善资本市场制度建设、提高现代煤炭企业的资本运营能力和改善现代煤炭企业偿债能力指标的建议，最后提出了现代煤炭企业资本化改造中的资产管理配套措施。向建群等（2013）从经济学角度出发，分析矿产管理中的资源化、资产化、资本化的差别，研究矿产管理资源化、资产化、资本化三位一体的关键问题，分析矿产资本化过程和中国矿产管理体制存在的问题。提出：实现矿产管理三位一体，需要理顺矿产管理机制，明确管理主体；矿产管理必须确保矿产品定价权，促进矿业资本市场发展。侯军亮（2013）认为，我国矿产资源是公有资源，矿产资源的勘查具有正外部性，而开采则具有负外部性的基本特点，对资源的勘查和开采要区别对待，分类管理；对矿产资源的管理要注重经济手段的运用，对资源税费的征收应定位清晰、动态调整；应主要体现投资者利益，体现资本回报和智力投入回报，且价款应在投资方和地勘单位之间合理分配；矿业权使用费、矿产资源补偿费应主要体现矿产资源所有者权益，收费应全部归属中央财政；资源税应明确定位为庇古税，主要用于补偿资源开发的负外部性，资源税收应大部分归属于当地居民和地方政府，少量归属中央财政。纪玉山等（2013）认为政府主导的国家统一管理体系能够切实有效地实现矿产资源的可持续发展，进而从中国矿产资源的产权制度、规划体系、储备体系、价格机制和经营机制的现状出发，对现行制度中制约矿产资源优化配置的机制障碍进行了分析，在借鉴发达国家先进实践经验的基础上，分别从产权、规划、储备、价格和经营五个方面对中国矿产资源国家统一管理机制进行了系统的制度设计。

（六）矿产资源技术经济

武怡云（2013）基于中国境外矿产投资风险加大的背景，通过境外矿产资源经济开发背景分析，提出境外开发财务责任制、境外开发财务风险管理参政度、境外开发财务责任风险等相关概念，进一步将财务风险管理分为四类：资金性质财务风险管理、硬指标财务风险管理、环境财务风险管理和软指标财务风险管理，加大财务风险管理研究的理论深度。基于境外矿产资源开发高利润与高风险同时存在，分析财务风险产生的原因，提出了应对策略和境外矿产资源经济开发的新模式，将尽快、低耗分享境外资源作为财务风险管理的最终目标，在我国经济、外交等方面具有重要意义。

闫军印（2013）以典型的矿业城市———唐山为研究对象，在全面分析城市发展消耗水平子系统、矿产资源保障能力子系统和生态环境支撑能力子系统之间的复杂耦合关系及作用机理的基础上，采用定量评价模型，对1998 – 2010年唐山经济发展–资源环境复合系统中各子系统的协调性进行了分析测评。结果表明，1998 – 2010年唐山市的矿产资源保障能力、生态环境支撑能力呈上升趋势，城市发展消耗水平呈下降态势；矿产资源保障能力、生态环境支撑能力与城市发展消耗水平的演变速度具有非同步性，其中矿产资源保障能力稳步上升、生态环境支撑能力先降后升、城市发展消耗水平持续下降；1998 – 2010年唐山市的经济发展与矿产资源保障能力、生态环境支撑能力的协调度均呈不断提升态势，城市经济发展与资源环境呈现出可持续发展的良好态势。最后提出：积极调整产业结构，实现资源产业链的纵深延伸，提高资源利用效率，加大生态环境的保护和治理力度，是唐山市未来发展的重要使命。

郭丕斌（2013）针对我国煤炭资源型经济转型收效甚微的局面，基于技术经济范式分析框架对该问题进行了数据分析和理论研究。结果表明，在以煤炭为主的能源消费结构未发生实质性改变的情况下，仅从经济层面努力将难以实现煤炭资源型经济的转型。因此，政府应通过供需双边创新政策，激励企业开展能源技术创新、丰富能源供给，最终通过能源供需结构的转变引导煤炭资源型经济转型。

三、地勘经济与地勘工作管理

（一）地勘单位管理

地勘单位管理的研究主要针对财务、绩效与薪酬、质量管理等方面的现状与问题进行，并提出改进和完善的建议。

随着我国改革开放的不断深入和市场经济体制的不断完善，社会地质市场也在国家的扶持下不断发展，地勘队伍也开始壮大，于是财务管理在地勘单位中的地位及作用也越来越突出了，尤其是国家开始实施找矿突破战略行动新机制，随着地勘单位企业化运行的加快，作为高风险行业的地勘单位，其财务管理的重要性更加突出，成为摆在地勘单位各级领导及财务管理人员面前的重要课题。黄丽（2012）、陆秋玲（2012）、苑霞（2013）分别分析了财务管理在地勘单位中的地位和重要性。

高迎平（2013）结合实际工作经验，对地勘单位在加强项目财务管理这一过程中，如何实现有效的成本控制进行了分析与阐述。杨岩（2013）从全面预算管理的角度提出了地勘单位管理财务的对策和建议。会计电算化与财务信息化是利用现代科学技术处理会计业务，提高了会计工作的效率和企业财务管理水平，企业信息化环境下的财务信息化系统与会计电算化系统相比，无论是技术上还是内容上都是一次质的飞跃。陆磊（2013）、卜海龙（2013）对比了财务信息化与会计电算化的区别，并针对地勘单位财务信息化系统建设提出了一些具体的构想。随着市场经济的深入发展，地勘单位已不再是原有的、纯粹意义的事业单位，它对外仍保留事业性质，对内实行企业化管理。科学、合理的绩效考核和薪酬分配制度是调动地勘单位员工工作积极性最直接、最有效的方法。目前，地勘单位绩效管理尚存在一些问题。

还有一些学者关注与绩效管理密切相关的薪酬管理。曾凡杰等（2013）、付增贵（2012）指出地勘单位现有绩效工资制度有以下四方面不适合地勘单位发展的需要：职务和岗位的概念混淆；体现行政责任的岗位报酬太低；难以打破技术职务聘任的终身制；工资制度与单位总体经济效益脱节。同时，付增贵（2012）、丁燕萍（2013）提出采用年薪分配、宽带薪酬、岗位效益工资分配制度等分配方式来弥补目前的薪酬管理缺陷。针对地勘单位薪酬分配现状，岳运林（2013）提出地勘单位转型时期薪酬管理的改进方法。廖晓玮（2012）运用基尼系数，深入分析地勘单位内部薪酬分配制度的合理性，指出目前内部收入分配存在包括缺乏一套量化的绩效考核体系、产业差别过大、职位因素对员工收入影响过大等问题，并提出降低效益奖金的比例，增加野外津贴4～8倍等改善建议。张馨丹（2013）、陈春娥（2013）通过全面分析事业单位的管理体系，提出薪酬优化设计的重点在于确定对内、对外的薪酬定位，并强调薪酬体系优化是一个长期系统的工程，需要不断地探索改进。

（二）地勘单位改革

随着我国经济体制改革的日渐深入，企业化是大部分地勘单位的必然选择。但在过去的进程中，改革始终未真正脱离事业框架，转企的国有地勘单位相当有限。阴留军（2012）等提出了“事企分开”的改革命题，并将改革路径解析为以局为单元、以队为基础、以产业为载体的组织形式，在职能归位基础上进行事企分离，坚持政府主导并有相关政策支持。邵毅（2012）则直接指出地勘单位改革应当嫁接、移植国企改革的成功经验，一步到位实施股份制改革，形成“国字号”的探采一体化矿业企业。另外，王磊（2012）、刘宝丰（2012）、颜洪鸣（2013）、陈艳华（2013）等就改革路径做了相应的研究。

以国家关于事业单位分类改革为背景，推进国有地勘单位分类改革也是关注的焦点之一。高兵等（2012）系统梳理了《中共中央国务院关于分类推进事业单位改革的指导意见》（中发〔2011〕5号）和《国务院办公厅关于印发分类推进事业单位改革配套文件的通知》（国办发〔2011〕37号）的各项政策内容后，结合地勘单位分类改革中面临的承担行政职能、从事公益服务、从事生产经营活动等方面的困境和问题，提出了进一步强化地勘行业服务与管理职能、明确公益一类和二类地勘队伍的工作范围、建立稳定的财政投入保障机制、不断提高人才技术装备水平、完善地质找矿成果收益分配、增加注册资本金、进一步完善矿业权出让政策、支持地勘单位盘活存量土地资产、加大培育地质勘查市场力度、支持走“探采一体化道路”、制定税收优惠或返还政策等建议。同时，付英等（2012）进一步提出国有地勘单位分类改革需要坚持有利于找矿突破、有利于事业发展、有利于职工富裕的原则，并在政策建议上，指出应尽快出台《关于分类推进国有地勘单位改革的意见》：规定公益一类“收支两条线，应保尽保”；公益二类“差额补贴，允许创收”；生产经营类“做强产业，配置矿权”。与前面的学者不同，郑继伟（2012）以云南省有色地质局306队为例，从职工根本利益的角度分析了地勘事业单位分类改革中应注意的负担重等问题，提出争取较宽松的退休政策、争取较长的过渡期等政策建议。

伴随着地勘单位改制进程的加快，组建企业集团已经成为地勘单位发展壮大的主要趋势之一。卢盛甲（2012）在分析我国地勘行业改革发展问题的基础上，建议组建中国地质矿产集团公司，重组或兼并省级地勘管理部门，组建省级地质矿产公司。蒋启明（2012）指出，地勘单位多元化经营中的风险主要包括分散管理精力、盲目扩张、投资风险增加等，因此，地勘单位需要量力而行，先相关多元后无关多元、建立健全多元化的管理体系。同时，就如何对地勘单位的参股企业进行科学、有效监管提出思路：对参股企业进行认真分析，参股后要能对其强化治理；重视参股企业的决策制度建设，明确高级管理人员职责；重视财务管理，细化参股企业财务管理制度；建立参股企业定期审计机制，强化审计监督。林强（2013）对国有地勘单位分类改革提出以下建议：遵循分类推进事业单位改革的四项基本要求；以促进公益性地质事业发展为目的；坚持实事求是的原则，不搞一刀切；整合辖区内的地勘队伍；以创新体制机制为核心；科学分类，合理定位。

（三）地勘队伍建设

地勘单位经历了30年改革之路，随着战略性结构调整和各项改革的继续深化，人才队伍断层危机也逐步凸显。白国荣（2012）、张先余等（2013）指出我国地勘单位存在人才“不够用”现象，主要表现在总量和结构性不足、效能不高，这与地勘单位对人才工作缺乏长远规划、地质工作的特殊性、地质教育弱化、人才机制不完善等原因相关。蔡明堂（2013）、张东英（2012）等认为地勘单位人才队伍建设中存在结构不合理、内部人才机制不完善、缺乏专业技术人员、人才流失问题严重等问题。文志勇（2013）研究了怎样充分把握新时期的机遇，赢得主动，加强地勘单位职工队伍建设问题，分析了目前地勘单位职工队伍建设中存在的问题，探讨了如何建设地勘单位的职工队伍。

面对地勘队伍建设中出现的新情况、新问题，许多学者基于人力资源管理理论和方法提出地勘人才管理和队伍建设的改善建议。瞿霞（2012）、黎彬梅（2012）等针对培训、考核等方面存在的问题，提出加大人力资源开发、建立针对性培训目标、构建科学系统的绩效管理体系、实施有效激励等实现科学人力资源管理的对策建议。李岩（2013）、马陕西（2012）在地勘行业人才短缺的背景下，提出建立多渠道人才培养引进机制、完善职工教育培训机制、创新人才激励机制、营造人才发展的文化氛围对于加强地勘单位人才队伍建设尤为重要。姚震等（2013）、唐莉（2012）结合工作实际，就切实加强西部地勘单位建设提了一些意见。

现有研究也针对人力资源管理的具体环节进行了分析并提出了完善建议。曾志英（2012）指出，目前地勘单位绩效考核中存在目的不明确、缺乏科学有效的考核指标、考核工作缺乏透明性和公开性等问题，应通过构建多元化、多层次的绩效考核形式，重视考核方法的科学性，建立与考核指标相对应的考核方法，根据不同目的灵活运用考核指标等途径完善地勘单位绩效考核工作。邢伟（2012）、黎彬梅（2012）认为，做好地勘单位人力资源管理，关系到地勘单位参与社会激烈竞争中的成败和从业员工的命运，更关系到能否快速提供国家经济发展对资源的需求和地学领域的智力支持。王贤发（2012）、黎彬梅（2012）认为，不断提高职工的技术水平，不断完善人才培养机制，做好人才分类培养，在实践中培养人才，做好了人才的培养也就提升了自己在市场上的竞争力，才能在激烈的市场竞争中处于不败之地，提出了一些培养人才的具体措施。

另外，学者们从地勘单位的不同人员主体角度探讨了人力资源管理的改进。孙正宾（2012）以国有地勘单位钻探队伍为研究对象，指出由于机制不活、人才流失等原因，导致钻探队伍不断萎缩，提出了国有地勘单位钻探队伍的发展之策：加强管理，建立适应市场竞争要求的管理体制；加强人才队伍的建设，壮大钻探队伍力量；构建企业人工成本管理新机制；隐性人工成本显性化。黄晓曦（2012）、董晨光（2012）等探讨了地勘单位青年职工的思想政治工作现状、改进途径和方法，指出存在心理落差大、社会压力大、学习积极性不高等问题，并由此提出强化交流、发挥共青团组织作用、拓宽发展平台等建议。

（四）地质找矿机制

国土资源部于2010年4月颁布了《国土资源部关于构建地质找矿新机制的若干意见》（国土资发〔2010〕59号），提出“公益先行，基金衔接，商业跟进，整装勘查，快速突破”的地质找矿新机制。学者们对这一新机制的内涵、实践与政府支持等宏观方面给予了较多关注。

薛亚洲等（2012）从前提假设、本质属性、现实基础等几个方面阐述了对地质找矿新机制的认识。前提假设包括“经济人”和“制度变迁”假设，前者指地勘活动中投入各种资源的目的是获得自身的最大收益，通过各种利益主体为自身利益最大化的自利行为，最终实现地质勘查效率的提高；而后者指需要通过政府设计强制性或诱致性的制度安排，降低地质找矿成本，提高地质找矿生产效率和效益。从本质属性角度，张弟金（2012）、马占兰（2013）、薛亚洲等（2012）提出构建地质找矿新机制是地质找矿过程中各主体之间经济利益分配关系的调整，其结果是共同提升地质找矿的整体效率。当前，地质找矿的现实基础包括面临的内外部环境、客观存在的规律、现实政策法律框架、主体利益相互交织。孙英智（2013）、魏丽琼等（2013）基于青海地区地质条件和结合相关的文献资料及岩浆岩构造、不同时期的地质情况和历史的发展演变等方面进行分析。

王希凯（2013）认为，中央出台“地质勘查基金”的意图是作为“周转金”，主要用来调控矿产勘查投入，降低找矿风险，促进商业投资的跟进。因形势变化促成某些省、区“地勘基金”的错位，这种“错位”的主要弊端是形成不公平的市场竞争，排斥市场在矿产资源配置中的基础性作用，使矿产勘查投入的长效机制难以形成。

同时，张福良等（2013）、梁伊（2013）、张彦英（2012）等也对地质找矿新机制提出了各自的理解和认识。姜树叶（2012）、龙永锋（2012）探讨了这种管理模式的组织形式、运行方式及优缺点，认为此种模式可以促进地质找矿快速突破、缩短勘查周期、提高工作质量。

另外，在实践上，张彦英等（2012）在对贵州、青海、西藏、黑龙江四省（自治区）调研后，指出目前有一些具体问题影响新机制的运行，主要是公益性地质工作与商业性地质工作的衔接界面在哪里、“基金衔接”与“商业跟进”序次谁先、整装勘查的内涵如何界定和规范、如何加强基础地质调查保障地质找矿突破的可持续发展、如何进一步完善多元勘查主体利益配置与协调、如何实现资源开发与生态环境保护协调发展等，并针对性地提出了对策建议。

各地对地质找矿新机制的实践也取得了良好的成效和经验。邱建平（2012）总结了安徽省地质找矿突破的主要做法，包括不断丰富成矿理论、提高地质研究程度、加强制度建设、严格项目实施管理，并提出了必须遵循地质规律、必须构建新机制、必须加大找矿投入、必须依靠科技支撑、必须创新找矿思路、必须加强监督管理等启示。陆三明等（2012）分析了安徽省庐枞铁铜矿整装勘查区在创新地质找矿新机制上的成功示范，总结了四方联动推进整装勘查、发挥科技引领作用和方案指导作用、发挥基金引导和拉动作用、发挥地勘单位找矿积极性、加大矿业权管理等成功做法。黎谊锴（2012）在借鉴“嵩县模式”、“泥河模式”和“锡田模式”成功经验的基础上，针对广西壮族自治区地质找矿实践特点，提出妥善处理好涉及公益性地质工作主体和商业性地质工作市场主体的机制问题、以技术为主导整合探矿权、在预查或普查阶段允许地勘单位申请退出、深部找矿要重视运用最新物探技术、发挥地勘单位的地质找矿主力军作用等建议。李钟山等（2012）对河南省地质找矿行动计划原则、目标和形式进行了探讨，并介绍了嵩县矿集区整合勘查模式、灵宝小秦岭地区深部金矿整装勘查形式和三门峡市煤下铝资源整装勘查形式等成功经验。

（五）境外矿产勘查

近年来，国家出台政策鼓励地勘单位凭借自身技术优势，积极拓展境外市场，以谋求新的经济增长点。郑建州等（2012）、刑伟（2012）、郑继伟（2012）等均对我国地勘单位“走出去”战略和实践的意义及必要性给予了肯定，同时，也指出体制与机制不活、人才结构不合理、经济实力不强、开发项目贷款难等“走出去”实践中存在的问题和困难，由此，提出国家应制定配套政策、地勘单位调整体制机制、加强资本运作、发挥技术优势等建议。

刘建芬等（2013）提出中国企业境外投资面临着来自政治、经济、文化等多方面的挑战。借鉴国际成功经验，境外直接投资矿产资源勘查开发需要以下保障措施：一是需要真正有效的战略规划；二是亟待出台《境外直接投资法》及配套法规；三是组建统一、高效的境外直接投资矿产资源勘查开发的协调管理组织；四是适时调整境外直接投资矿产资源勘查开发区位的投资比例；五是规范国有企业境外直接投资，鼓励支持民营企业开展矿产资源开发境外直接投资。

刘益康（2013）简要介绍了中国概念股在美国的资本市场遭遇对冲基金集体猎杀的情况，以希尔威金属矿业公司与对冲基金的较量并最终赢得对手为实例，总结出几点启示：境外矿产勘查要有应对复杂多变商业环境的能力；矿产勘查开发到境外上市或对上市公司定向增发，要树立公众公司的理念；要确保地质资料和财务信息的真实可靠，制度上要和上市所在地制度环境保持一致。针对境外矿产勘查面临的问题，现有文献从建立开发基地、项目后期运作、金融支持、并购投资流程再造、商业模式等方面进行了具体分析。

薛金芳（2012）指出，要建立境外矿产资源勘查开发基地，应当具备领导重视、人才、资金几方面的条件，确定目标和理清思路，坚持“安全第一”。惠宁等（2013）针对地勘单位境外投资项目后期运作中存在的股权被稀释、管控程度薄弱、应对风险能力不强等问题，提出以下解决对策：加强交流，以增强了解与合作，与有实力的矿业企业合作，拓展融资渠道，重视人力资源，以整合好国内外人才，熟悉境外相关法律。李喜凤等（2012）运用商业模式创新理论，结合地勘单位的运作模式及其自身资源实力状况，提出应当通过内外部资源整合向探采一体化发展的国际矿业公司商业模式转型。

四、国土资源综合管理

（一）国土资源管理共同责任机制

金凤广等（2012）以唐山市为例，对唐山市相关部门参加并各自分工负责的国土资源法律法规宣传教育、违法行为预防和查处共同责任体系进行了分析。但经济发展需求与资源保障的“两难”局面，使共同责任机制构建存在以下问题：推行执法监管共同责任机制难度大，在推行过程中，如果政府部门不牵头，共同责任机制就难以发挥效用；执法手段和执法力量软弱，制止难、执行难，法律法规未赋予国土资源部门执行权，因此不能对一些拒不配合调查、拒不停止违法行为的违法者采取强制措施，造成国土资源执法人员在案件调查取证、法律文书的送达、违法行为的制止等方面软弱无力；强制执行难；破坏耕地、破坏矿产资源案件鉴定确认难，依法裁量更难；管理体制改革不到位。

卢安烈（2012）认为，通过构建土地管理共同责任机制，进一步发挥地方政府及涉地部门的主体作用，充分调动各方面的积极性，群策群力，形成土地管理合力，努力破解“两难”。构建土地管理共同责任机制的途径如下：探索建立健全地方党委土地管理的责任体系；加强对政府土地管理责任的考核与评估；强化对涉地部门落实土地管理共同责任的监管；充分发挥国家土地督察机构的作用；积极做好宣传工作，为构建土地管理共同责任机制营造良好的舆论环境。

杨邦杰等（2013）在分析中国耕地质量等别现状、特点、面临问题和机遇的基础上，提出了建立耕地质量破坏鉴定机构、补充耕地等别的国家督察制度、耕地等别和产能年度报告制度、耕园林草大土地整治模式和占用耕地综合效益年度报备制度等五条落实耕地质量保护和建设共同责任机制的途径。

（二）国土资源战略与相关规划

强海洋等（2012）运用文献分析法、比较分析法和综合分析法，对中国国土规划的基本概念和理论体系演变、研究方法论建设以及研究领域的拓展进行了初步总结，尝试提出未来中国国土规划理论、方法和实践领域的发展方向。研究结论表明，国土规划是最顶层的空间规划，中国国土规划理论体系建设任重而道远，国土规划研究方法论建设需要提升和交流，国土规划新领域拓展要与传统领域深化并重。赵作权（2013）运用空间经济分析法，分析国内市场和人口的空间邻近性结构，确定了全国经济的核心（聚集）区、巨型（聚集）区和空间差异“裂谷”区，由此划分了实现各个目标的空间区域，提出了全国经济一体化的“十”字大通道。统筹全国经济发展的效率、公平和一体化问题是全国国土规划的核心内容。

张琳（2013）分析了我国农村土地资源利用的现状，针对农村土地资源利用中存在的问题，提出了具体的适合我国农村土地资源现状的发展规划措施：加强农村土地利用规划，合理配置土地资源；完善农用基础设施建设，加大土地整治力度；优化农业用地结构，促进土地节约集约利用；推进农村土地流转机制，提升土地的经济效益；协调土地利用与生态环境建设，构建生态环境友好型农村。刘帅等（2013）通过对我国海洋资源开发与管理现状的分析，剖析了我国海洋资源开发与管理活动在海洋生态环境保护、资源权属、观念、管理体制等方面的问题，提出了强化海洋资产管理、增强国民海洋意识、调整海洋产业结构、大力发展海洋新兴产业、培养海洋科技人才等一系列加强海洋资源开发与管理的对策建议。

吴尚昆等（2012）对矿产资源规划实施进行了研究，认为矿产资源规划具有特殊性、综合性和复杂性，这决定了规划实施的复杂性，须通过创新规划实施管理，与矿产资源及勘查开发的动态变化相衔接，在提高规划实施可操作性的同时，还要维护规划实施的权威性。从规模、布局、结构和时序等四大规划核心内容入手，结合规划期内一些重大变化，坚持有效解决问题又不过多调整的原则，提出通过推进编制重要矿区矿产资源专项规划、矿产资源规划实施年度计划和矿产资源规划动态调整机制等手段，不断完善矿产资源规划实施管理。黄敬军等（2013）通过对常州市首轮矿产资源规划的实施评价和二轮矿产资源规划的编制特点的分析，提出完善矿产资源规划体系、充分发挥矿产资源规划的宏观引导作用、实行矿产资源规划年度实施方案制度、做好矿产资源规划的中期评估工作等规划实施的对策建议。

（三）国土资源统一监管平台建设

范延平等（2012）在分析监管内涵的基础上，结合国土资源“三定方案”，形成国土资源综合监管平台建设的基本思路，从国土资源监管制度建设，监管平台建设的目标与内容，监管指标，国家级综合监管平台设计与建设进展，监管平台的应用与成效、思考与展望等方面阐述了国土资源监管平台建设现状、效果和下一步建设重点，按照土地监管生命周期和矿产监管生命周期分环节获取信息，形成监管指标环环相扣、数据层层获取的工作模式，结合业务工作，在集成化应用和综合监管方面进行了探索。赖学强等（2012）运用信息技术、遥感技术、地理信息系统技术（GIS）等现代科技手段，围绕构建国土资源保障和促进科学发展新机制，以国土资源“一张图”为基础，建立集信息采集、综合分析、批后跟踪、预警评价、辅助决策等功能为一体的国土资源综合监管平台，建立覆盖土地“批、供、用、补、查”及矿产资源勘查、开发利用、年检、资质管理、矿山环境监管、矿山土地复垦利用、地质灾害监测等业务，以科学技术手段加强国土资源监管。

陈蕾（2012）从博弈论的视角，以中央和地方政府为研究对象，在“囚徒困境”模型的基础上，对土地监管问题进行了初步研究，并对博弈分析的结果进行讨论，说明政府的监管力度越大，监管质量越高，越能有效地阻止地方政府的违规活动；另外，对经济不发达地区更需要加强监管。戴建旺等（2012）运用文献查阅法，通过分析总结土地利用规划实施监管工作实践经验和理论研究成果，提出构建中国土地利用规划实施监管体系的设想。通过研究中国当前土地利用规划实施过程中存在的问题，提出了土地利用规划实施监管的必要性；分析当前国内外研究进展，构思了中国土地利用规划实施监管体系研究结论：土地利用规划实施监管框架体系建设是推动规划实施监管，保护中国有限的耕地资源，保障国家粮食安全，以及促进土地节约集约合理高效利用的有效措施。

刘秀娟等（2012）以白洋淀流域水资源管理体制为研究对象，分析了白洋淀流域水资源概况，从资源、生态两个角度阐述其管理体制的现状，认为存在以下几方面的突出问题：白洋淀流域的管理立法十分匮乏，缺乏统一的流域管理协调机构，没有充分体现公众的参与权和知情权，水资源管理经费难以实现良性循环，水质水量管理权分散与重叠。建议从7个方面加强水资源管理体制建设：完善白洋淀流域的整体立法，集中流域水务管理权，建立流域管理的协商平台，建立公众参与机制，构建流域水资源产权制度，建立长效补水机制，加强执法和处罚力度。丁全利（2012）对矿产开发监管制度进行了研究，得出加强监管制度的方法：第一，加强矿山环境的监管，建立矿山环境保证金制度，发展绿色矿业；第二，加强对矿产资源勘查开采秩序的监管；第三，推进矿山储量动态监测；第四，用信息技术开展矿产资源监管。

执笔人：安海忠　黄　暄　贾晓亮　黄书培　张钧茹　孙晓奇
钟维琼　夏凌娟　张丽佳　刘晓佳　吴亚宇　曹　萌
齐　海　刘乃榕　安琪儿　丛　琳

主要参考文献

白国荣. 2012. 浅谈地勘单位的人力资源现状及对策[J]. 中小企业管理与科技 (4)：17-18.

鲍荣华，陈从喜. 2013. 关于我国矿业权的产权属性和产权管理的探讨[J]. 国土资源情报 (5)：26-30.

卜海龙. 2013. 地勘会计实现电算化的研究[J]. 会计审计 (1)：71.

蔡建和. 2013. 创新农村投入机制和土地管理制度[J]. 农村工作通讯 (18)：30-31.

蔡明堂. 2013. 浅谈地质行业国际化人才队伍建设[J]. 人力资源管理 (1)：57-58.

蔡卫红. 2012. 福建相对资源承载力比较分析[J]. 发展研究 (9)：62-66.

曹明，巍晓平. 2013. 试论矿产资源有序开发的本质内涵与市场机制完善[J]. 资源开发与市场，29(2)：162-165.

常兴国，陈先达，史军. 2013. 2012年中国企业境外矿业投资形势分析[J]. 中国矿业 (7)：5-6.

陈春娥. 2013. 当前我国地勘类事业单位绩效管理存在的问题和对策[J]. 人力资源管理 (4)：207-208.

陈从喜，陈丽萍，曹庭语. 2013. 关于我国矿业权市场建设制度的总体框架设计[J]. 国土资源情报 (5)：2-8.

陈蕾. 2012. 关于土地监管的博弈分析[J]. 大庆师范学院学报 (3)：63-66.

陈秀法，赵宏军，韩九曦等. 2013. 秘鲁的矿业管理及投资环境[J]. 中国矿业 (3)：42-44，86.

陈艳华. 2013. 核地勘事业单位分类改革的思索[J]. 资源环境与工程 (6)：343-345.

陈志超，高函，刘昌华. 2013. 基于AHP综合评价模型的潞安矿区生态承载力评价[J]. 湖北农业科学 (17)：4062-4065.

崔振民，吴伟宏，姜琳，孙志伟. 2013. 浅析我国矿产资源综合利用[J]. 中国矿业，22(2)：40-43.

搭建土地管理改革创新大平台——全国宗地统一代码电子文件管理试点工程实施记略[N]. 中国国土资源报，2013-03-11.

戴建旺，张定祥，左玉强，王荣彬. 2012. 土地利用规划实施监管研究进展与体系框架建设构想[J]. 中国土地科学，26(7)：91-96.

丁全利. 2012. 浅析我国近期矿产资源管理政策[J]. 中国矿业，21(5)：13-19.

丁燕萍. 2012. 地勘事业单位薪酬管理存在的问题及对策分析[J]. 企业导报 (17)：

22-23.

董经纬. 2013. 中国房地产市场价格“虚高”的制度经济学分析[D]. 长春：吉林大学博士论文.

范延平，吴洪涛. 2012. 国土资源综合信息监管平台建设与展望[J]. 国土资源信息化(4)：3-11.

范振林，马茁卉. 2013. 民间资本进入矿产勘查开发领域研究[J]. 中国矿业 (10)：41-43，55.

范振林. 2013. 中国矿产资源税费制度改革研究[J]. 中国人口. 资源与环境，5(23)：42-46.

冯罡，焦彦斌，张善明等. 2013. 矿产资源税费改革探讨[J]. 资源与产业，15(2)：38-42.

傅德汉. 2013. 农地金融的国际经验及启示[J]. 中国金融 (9)：73-75.

干飞. 2012. 矿业租税制度比较与改革建议[J]. 中国国土资源经济 (7)：28-30，41，55.

高湘昀，安海忠，刘红红. 2012. 我国资源环境承载力的研究评述[J]. 资源与产业(6)：116-120.

高子荣. 2013. 钢铁行业不景气状况下钢材贸易商的对策分析[J]. 铁路采购与物流(6)：64-65.

郭丕斌. 2013. 煤炭资源型经济转型的困境与出路：基于能源技术创新视角的分析[J]. 中国软科学 (7)：39-46.

郭彤荔. 2013. 阿富汗矿业投资风险分析及防范策略[J]. 中国矿业，22(8)： 58-61.

郭晓丽. 2013. 论我国煤炭资源税费改革的难点[J]. 中央财经大学学报 (3)：13-16，44.

韩继深，钱丽苏，韩爽. 2013. 矿产资源价格改革与地质勘查工作研究[J]. 中国国土资源经济 (8)：19-23.

何小川. 2013. 农地流转问题的研究分析[J]. 中国今日论坛.

何晓清. 2013. 我国应对铁矿石贸易损失的策略[J]. 经济纵横 (7)：95-98.

侯华丽. 2012. 矿产资源规划编制实施中存在的问题及建议[J]. 中国国土资源经济(2)：10-12.

侯军亮. 2013. 对矿产资源管理的经济学思考[J]. 中国国土资源经济 (1)：21-23.

胡俊芳. 2012. 中国矿业企业海外投资环境分析[J]. 对外经贸 (4)：31-33.

胡俊峰，宋丽芬. 2012. 政府垄断增量土地市场运行的问题与反思[J]. 安徽农业科学，40(29)：14537-14538，14590.

黄敬军，王玉军，蒋波，林勇，王珏. 2013. 常州市矿产资源规划实施评价及对策建议[J]. 中国矿业，22(8)：62-65.

黄文山. 2012. 提高管理水平 规范市场运行——对完善土地市场建设的思考与建议[J]. 中国土地 (4)：37-38.

纪玉山，刘洋，卢婧. 2013. 经济全球化背景下中国矿产资源统一管理战略研究[J]. 财经问题研究 (6)：18-25.

季珏，高晓路. 2012. 天山北坡城市群空间组织形态的识别研究[J]. 干旱区地理 (4)：687-694.

江淑斌，苏群. 2013. 农地流转动力、模式与障碍：一个文献综述[J]. 首都经济贸易大学学报，15(3).

蒋海灿. 2013. 我国土地征收制度的立法缺陷与完善[J]. 现代营销 (1)：88-89.

蒋健明，栾文楼，郝志军. 2012. 安徽省矿产资源管理政策体系的分析与评价[J]. 石家庄经济学院学报 (2)：63-67.

金凤广，彭志新，王俊文. 2012. 国土资源执法监管共同责任机制探析——以唐山市为例[J]. 工作研究 (2)：35-36，34.

景普秋. 2013. 资源型区域矿—城—乡冲突及其协调发展研究[J]. 城市发展研究，20(5)：146-151.

赖学强，张江辉，徐海涛. 2012. 国土资源综合监管平台建设构想[J]. 信息技术 (8)：94-99，88.

李刚. 2013. 国外矿产资源财政收入分配体制研究[J]. 财会月刊 (9)：55-57.

李金滟，胡赓. 2012. 中部六省资源环境承载力的测度[J]统计与决策 (21)：122-126.

李倩. 2013. 信息“孤岛”突围记——国土资源部土地登记信息动态监管查询系统浙江试点开发及应用纪实[J]. 中国土地 (6)：8-11.

李倩，张文忠，王岱. 2013. 地理学视角下的独立工矿区研究[J]地理科学进展 (7)：1092-1101.

李燕. 2013. 现代煤炭企业资本化改造中的资产管理分析[J]. 现代商业 (3)：154.

李优树，苗书迪. 2013. 矿业企业融资的国际比较与分析[J]. 云南财经大学学报 (2)：57-63.

梁春玲. 2012. 基于生态足迹模型的黄河三角洲可持续发展动态评估[J]. 国土与自然资源研究 (3)：45-47.

林佳. 2013. 中国稀土对外政策与国际博弈[J]. 国际问题 (3)：83-85.

刘超. 2012. 我国矿山环境治理途径探讨[J]. 河南科技 (5)：27-28.

刘帅，瞿群臻. 2013. 海洋资源开发与管理现状及对策[J]. 安徽农业科学，41(16)：7266 -7268.

刘秀娟，刘妍琳. 2012. 白洋淀流域水资源管理体制建设途径初探[J]. 资源与产业

(2)：76-80.

刘叶志. 2012. 矿产资源承载力评价及其环境约束分析——以福建省煤炭资源为例[J]. 闽江学院学报 (3)：43-48.

卢安烈. 2012. 构建土地管理共同责任机制“破两难”[J]. 国土资源情报 (2)：1-5.

吕超. 2013. 论如何实现我国稀土贸易的可持续发展[J]. 科技创新导报 (2)：192-194.

吕丹，王钰. 2011. 地方政府土地财政的综合经济影响及改革路径分析——基于对大连市土地财政实证研究[J]. 财经问题研究 (1)：84-90.

罗炳佳，沈诚. 2013. 贵州矿山地质环境影响评估[J]. 水文地质工程地质，20(1)：134-137.

马喜珍. 2013. 发达国家农村土地流转实施经验分析及借鉴[J]. 世界农业 (1)：44-47.

倪金节. 2013. 地方债务风险在于汹涌的增量[N]. 新京报，12-31.

强海洋，兰平和，张宝龙. 2012. 中国国土规划研究综述及展望[J]. 中国土地科学，26(6)：92-96.

秦彪，常磊. 2012. 主体功能区对区域协调发展的影响分析——以辽宁省为例[J]. 经济研究导刊 (16)：124-127.

邱能之，邱薇. 2013. 迎面走来的土地“立体开发”——南昌市地下空间开发的问题与建议[J]. 中国土地 (4)：42-43.

任佳. 2013. 我国土地整治立法思考[J]. 中国土地 (3):16-18.

任建兰，常军，张晓青，张宝雷，王成新，张伟. 2013. 黄河三角洲高效生态经济区资源环境综合承载力研究[J]. 山东社会科学 (1)：140-145.

邵毅，王翔，李东. 2012. 面向国际矿业公司的战略改革[M]. 北京：地质出版社.

帅文波，陈俊楠. 2013. 境外矿业投资风险及应对建议[J]. 中国国土资源经济 (5)：47-50.

宋海彬. 2013. 绿色矿山绩效评价指标设计[J]. 煤炭技术，32(8)：5-7.

孙安，郭涛. 2013. 基于TOD模式的土地利用评价研究[J]. 德州学院学报.

唐凯，唐承丽，赵婷婷，何娇，聂笃聪. 2012. 基于集对分析法的长株潭城市群资源环境承载力评价[J]. 国土资源科技管理 (1)：46-53.

陶建格，沈镭. 2012. 矿产资源价值与定价调控机制研究[J]. 资源科学，35(10)：1959-1967.

童菊儿等. 2012. 异地有偿补充耕地——土地发展权交易的浙江模式及政策启示[J]. 国际经济评论 (2)：140-152.

王琤. 2013. 有关宏观调控对矿山资源开发投资的影响分析[J]. 财经界 (9)：32.

王甲山，许瀚予，李绍萍. 2013. 基于矿产资源开发生态保护的税费政策研究[J]. 生态经济 (9)：61-63.

王健. 2013. 南非矿业投资环境分析[J]. 中国矿业 (7)： 14.

王磊，柳玉龙，陈伟. 2012. 墨西哥矿业投资环境浅析[J]. 矿产勘察，3(2)：260-265.

王希凯. 2012. 矿业权有偿取得不是矿产资源有偿使用——矿产资源有偿使用的收取标准必须到位[J]. 中国国土资源经济 (4)：4-8.

王霞. 2012. 从物权角度透视中国土地登记制度——以《土地登记办法》和《物权法》为切入点[J]. 人民论坛：中旬刊 (5)：75-77.

王艳龙，孙启明. 2013. 西部地区矿产资源证券化运作模式研究[J]. 管理现代化 (3)：38-40.

韦明升，覃少明，蓝振荣. 2013. 广西农村金融改革：问题与思路[J]经济研究参考 (35)：52-54，71.

吴尚昆，侯华丽，董延涛，王鹏. 2012. 区域矿业经济优势与储量优势协调性评价[J]. 资源与产业 (4)： 36-40.

武怡云. 2013. 境外矿产资源经济开发与财务风险管理[J]. 吉林地质 (6)：125-127.

向建群，刘云忠，尤孝才. 2013. 矿产的资源化、资产化、资本化三位一体管理的经济研究[J]. 中国矿业，22(1)：37-40.

谢宏斌. 2013. 中国新型城镇化建设与高新区土地利用政策审视[J]. 改革与战略 (4)：83-86.

熊远，蒋远胜. 2013. 中国农业银行三农金融事业部改革成效及问题分析——以四川省为例[J]. 农业经济问题 (2)：16-21.

许应妹，吴波，于法展，杨盼盼. 2013. 重点开发区域资源环境承载力研究——以苏北地区为例[J]安徽农业科学 (8)：3595-3598.

闫军印. 2013. 矿业城市经济发展与资源环境的协调性分析———以河北唐山为例[J]. 技术经济 (2)：34-38.

杨邦杰，王洪波，郧文聚，赵玉领. 2013. 耕地质量保护和建设共同责任机制的建立途径研究[J]. 中国发展，13(2)：1-5.

杨帆. 2013. 城镇化进程中土地集约利用问题研究[J]. 公共管理 (1)：151-154.

杨群. 2013. 土地流转：实现城镇化与农业现代化协调发展[J]. 学术交流 (2)：96-99.

杨阳阳. 2013. 矿产资源生态补偿法律制度研究[D]. 沈阳：辽宁大学.

叶剑平，田晨光. 2013. 中国农村土地权利状况：合约结构、制度变迁与政策优化——基于中国17省1956位农民的调查数据分析[J]. 华中师范大学学报：人文社会科学版，52(1)：38-46.

易明刚. 2013. 关于农村土地承包经营权流转纠纷问题的立法思考[J]. 立法时空.

殷爽. 2013. 建设用地集约利用研究进展与展望[J]. 科技创新与应用 (27)：158-159.

于志敏，严志强. 2013. 城市土地利用评价常用评价分析方法研究综述[J]. 城市建筑.

余际从，刘慧芳，雷蕾等. 2013. 矿产资源开发社会效益综合评价方法研究[J]. 资源与产业，15(3)：62-67.

余韵. 2012. 国际矿产品市场结构与我国矿企全球化战略定位[J]. 中国经贸导刊(28)：51-53.

袁怀雨，刘保顺，李克庆. 2012. 改革矿产资源税费制度[J]. 中国国土资源经济(7)：20-22，34，54-55.

曾凡杰，李刚，韩建宗，曾祥茜. 2012. 浅谈地勘行业薪酬管理问题[J]. 中国国土资源经济 (10)：50-56.

曾志英. 2012. 地勘单位人事管理工作中的绩效考核探析[J]. 人力资源管理 (4)：66-67.

张贾龙. 2013. 利率上升拉响地方债务警报[EB/OL]. 12-31. http://finance.qq.com/original/caijingguancha/f1022.html.

张琳. 2013. 浅析我国农村土地资源利用现状及其发展规划[J]. 科技论坛 (6)：137-138.

张伟丽，扈映，米红. 2013. 中国农村土地流转：问题及影响因素——一个文献综述[J]. 东岳论丛，34(1)：164-169.

张一鸣. 2011. 户籍改革中农民土地权利与社会保障待遇[J]. 广西政法管理干部学院学报 (4)：21-24.

张振芳，张新元，叶锦华等. 2013. 中国企业投资加拿大矿业的机遇与挑战[J]. 中国矿业 (3)：49-52.

赵彦璞. 2013. 内蒙古自治区矿山地质环境现状分析及对策建议[J]. 中国矿业，22(10)：68-72.

赵作权. 2013. 全国国土规划与空间经济分析[J]. 国土规划，20(7)：7-13，43.

郑海涛，傅蓉. 2013. 不同经济周期下石油价格影响因素的比较研究[J]. 北京航空航天大学学报，26(4)：63-68.

周海东，吴强，任忠宝，余良晖，郭晓婉. 2013. 优势战略矿产资源矿产地储备的建模及按序推进的量化分析[J]. 地球学报，34(4)：485-490.

周亮华. 2013. 浅析土地集约节约利用存在的问题及对策建议[J]. 经济研究.

朱清，余振国，孙贵尚. 2012. 矿山地质灾害防治新机制研究[J]. 地质灾害与环境保护 (2).

朱文鹏，李宏伟. 2013. 城乡一体化中的农民土地权利保护立法研究[J]. 法制视野.

后记

Postscript

为全面盘点2013年国土资源工作，并为研究谋划2014年国土资源工作思路提供基础支撑，我们组织力量编撰完成了本书。同时，为了掌握系统外媒体、专家、公众对当前国土资源领域热点事件、研究前沿、改革创新的看法和意见，我们同步开展了十八届三中全会国土资源管理前瞻、2013年度国土资源管理重大改革评述、2013年度国土资源热点调查分析、2013年度国土资源经济与管理研究进展综述四个专题研究。

本书撰写分工如下：由姚华军、贺冰清负责统筹策划指导。综合部分，杨德栋；基础与督察部分，曹端海；土地部分，谭文兵、秦静、王秀波；矿产部分，余韵、曾凌云、王秀波；地质勘查部分，黄贤营、周海东、王健；地质环境部分，张超宇；宏观经济部分，李丹、荣冬梅；专题一，国土资源管理重点问题研究小组；专题二，刘伯恩、岳永兵、史登峰；专题三，张所续、邓锋；专题四，中国地质大学（北京）人文经管学院专题组。姚华军、贺冰清、贾文龙、邓锋负责本书的总纂工作。

本书认真学习吸收党的十八届三中全会、中央各项工作会议和全国国土资源工作会议有关精神，参考了大量信息资料，充分吸收借鉴了各方面的最新研究成果。由于受掌握资料和分析水平所限，本书仅供交流参阅，敬请读者多提批评意见。

中国国土资源经济研究院形势分析研究组

二〇一四年二月